国家社会科学基金项目"青年人群'手机控'形成、影响机制与对策研究"（项目编号：14XXW006）研究成果

重庆市社会科学规划项目"智能手机对未成年人不良行为的影响机制与防控体系构建研究"（项目编号：2021NDYB104）研究成果

2021年西南政法大学引进人才科研资助项目（项目编号：2021-XZRCXM001）研究成果

西南政法大学新闻传播学系列丛书

Research on Formation, Influence Mechanism and Countermeasures of "Phone Freaks" among Young People

青年人群"手机控"形成、影响机制与对策研究

张建 著

中国社会科学出版社

图书在版编目（CIP）数据

青年人群"手机控"形成、影响机制与对策研究/张建著.—北京：中国社会科学出版社，2024.3

（西南政法大学新闻传播学系列丛书）

ISBN 978-7-5227-3110-0

Ⅰ.①青⋯　Ⅱ.①张⋯　Ⅲ.①移动电话机—影响—青年—研究　Ⅳ.①C913.5

中国国家版本馆 CIP 数据核字（2024）第 040998 号

出 版 人	赵剑英
责任编辑	顾世宝
责任校对	张　慧
责任印制	戴　宽

出　　版	中国社会科学出版社
社　　址	北京鼓楼西大街甲 158 号
邮　　编	100720
网　　址	http://www.csspw.cn
发 行 部	010-84083685
门 市 部	010-84029450
经　　销	新华书店及其他书店
印　　刷	北京君升印刷有限公司
装　　订	廊坊市广阳区广增装订厂
版　　次	2024 年 3 月第 1 版
印　　次	2024 年 3 月第 1 次印刷
开　　本	710×1000　1/16
印　　张	20.5
字　　数	318 千字
定　　价	99.00 元

凡购买中国社会科学出版社图书，如有质量问题请与本社营销中心联系调换
电话：010-84083683
版权所有　侵权必究

目　　录

第一章　历史溯源与现状剖析：理解"手机控" …………… (1)
 第一节　多元因素作用下的"手机控"现象 ……………… (2)
  一　技术主导作用下的媒介变迁与传播环境重塑 ………… (2)
  二　网络空间的崛起与信息社会的形成 …………………… (4)
  三　原子化社会的到来与个体意识的觉醒 ………………… (7)
 第二节　"手机控"研究现状述评 ………………………… (10)
  一　"手机控"的概念内涵研究 …………………………… (11)
  二　"手机控"的成因研究 ………………………………… (13)
  三　"手机控"的危害研究 ………………………………… (15)
  四　"手机控"的测量标准研究 …………………………… (17)
  五　"手机控"的对策研究 ………………………………… (19)
 第三节　重新界定"手机控"：一种"成瘾"症候的信息
    依赖 ……………………………………………………… (21)
  一　作为"成瘾"症候的"手机控" ……………………… (21)
  二　"信息控"："手机控"的本质依赖逻辑 …………… (28)
 第四节　人工智能时代"手机控"研究的必要性与
    紧迫性 …………………………………………………… (37)
  一　智能化时代手机的发展及其传播特征 ………………… (37)
  二　从1.0到2.0：智能化时代"手机控"症候的转变 ……… (43)
  三　"手机控"研究的意义与价值转向 …………………… (48)

第二章　青年人群"手机控"的实证研究 (52)
第一节　研究方法、研究设计与调查实施 (53)
　　一　研究方法 (53)
　　二　调查对象的选取与说明 (53)
　　三　抽样方案与调查实施 (54)
第二节　大学生群体的手机使用现状研究 (55)
　　一　大学生手机使用的基本情况调查 (55)
　　二　作为"信息控"的大学生手机使用及其特点 (66)
　　三　大学生"手机控"的不良反应与影响因素 (69)
第三节　企事业人员的手机使用现状研究 (73)
　　一　企事业人员手机使用的基本情况 (74)
　　二　作为"信息控"的企事业人员的手机使用及其特点 (83)
　　三　企事业人员"手机控"的不良反应与影响因素 (86)
第四节　各类群体手机使用的比较分析 (92)
　　一　各类群体信息获取来源的比较分析 (92)
　　二　各类群体手机使用时长的比较分析 (93)
　　三　各类群体手机使用目的的对比分析 (94)
　　四　各类群体信息类型偏好的分析 (97)
　　五　各类群体手机依赖情况的分析 (100)

第三章　三元互动论视域下的"手机控"成因结构分析 (102)
第一节　中国社会现状与文化背景 (102)
　　一　传播技术发展与传媒景观重塑 (102)
　　二　智媒化时代"人—技"关系新常态 (105)
　　三　技术主导作用下的景观社会变革 (108)
第二节　手机媒介与手机文化特征 (111)
　　一　手机作为"第五媒体"的发展历程 (111)
　　二　手机文化的形成及其特征 (112)
　　三　手机文化作为当前社会文化的重要表征 (116)
第三节　"手机控"产生的客观条件 (119)

  一 "手机"中介传播 …………………………………………（121）
  二 "手机"消费景观 …………………………………………（125）
  三 "手机"多元互动 …………………………………………（127）
  四 "手机"融合界面 …………………………………………（129）
 第四节 "手机控"产生的主体性条件 …………………………（132）
  一 个体化 ……………………………………………………（134）
  二 圈子化 ……………………………………………………（137）
  三 世俗化 ……………………………………………………（140）

第四章 "手机控"的个体生成和影响机制 ……………………（143）
 第一节 "手机控"形成机制的逻辑层次 ………………………（143）
 第二节 个体和群体的不同作用机制 ……………………………（144）
  一 个体层面的作用机制 ……………………………………（144）
  二 群体层面的作用机制 ……………………………………（148）
  三 个体与群体共有的作用机制 ……………………………（151）
 第三节 个体线下的"培养—涵化"到线上的
    "使用—满足" ………………………………………（153）
  一 线下的"培养—涵化" …………………………………（153）
  二 线上的"使用—满足" …………………………………（165）
 第四节 个体心理生成与生理生成双重模式 …………………（170）
  一 心理生成 …………………………………………………（170）
  二 生理生成 …………………………………………………（177）

第五章 "手机控"的社会生成和"逆影响"机制 ……………（183）
 第一节 共时性生成 ………………………………………………（183）
  一 "媒介化生存"："手机控"生成的社会性因素 …………（183）
  二 "参照群体"影响："手机控"生成的群体化因素 ………（186）
  三 "性格特征与人格特质"："手机控"生成的个体化
    因素 ………………………………………………………（188）
  四 独立与联合：多因素作用下的时代症候 ………………（192）

第二节　历时性生成 (193)

一　网络社会的发展与媒介依赖现象的产生 (193)

二　"手机"作为媒介的成瘾机制 (196)

三　"病毒式传播"与"回弹机制"："手机控"的纵向扩散 (200)

四　"手机控"：难以褪色的风景 (203)

第三节　"逆影响"：对社会和媒介的反作用 (205)

一　异化：从心理到生理的双重影响 (205)

二　中介化：社会交往中介化趋势的不可逆转性 (208)

三　智能化：手机使用与"智能化"技术驯化 (210)

四　人性化："手机控"与媒介演进的人性化趋势 (213)

第四节　"手机控"抵制机制及其作用模式 (217)

一　"手机控"抵制机制 (217)

二　基于"手机控"抵制机制的可能性抗体分析 (223)

第六章　青年人群"手机控"的对策建议 (227)

第一节　新传播环境下"手机控"的防治 (227)

一　欲罢不能：上瘾无法避免吗？ (228)

二　青年人群"手机控"的防控思路 (232)

第二节　大学生"手机控"应对策略 (234)

一　大学生"手机控"问题表现 (235)

二　大学生"手机控"对策分析 (247)

第三节　企事业人员"手机控"应对策略 (252)

一　企事业人员"手机控"问题表现 (253)

二　企事业人员"手机控"对策分析 (256)

第四节　中学生"手机控"应对策略 (265)

一　中学生"手机控"问题表现 (266)

二　中学生"手机控"对策分析 (269)

第五节　农民工"手机控"应对策略 (278)

一　农民工"手机控"问题表现 (278)

二　农民工"手机控"对策分析 …………………………（282）

结　语 ………………………………………………………（285）

附录　青年人群手机使用状况调查表 ……………………（288）

参考文献 ……………………………………………………（299）

后　记 ………………………………………………………（315）

第一章

历史溯源与现状剖析:理解"手机控"

"手机控"现象的出现有其深刻的历史与社会根源,其背后映射的不仅是个体生活习惯与行为方式的变化,更包含整个人类社会经济发展、技术变革、媒介演变、信息化进程加剧等一系列深层次的复杂动因。对于"手机控"的认知是伴随着对这一现象研究的不断深入而循序推进的。"手机控"是一种现象,也是一种普遍的症候;对于手机的依赖既是一种心理表征,也是一种生理成瘾。然而,尽管"手机控"的表征不同,影响因素多元,归根结底,其是一种信息依赖或者说"信息控"。换言之,我们认为,个体对于手机的严重依赖,最为直接和深刻的根源在于其对于信息的依赖,其频繁使用手机的行为,本质上是为了满足其信息消费的内在需求。而在互联网技术飞速发展,大数据、人工智能等蓬勃兴起的当下,一方面,"手机控"的表现形式更为多样,作用因素更为复杂,发展演变更为未知,为"手机控"现象的研究提出了更多的机遇与更大的挑战。另一方面,对于"手机控"现象的研究的意义与价值也更为突显,成为窥探技术发展背景下人与技术之关系,人类自身健康发展,人与社会和谐共处等一系列问题的有益视角。

基于此,本章旨在通过对"手机控"形成原因、研究现状、内涵认知、新时期的研究意义及价值等问题的论述,从多维视角认识和重新界定"手机控"这一现象,探寻当前"手机控"研究的独特价值,从而为接下来的研究奠定基础。

第一节　多元因素作用下的"手机控"现象

在马克·波斯特（Mark Poster）所划分的大众媒介阶段中，当前的我们已经进入以互联网为主导的"第二媒介时代"，传统的单向化的信息传播格局被打破，受众主体地位不断提升。在过去的三十年间，中国互联网经历了从诞生到蓬勃发展的时代历程，人们已经迈入了"第二媒介时代"。在此期间，伴随着互联网技术进步的不仅仅是传媒环境的剧变，还有传播思维的转变、传播方式的变革，以及受众整体素养及信息接收习惯的改变。毫不夸张地说，当前社会正处于互联网诞生以来最为复杂、最具挑战，也最充满机遇的时期。而"手机控"作为一种同媒介发展与传播变革相伴而生、共生共存的社会现象，其产生、发展以及基本特征的形成无疑依存于纷繁复杂的多元因素。对于"手机控"的研究自然离不开对这些维度的观照。

一　技术主导作用下的媒介变迁与传播环境重塑

当前，网络技术的发展催生了多样化的媒体样态。网络媒体、社交媒体、自媒体等新兴媒体纷纷涌现，加入传播版图之中，共同缔造传媒帝国。多样态媒体的并存与繁荣造成了传媒环境的进一步多元复杂。"众声喧哗"的传媒局面一方面加剧了传播环境的混杂化，另一方面也大大促进了传播内容与信息接收方式的丰富化，在交融与冲突中为传媒发展增添了刺激与活力。这种交融共生的复杂信息生产与传播格局为个体提供了信息消费的工具与内容，并在很大程度上促进了"手机控"这一现象在媒介技术革新背景下的二次繁荣。具体而言，由技术主导所造成的"手机控"生存土壤的变化主要体现在以下两个方面：

（一）*移动媒体主角地位的确立*

移动媒体是伴随着科技的进步，移动设备的出现与普及而诞生的一种新的传播形态。作为新兴媒体的重要组成部分，移动媒体的出现打破了传统媒体的传播壁垒，实现了真正意义上的无障碍、无死角传播。当前，移动媒体已经逐步成为社交媒体及各类网络生活服务类APP、娱乐

APP 的集合。每一个人都是传播者的自媒体时代需要更为便捷的传输终端和表达方式。可以说，以手机为代表的移动媒体已经打破了传统媒体的壁垒，手机、IPAD、IPOD 等移动媒体成为社会化媒体最便捷、最集中的载体。微博、微信、大量即时通信软件、各类生活应用软件、网络应用软件大规模集合在手持移动终端。各类应用 APP、个性化 APP 被网友广泛使用。目前各类应用体现在生活、阅读的各个领域。除了大量的新闻阅读客户端（比如百度新闻）以外，有关手机购物、手机支付、金融理财的各类应用成为手机媒体使用频率最高的软件，比如京东购物、手机淘宝、余额宝理财等。此外，与个体日常生活息息相关的应用型 APP 也开始异常火爆，如打车类、健身类、饮食类、购票类等软件类型均已被广泛应用于个体的生产生活中，深刻影响和塑造着个体的生存与行为方式。而各类 APP 的出现与普及又反过来促进了手机这一媒介载体的勃兴，使得手机成为连接个体与他人、个体与社会的必不可少的基础生存工具。

（二）媒介形态向"智能化"转变

媒体的"智能化"转变是当前传媒环境作用于"手机控"的另一大因素。媒体的智能化转型依托于"工业 4.0"，也即以智能生产为代表的第四次工业革命。通过信息通信技术和网络虚拟系统（Cyber‐Physical System）的研发，第四次工业革命旨在实现整个社会的智能化转型。而传媒产业的智能化发展实际上便是在这一背景下的行业变革。且传媒领域的智能化关涉的不仅是传媒行业自身的更新换代问题，更是在这一社会整体性智能化转向的时代背景下能否同整个社会发展保持同等步调，作为社会运转中的子系统实现正常运转的关键所在。喻国明将智能化比作"未来传播模式创新的核心逻辑"，宋建武等人指出"媒体智能化已经成为媒体发展的主导性趋势"，并将媒体智能化发展归纳为"以大数据为基础，以算法为驱动，应用场景指向个人化精准传播"[①]三大特点，强调的便是智能化在传媒产业未来发展中的重要地位。

---

① 宋建武、黄淼：《媒体智能化应用：现状、趋势及路径构建》，《新闻与写作》2018 年第 4 期。

智能化的出现改变了"手机控"在新时期的演变轨迹。一方面,"手机控"赖以存在的介质与载体——手机更为智能化,更加能够满足不同用户的个性化使用需求,个体对手机的依赖程度进一步加深了。另一方面,智能化也进一步改变了"手机控"的表征,使得"手机控"行为与个体之间的联系更为密切,对于个体的影响更为深刻,促使人类社会重新反思技术与人之间的关系。实际上,不仅是智能化,社会化、移动化、个性化和界限模糊化等均已成为当前媒介演进的特征。社会化意味着新的媒介形态将渗透到受众生活中的每一个领域,每个人都可能成为新兴媒体的用户;移动化解决受众能够随时随地使用新兴媒体形式和应用的问题;个性化解决用户的个性化需求和信息产品、传媒产品的定制问题;界限模糊化是在新的媒介形态中,已很难分清楚媒介与生活场域的界限,大量生活应用既是新兴媒体,又是常见的生活应用,传统的媒体类型划分在这里已经失效。在这一背景下,宽泛意义上的"大媒体"概念已经出现,智媒体带领人类社会走向新的手机使用与信息消费阶段。

可以说,传媒实践的智能化转向推动了整个行业理念的智能化革新。这是一种从实践到观念的转变,从形而下向形而上的变革。智能化在传媒领域产生的巨大影响力和颠覆力使得传媒产业不得不对其投注足够的目光,并将其纳入整个产业发展的思维理念之中。而智能化所带来的一系列传媒生态与传播环境的改变又反过来深刻影响着生活其间的每一个个体,重塑着其手机使用行为,改变着"手机控"现象的外在表征,使得"手机控"研究不再是关乎个体的话题,而成为涉及全人类生存与发展的重要课题。

二 网络空间的崛起与信息社会的形成

如果说媒介技术的发展与传媒环境的改变构成了"手机控"现象形成和演变的最直接诱因,那么,人类社会的生存与发展趋势的变革,以及由此带来的整个社会生态的转变,便成为"手机控"得以长久存在,并且在信息化时代愈演愈烈的深层次根源。在所有的社会变革中,由于互联网的勃兴而催生的网络空间的崛起,以及信息社会的到来无疑成为作用于"手机控"现象的最为显而易见且不容忽视的因素。

(一) 网络空间作为人类社会的第二空间

互联网的诞生为人类社会催生了一种新的空间形式——网络空间。网络空间是一种由技术、行为主体以及行为活动共同构成的人造空间，相较于传统的物理空间，具有虚拟性、无边界性等一系列特征。作为一种新的空间形式，网络空间正在对人类社会的生产形式与行为方式产生持续的深刻影响，它不仅打破了物理空间中所存在的时空界限的阻隔，而且对物理空间进行着潜移默化的改造和融合。为置身其中的个体提供了超越物理空间的心理体验与生理体验，深刻改变着人类自身的生活与行为，缔造了一系列新的体验与新的表征。

"手机控"现象的出现便是一种典型的物理空间与网络空间交相融合，尤其是网络空间作用于个体的结果。正是由于网络空间的诞生，以及手机这一媒介作为节点与网络空间之间的进入关系，手机才得以成为个体接触并进入网络空间的重要端口，被人们广泛使用，并由此导致了"手机控"现象的产生。"手机控"与网络空间之间的紧密关系还可以通过手机这一媒介形式的进化与"手机控"症候的演变之关系窥得一二。在手机诞生初期，"手机控"几乎不存在，这是由于，一方面，这一时期的手机与网络空间的联系尚不紧密，且手机功能未得到充分开发，只能承担简单的信息发送与电话接听功能。而伴随着手机的不断升级换代，尤其是智能手机的出现，手机功能不断丰富，其与网络空间形成了无缝连接，加之流量的价格平民化甚至免费化趋势，"手机控"这一现象实现了井喷式的爆发扩散，成为一种无法忽视的社会现象。

回到"手机控"与物理空间及网络空间之间的关系，"手机控"的形成本质上是个体在物理空间和网络空间之间博弈的结果。当物理空间对于个体的吸引力大于网络空间，个体便能够摆脱手机这一终端及其所连接的网络空间的控制，而成为一个"手机控"的拒斥者。当物理空间与网络空间对于个体的吸引力势均力敌之时，个体来回跳转于两种不同的空间形式中，但存在成为"手机控"的可能性。而一旦网络空间对于个体的影响和作用力大于物理空间，个体便会长期沉浸甚或沉迷于网络空间之中，并对网络空间产生难以抵抗的依赖性。而当这种对于网络空间的接近和进入是通过手机这一媒介完成的，那么，个体便极有可能形成手机依赖症候，并进而成为"手机控"。

因此，可以说，网络空间作为第二空间的发展与崛起为"手机控"的形成提供了最为基础的土壤，网络空间对于物理空间的侵占和挤压已经在很大程度上蔓延至对于个体身体、时间以及注意力的侵占和挤压。而当前，伴随着信息技术的蓬勃发展，网络空间的可塑性优势不断凸显，其内容的吸引力不断提升，这在很大程度上为网络空间在与物理空间的争夺上增加了筹码，而如何在网络虚拟空间的巨大旋涡之中保持足够的清醒，在网络空间与物理空间的沉浸中找到平衡，成为应对"手机控"之负面影响的必经之路。

（二）信息社会作为一种新的技术社会形态

伴随着网络空间的崛起而来的，是信息社会的形成。信息社会亦被称为"信息化社会""网络社会"或者"后工业社会"。是继农业社会、工业社会之后形成的一种新的技术社会形态。其核心表征是信息与知识在社会发展和人类生活中主导地位的确立。信息技术的诞生同样离不开以互联网为代表的新的技术形式的诞生，甚至可以说，计算机、通信技术、微电子技术等共同构成了信息社会的动力之源。

信息社会的到来犹如一把双刃剑，它一方面为人类社会开辟了新的发展阶段，将人类从农业社会以及工业社会的繁重劳动中解放了出来。另一方面也在很大程度上颠覆了农业社会与工业社会时期所形成的人类社会发展经验与规则，"延伸了人的视觉、听觉和触觉等感觉器官，超越了传统的感觉方式、感觉对象、感受性和感觉经验，打破了现实性与虚拟性的时空界限，导致了感性解放，对人的感性的影响更是不可估量"[①]。而"手机控"便是信息社会时代人类感性得到解放，生存与发展空间得到重塑之后的产物。

在信息社会，信息的充盈为人类提供了前所未有的信息与知识之源，个体得以从中汲取源源不断的养分。可以说，人类在信息社会当中所接触和学习的知识比过去所有人类社会历史的总和还要多，人类社会的整体素养也在短短的时间内得到了前所未有的提升。然而，与此同时，信

---

① 李德顺、孙伟平：《道德价值论》，云南人民出版社2005年版，第8页。

息的超载也导致了不可估量的负面影响。不良信息的流转与扩散，信息超载带来的信息冗余，反过来形成信息旋涡，将个体吸入其中。"手机控"便是信息社会信息超载和信息消费盲目的一种结果。个体对信息的渴求，以及对错失信息的恐惧已经造成了极其严重的信息依赖，由此，手机作为获取信息的重要载体，已经由一种工具变为人体的一个器官。一旦接触不到手机，这种器官丢失所带来的焦虑感便会遍布全身，手机已经成为人们缓解信息焦虑或者说生存焦虑的切口。Dscount 公司的一项调查显示，普通的智能手机用户每天触摸手机的次数约为 2617 次，而其中，10% 的重度"低头族"每天的平均触摸次数高达 5427 次。[1] 而形形色色、内容多样的信息形式，真假莫辨的信息内容，一波未平一波又起的明星娱乐八卦，充满屏幕的广告信息，血腥而又逼真的网络游戏等，以及对这些信息的高度沉迷和沉浸，则构成了"低头族"或者说"手机控"形成的直接诱因。

可以说，网络空间与信息社会的到来所形成的强大冲力已经在很大程度上对人类造成了异化，人类尽管享受了身体上的自由，却从精神上被以手机为代表的技术的产物所牵绊甚至控制，变得不自由了，而"手机控"便是其中的一种。

三 原子化社会的到来与个体意识的觉醒

与信息化社会相伴而来，且在"手机控"形成和演变过程中发挥重要作用的另一大因素则是原子化社会的到来，以及在原子化社会背景下作为个体的人的主体能动性的加强和主体意识的萌发。这些都在很大程度上为"手机控"提供了存在的基础，加剧了"手机控"在新时期背景下的症候。进一步而言，原子化社会下个体主体意识的萌发促使其形成以自我为中心的行为模式，其中便包括媒介的使用以及信息的接收。换言之，个体可以不受外界的影响，沉浸于手机营造的私密化空间之中，从自己的需求及爱好出发完成手机这一媒介的使用以及信息的消费。这

---

[1] 李天国：《对信息社会发展中几对矛盾的反思》，《马克思主义哲学论丛》2018 年第 2 期。

一个体化、私密化的空间仿佛一个"培养皿","手机控"作为一种被培育的"菌体",在其中蓬勃生长。

(一) 身体的抽离与个体的原子化转向

正如前文所言,网络的出现打破了物理空间中的时空区隔,人类社会由此进入了远程信息传输和实时信息交流的新阶段。信息社会的到来在很大程度上将人类的身体从繁重的农耕事务和工厂劳作中解放了出来,个体不再需要身体上的在场便可以从事生产活动,处理生活事宜。而媒介技术的演进以及以手机为代表的移动媒介的出现和普及,则进一步加剧了这种分化。借助于手机这一移动终端,个体可以同他者实现随时随地的沟通和交流,身体在交往过程中的作用逐渐被削弱了。可以说,以手机为代表的移动媒介进一步廓清了个体与个体之间的物理连接,将个体置于一个相对独立的网状结构之中,并将个体之间的联系转变为一种无需在场的虚拟化和网络化存在。

实际上,观照人类社会的演进便可以对个体化时代有一个较为清晰的认知。在人类社会形态的演变进程中,由最初的原始部落社会,农耕社会时期的村落状态,以及工业社会时期的城镇化状态转变为大规模聚集的城市化阶段。在这一进程中,人类聚集地不断扩大,人口密度不断提升,然而,人与人之间的连接却呈现出与人口规模相反的演变历程。从原始时期到当下社会,个体与个体之间的技术联系增强了,但情感联系则减弱了。传统时代的面对面的交流被网络时代的线上交流取代,变得"中介化",传统时期所形成的以家庭为单元的血缘连接尽管依然存在,但成员身体空间上的距离也在某种程度上削弱着这种血缘联系。传统时期个体在工作与劳动过程中建立的情感连接也变得无法持续,只能依靠媒介来实现断断续续的交往。与此同时,个体与社会之间的关系也发生了结构性的变革。传统对个体的控制与支持日渐丧失,社会成员必须作为个体来积极主动地创造自己的身份与认同。[1] 正因如此,个体化时代充满了解构意味,但同时也充满了建构的机遇。

---

[1] 参见[英]齐格蒙特·鲍曼《个体化社会》,范祥涛译,上海三联书店2002年版,第46—53页。

可以说，正是在个体化的时代背景下，个体的这种与他人共处同一空间的面对面交流的减少使其逐渐将注意力从线下转为线上，试图从手机等媒介中寻求与外界以及他人的情感联系。而"手机控"在一定程度上而言，则是在个体化时代，在人类社会的离散程度不断加大的当下，个体同他人，同整个社会建立联系，在同他人和社会的交往过程中不断认识自我，建构自我，建立身份认同的一种表征。然而，不可否认的是，这一过程也存在隐患，个体对于情感和连接的寻求一旦超出正常范围，而转变为一种对手机这一工具的崇拜和依赖，对于手机的使用便不再是科学和健康的，而是带有了病态色彩，这也是"手机控"在个体化时代带给我们的一种警示与反思。

（二）空间的自由与主体意识的觉醒

身体的解放赋予了个体相对自由的生活与生产空间，从而使得个体有更多的时间去观照自身的精神需求，加之后工业时代解构主义的盛行，人们思想观念的开放等，都在很大程度上促使了个体主体意识的萌发和觉醒。至20世纪下半叶，"为自己而活"的生活态度和生活模式不再是少数人的期望，而成为人类社会的普遍要求，从边缘和从属地位向中心地位靠拢。[①]"为自己而活"这一呼声的高涨便是个体主体意识觉醒的一个重要表现，而这一阶段也恰恰是互联网开始普及，人类社会走向转折的前夜。

主体意识的觉醒使得人们不再局限于传统的窠臼与教条限制，而是试图从自己喜欢的生活方式出发，追求属于个人的独特人生。同时，个体不再围于他人对自己的看法，而是更加自我自主地生产和生活。在这样的思想观念的影响下，追求个性成为整个社会，尤其是青年群体的普遍选择。而不顾他人的眼光，沉浸在由手机建构起来的个人世界之中，在虚拟的空间中探寻自己感兴趣和喜爱的信息和事务便成为这一思想观念作用下的一种选择和生存方式。就这一意义层面而言，"手机控"的出现实际上离不开个体主体意识觉醒所提供的勇气和动力，换句话说，正是由于个体化时代的到来以及人们主体意识的普遍觉醒，这种依赖手机

---

① 李荣山：《现代性的变奏与个体化社会的兴起》，《学海》2012年第5期。

甚至手机成瘾的行为才会被社会接受和容纳，进而演变成一种普遍的现象。也因此，"手机控"对人类社会的折射作用可见一斑。

然而，这种对手机的依赖和沉迷实际上在某种程度上也反映了个体在后工业时代这一充满解构意味的社会当中所存在的深深的不安和困惑。正如美国社会心理学家埃里希·弗罗姆在《逃避自由》一书中所言：个体自由的增长同其安全感的丧失是相伴而生的。一方面，个体自由的增长"是一个个体力量不断增强，人趋于完善，对自然的支配越来越得心应手的过程"，但另一方面，"这个日益加剧的个体化进程又意味着孤独感和不安全感日益增加"。① 尽管信息社会的到来，网络空间的崛起以及个体化时代的来临都为个体提供了相较以往更加宽松的社会环境和更为自由的身体掌控力，但就对世界认识尚浅的青年群体而言，在世界观与价值观尚未成熟之时，过度的自由则意味着越界，过早的自我意识的萌发则意味着叛逆。显然，当前看来，这一担忧并非是多余的，在身体和媒介使用、信息接收均获得自由的当下，青年一代已经有相当多的一部分陷入了由自由带来的"手机控枷锁"之中，这也成为信息化社会和个体化时代在推动人类社会向前发展的过程中所带来的不可避免的副作用。

第二节　"手机控"研究现状述评

当前，"手机控"研究主要分为两个阶段，第一个阶段为2002年至2013年期间，这十一年间有关"手机控"的研究较少，且大多只是从生理层面对手机依赖症的危害进行描述。第二个阶段为2014年至今，研究者开始关注手机依赖症的成因及现状，这一阶段对手机依赖症的研究侧重于对大学生群体的关注。通过对相关著作及研究成果进行梳理分析，可以将当前的"手机控"研究分为如下几个方面：

---

① [美] 埃里希·弗罗姆：《逃避自由》，刘林海译，国际文化出版公司2007年版，第27—28页。

一 "手机控"的概念内涵研究

关于手机传播和手机文化的研究,以海外学者梅罗维茨、莱文森、斯坦博克及国内学者匡文波、王萍、朱海松等为代表,认为媒介具有自身的运作逻辑,媒介文化的蓬勃发展迎来一个感官化和娱乐化的新时代;作为第五媒体的手机为人们带来一场"移动革命",深刻地改变着人们的生活方式。匡文波在《手机媒体概论》一书中将手机定义为具有通信功能的迷你型电脑。"手机原本只是一种人们在移动中进行人际传播的通讯工具,又称为行动电话、移动电话。在美国英语中,拼写为'Cell Phone';在英国英语中则表达为'Mobile Phone';在新加坡等国英语中被称为'Hand Phone'。目前手机已经经历了3代的发展。"① 汪民安在《手机:身体与社会》一文中将手机作为身体的一个新器官来看待:"手机似乎长在人们的身体上面。它长在人们的手上,就如同手是长在人们的身体上面一样。人们丢失了手机,就像身体失去了一个重要的器官,就像一台机器失去了一个重要的配件一样。"② 田青毅、张小琴在《手机:个人移动多媒体》一书中对手机做出如下定义:"手机又被称作移动电话,手提电话,携带电话或'大哥大',是便携式的个人电子通信终端。"③ 朱海松在其著作《第五媒体:无线营销下的分众传媒与定向传播》中提出"第五媒体论",彭逸林、张婕玉在《手机:一掌之间的大众传播媒介》一文中对这个概念有相关的延伸,"所谓'第五媒介',是传播学者对继报纸、广播、电视、互联网之后,一种可能出现的理想的新媒体的称谓。同其他四大媒体相比,手机比电脑更普及,比报纸更互动,比电视更便捷,尤其是手机已经显现出具有超越其他媒介的、强大服务功能的潜质"④。保罗·莱文森在《手机:挡不住的呼唤》一书中对"手机"的

---

① 匡文波:《手机媒体概论》,中国人民大学出版社2009年版,序言第6页。
② 汪民安:《手机:身体与社会》,《文艺研究》2009年第7期。
③ 田青毅、张小琴:《手机:个人移动多媒体》,清华大学出版社2009年版,第5页。
④ 彭逸林、张婕玉:《手机:一掌之间的大众传播媒介》,载《中国传播学会成立大会暨第九次全国传播学研讨会论文集》,中国社会科学院新闻与传播研究所、河北大学新闻传播学院,2006年。

相关概念也有描述:"手机像'细胞',无论走到哪里,它都能够生成新的社会、新的可能、新的关系。手机像'蜂窝',它使我们拥挤在密密麻麻的蜂房里,忙忙碌碌,闹闹嚷嚷,几乎丧失了一切独立生存的空间。手机像'牢房',它的联络功能,超过了人类的一切其他技术手段,使人类社会成为一个'千里一线牵'的社会"①。

对于"手机控"的内涵,国内外的学者从医学、心理学、传播学、社会学四个角度对其进行界定,从医学角度来看,手机依赖会导致个体在生理、心理和社会适应等方面出现问题或者相关功能受损。手机通过电磁波来传递信息,电磁波就是手机辐射,这些无线电波或多或少会被人体吸收,身体长时间暴露在辐射下,可能出现疲劳感。有关研究表明,大脑胶质瘤和过度使用电子产品有关。② 师建国将手机依赖定义为:因使用手机行为失控而导致个体在生理、心理和社会功能等方面明显受损的痴迷状态。③ 从心理学角度来看,黄林娟等发现手机依赖与毒品成瘾、赌博成瘾、酒精成瘾等类似,都属于冲动控制失序范畴,因反复过度使用手机导致个体出现的一种精神行为障碍。④ 从传播学角度来看,旷洁通过对大学生手机依赖情况的量化分析验证了媒介依赖理论中关于信息不确定性与媒介依赖之间关系的理论预设。⑤ 从社会学角度来看,研究者将手机依赖只看成一种社会现象,而并非心理疾病甚至生理疾病。宫佳奇等通过对手机依赖的调查认为:手机依赖只是一种与其他社会行为无异的社会现象。⑥

综上所述,可以看出,学者们对"手机控"的概念界定基本形成了

---

① [美]保罗·莱文森:《手机:挡不住的呼唤》,何道宽译,中国人民大学出版社2004年版,序言第4页。

② 甄婕、王维清:《多学科视角下大学生手机依赖研究综述》,《科技资讯》2018年第8期。

③ 师建国:《手机依赖综合征》,《临床精神医学杂志》2009年第2期。

④ 黄林娟、林丹华:《中学生手机心理需求与手机依赖的关系》,《中国青年政治学院学报》2011年第5期。

⑤ 旷洁:《媒介依赖理论在手机媒体环境下的实证研究——基于大学生手机依赖情况的量化分析》,《新闻知识》2013年第2期。

⑥ 宫佳奇、任玮:《兰州市高校大学生手机依赖状况分析》,《新闻世界》2009年第10期。

一些共识，如强调对于手机的长时间使用与依赖，"手机控"症状的不可控性与不可抗性，"手机控"的易感和高发人群多集中于13—35岁的青年群体，对于手机的过分沉迷会导致一系列的生理心理危害，等等。但与此同时，当前学界对"手机控"的研究依然存在一些模糊之处。最典型的便是对"手机控"概念界定的模糊，这突出地表现在对于"手机控"这一研究对象表述的差异上。当前的研究中，对于"手机控"的命名纷繁多样，如"手机依赖""手机成瘾""智能手机成瘾""手机成瘾倾向""手机依赖症"等。概念表述的混乱导致对研究对象特征与属性界定的混乱，在很大程度上阻碍了"手机控"研究的系统性与体系感。这一问题在未来的"手机控"研究中应当引起足够的重视。

二 "手机控"的成因研究

新兴媒体的出现并不断叠加导致媒介依赖程度不断加深，"手机控"的出现有其必然性。美国传播社会学家鲍尔·洛基奇和德福勒提出了著名的"社会—媒介—受众"三元互动的"媒介系统依赖理论"，认为一个人越是依赖于媒介提供给他的信息来满足其需求，媒介对他的影响力就越大，而社会冲突带来的不确定感会强化信息需求。后来洛基奇又提出"传播基础理论"对系统依赖理论做了重要改进和补充，该理论指出：传播基础结构"是置于传播行动的背景下的趣闻轶事讲述网络"，它包括人、传媒和基础组织创造和传播的日常谈话和趣闻轶事，以及居住地所拥有的促进邻里传播的资源。加之5G时代即将来临，媒介依赖现象研究继网瘾之后逐渐向"手机控"方面倾斜，许多研究者在前人的基础上着手对"手机控"的现状和成因进行研究。

国内学者对"手机控"的成因的直接研究比较薄弱，主要从心理学和医学角度切入，在研究方法上以实践研究为主，缺乏传播学、社会学和哲学的宽广视角和深度理论分析，其中以葛缨、刘朝锋、杜立操等对大学生手机依赖现象的研究为代表。研究认为，手机依赖与大学生的人格特征、自我评价、成长环境等有直接关系，它对大学生的学业、人格发育、社会交往以及视力和生殖健康等带来严重影响。

国内学者杜立操、熊少青在其论文《大学生手机依赖状况调查及干预对策研究》中通过自编的手机依赖倾向量表（MDQ）对450名拥有和使用手机的大学生进行问卷调查。从"性别差异、专业差异、来源差异"三个部分对大学生"手机控"的成因进行分析。[1] 葛缨、何华敏、夏文芬在其论文《大学生手机依赖与人格特质的关系研究》中指出："大学生手机依赖与人格特质之间存在密切关系，人格特质的神经质、精神质对手机依赖有正向预测作用，掩饰性对手机依赖有负向预测作用。"[2] 王宏霞在《中小学生"手机控"，该导还是该禁？》一文中将"手机控"成因概括为三个方面："1. 中小学生自我约束、管控能力弱的自身特点；2. 家长监管不当甚至本身给孩子做了不良示范；3. 社会对于升级的电子技术与新兴的社交模式的依赖。"[3] 苟延峰、谢东在《大学生"手机控"成因及危害再审视——基于安徽省11所高校的调查分析》一文中对"手机控"的成因也有相关描述，文章指出，"手机控"的成因包括"1. 手机和网络技术的进步为手机控提供现实基础；2. 家庭社会经济地位、自制力、兴趣爱好影响大学生手机控；3. 家庭教培方式、个人性格影响大学生手机控"[4] 三个方面。

此外，学者们的研究还显示家庭环境、学校等因素也构成了"手机控"的重要成因。如赖海红的研究显示，父母冲突会使子女缺乏家庭温暖，出现自我封闭，导致手机成瘾的发生。[5] Huan等人的研究发现，父母关系不好会导致网络的不良使用。[6] 而在学校因素方面，在校期间学习成绩差的大学生容易发生手机成瘾行为。刘衍素等人的研究结果表明，

---

[1] 杜立操、熊少青：《大学生手机依赖状况调查及干预对策研究》，《四川教育学院学报》2009年第7期。

[2] 葛缨、何华敏、夏文芬：《大学生手机依赖与人格特质的关系研究》，《重庆高教研究》2013年第5期。

[3] 王宏霞：《中小学生"手机控"，该导还是该禁？》，《中小学心理健康教育》2018年第35期。

[4] 苟延峰、谢东：《大学生"手机控"成因及危害再审视——基于安徽省11所高校的调查分析》，《安徽理工大学学报》（社会科学版）2018年第6期。

[5] 赖海红：《中专生父母婚姻冲突、自我和谐与手机成瘾的相关研究》，博士学位论文，华中师范大学，2015年。

[6] Huan VS, Ang RP, Chye S. Loneliness and shyness in adolescent problematic Internet users: The role of social anxiety. *Child and Youth Care Forum*, 2014（5）.

大学生手机成瘾与学业成绩呈显著负相关，学习成绩差的个体学业自我效能感差，容易产生手机成瘾行为。① 张敬赞等人认为与同学关系差增加手机成瘾行为的风险。②

国外的学者也已经将注意力转向对"手机控"成因的研究。美国的学者亚当·奥尔特在他的著作《欲罢不能：刷屏时代如何摆脱行为上瘾》中有过相关的研究，该书揭示了行为上瘾的生理机制与药物上瘾是相同的——沉迷于电子游戏时，你的大脑看起来就和吸食海洛因者的大脑是一样的。亚当·奥尔特在这本书中从商业公司利用哪些原理设计诱人上瘾高科技入手解释了行为上瘾是什么、如何远离行为上瘾以及如何利用上瘾做些好事。美国的学者保罗·莱文森在他的著作《手机：挡不住的呼唤》一书中也有过相关的研究，该书从哲学、社会学和传播学的角度剖析使用手机这种社会现象，作者将手机称为"社会生活的插足者"，他强调手机是广义上的媒介，只有人的需求才是决定媒介进行的根本因素。该书写于2003年，当时智能手机还没普及，社交网络还没出现，回看书中论述，作者只是把手机局限于一种通信工具。

因此，不难发现，"手机控"的形成存在复杂的原因，既有个人自身的原因，也有外部的原因，我国的直接相关研究还比较薄弱，同时国家对"手机控"的重视也不够。分析"手机控"的成因并进行反思是我们研究"手机控"的基础。

三 "手机控"的危害研究

作为一种社会症候，"手机控"本身已经具有了病理层面的一系列表征。换句话说，"手机控"对于使用个体实际上存在着较为显著的危害性。这一点在以往的"手机控"研究中已经有了较为丰富的论述和证明。

当前，对于"手机控"危害的论述主要围绕"手机控"现象对个体所造成的生理、心理、行为等维度展开。其中，生理、心理构成了"手

---

① 刘衍素、向秀清、陈红：《卫校学生手机成瘾与学业自我效能感的相关性研究》，《卫生职业教育》2017年第14期。
② 张敬赞、姜媛：《大学生情绪调节策略对人际困扰与手机成瘾作用的研究》，《现代预防医学》2017年第18期。

机控"危害的主要层面。国内学者刘红等人研究发现,手机成瘾会导致使用者出现头晕、耳鸣、失眠、盗汗、肠胃功能失调等一系列生理症状。① 李丽等人在对七百多名被试进行研究的基础上指出,手机依赖症的患者由于长时间地低头使用手机,会出现触屏指、颈椎疼痛等一系列不同程度的身体功能障碍,从而对个体的正常生活造成影响。② 师建国在对手机依赖的现象加以研究的基础上指出,对于"手机控"患者而言,当其手机不在身边的时候,会表现出明显的焦躁感和抑郁症状,患者会失去对周围事物的热情,变得消极不前。③ 徐成芳等人则在调查的基础上提出,长期使用和依赖手机不仅会极大地损害个体的心理健康,使其社会交往能力与个人表达能力受损,同时也会导致一系列生理危害的发生,如过分的紧张感和焦虑感、四肢发麻、心悸头晕、恶心出汗等,严重影响其日常生产与生活。④ 此外,不少学者研究指出,"手机控"还会影响个体的睡眠质量、注意力、情绪、视力、听觉、身体素质等,可谓有百害而无一利。国外学者的研究亦证实了"手机控"对于个体生理的损害。Hadlington 研究发现,过度使用手机会使个体长时间暴露于大量电磁辐射的环境中,可能导致其工作记忆容量和注意控制等认知功能的弱化,由此增加认知失败发生的概率。⑤ Demirci 等人也发现,手机依赖倾向较高的个体常表现出明显的焦虑情绪和抑郁症状,尤其是在夜晚长时间使用手机可能会激活个体的情感或生理唤醒,导致睡眠困难,从而增强焦虑和抑郁情绪。⑥

就心理层面的影响而言,闫志明等人的研究发现,严重的手机依赖

---

① 刘红、王洪礼:《大学生手机成瘾与孤独感、手机使用动机的关系》,《心理科学》2011年第6期。

② 李丽、梅松丽等:《辽宁省某医学院校学生智能手机成瘾现状调查》,《医学与社会》2015年第1期。

③ 师建国:《手机依赖综合征》,《临床精神医学志》2009年第2期。

④ 徐成芳等:《大学生手机依赖症的心理原因及防治对策》,《学理论》2011年第32期。

⑤ Hadlington LJ. Cognitive failures in daily life: Exploring the link with Internet addiction and problematic mobile phone use. *Computers in Human Behavior*, 2015(51).

⑥ Demirci K, Akgönül M, Akpinar A. Relationship of smartphone use severity with sleep quality, depression, and anxiety in university students. *Journal of Behavioural Addictions*, 2015(2).

会影响学生的学业自我效能感，从而导致中职学生学业的下滑。[1] 蒋俏蕾等人在对中国与新加坡两国大学生手机使用进行比较研究的基础上得出结论，无论是中国还是新加坡，大学生的智能手机使用均呈现出相似性，即无法控制对手机的渴望以及由此带来的效率下降和逃避与焦虑感。[2] 姜永志等人研究认为，过度的手机使用，尤其是虚拟空间的游戏使部分大学生陷入虚幻，与他人关系产生疏离。[3] 此外，过度的手机使用会导致较低的生活满意度以及焦虑抑郁等一列心理问题甚至自杀。[4] 或者出现诸多心理不适，如高度的人际紧张[5]、孤独感、疏离感，压力易感性以及较低的自尊与认同。[6]

四 "手机控"的测量标准研究

"手机控"的测量标准也构成了"手机控"研究的一个重要维度。所谓测量标准实际上便是借助何种工具对"手机控"各项指标进行测量，是判定是否为"手机控"，以及"手机控"程度的重要研究工具。

当前的"手机控"研究与测量多数是从心理变量出发展开的，如人格特质、社会交往、孤独感等。并且形成了一些较有影响的测量工具：一是由 Park 以成瘾的心理模型为基础，将韩国大学生作为被试而编写的"手机成瘾量表"。该量表包括耐受性、戒断性、减少使用的尝试、时间消耗、无节制使用、取代其他活动和持续使用七个维度，共计

---

[1] 闫志明等：《手机依赖对中职学生学业自我效能感影响研究》，《中国特殊教育》2018 年第 11 期。

[2] 蒋俏蕾、郝晓鸣等：《媒介依赖理论视角下的智能手机使用心理与行为——中国与新加坡大学生手机使用比较研究》，《新闻大学》2019 年第 3 期。

[3] 姜永志、白晓丽：《大学生人格特征与手机依赖的关系：社会支持系统的作用》，《心理发展与教育》2014 年第 5 期。

[4] Dong GS, Park Y, Kim MK, Park J. Mobile phone dependency and its impacts on adolescents social and academic behaviors. *Computers in Human Behavior*, 2016（63）.

[5] Chen L, Yan Z, Tang W, et al. Mobile phone addiction levels and negative emotions among Chinese young adults: The mediating role of interpersonal problems. *Computers in Human Behavior*, 2016（55）.

[6] Bianchi A, Phillips JG. Psychological predictors of problem mobile phone use. *Cyberpsychology & Behavior*, 2005（1）.

20道题，是测量"手机控"的关键量表。[1] 二是由Bianchi和Phillips共同编写的"手机问题使用量表"，该量表以DSM-IV为参考对象制定而成。包括五个维度，分别是耐受性、戒断性、渴望性、逃避其他问题、负向生活结果，共计27个题项。[2] 三是由国内学者梁永炽编写的"手机成瘾指标量表"。该量表是以"手机问题使用量表"为原型改编而成，将失控性、戒断性、逃避型和低效性作为测量维度，主要针对的是青少年群体的"手机控"症状以及表现研究，具有较为广泛的知名度和应用度。[3]

此外，其他学者也针对"手机控"研究制定了一系列的测量量表。如Billieux等人在对前人量表进行修订的基础上，制定了针对手机问题性使用现象评估的问卷。对手机的超长使用、危险性使用，以及手机的依赖性使用等问题进行测量。[4] 韩国学者Kown等人针对手机使用行为特征编制了成瘾测量量表，尽管由于对智能手机的认识不足等问题导致量表的效度存在一定的问题，但仍然是一个极有价值的尝试。[5] 在国内，学者们近年来也纷纷开始对"手机控"测量量表的设计。如熊婕等人在吸收前人研究成果的基础上编写的《大学生手机成瘾倾向量表》[6]，陶舒曼等人针对青少年群体的手机使用情况编制的《青少年手机使用依赖自评问卷》[7]，王小辉针对中学生群体手机使用情况编制的手机依赖量表，等等。

毫无疑问，这些量表的制定为"手机控"的测量提供了相对科学的

---

[1] Park WK. *Mobile Phone Addiction. Mobile Communications.* London: Springer, 2005, pp. 253–272.

[2] Bianchi A, Phillips JG. Psychological predictors of problem mobile phone use. *CyberPsychology & Behavior*, 2005 (1).

[3] Leung L. Linking psychological attributes to addiction and improper use of the mobile phone among adolescents in Hong Kong. *Journal of Children and Media*, 2008 (2).

[4] Billieux J, Van der Linden M, Rochat L, et al. The role of impulsivity in actual and problematic use of the mobile phone. *Apple Congnit Psychol*, 2008 (9).

[5] Kwon M, Lee JY, Won WY, et al. Development and validation of a Smartphone Addiction Scale (SAS). *PloS One*, 2013 (2).

[6] 熊婕、周宗奎、陈武等：《大学生手机成瘾倾向量表的编制》，《中国心理卫生杂志》2012年第3期。

[7] 陶舒曼、付继玲、王惠等：《青少年手机使用依赖自评问卷编制及其在大学生中的应用》，《中国学校卫生》2013年第1期。

工具，为"手机控"研究的推进提供了有益的动力。不过，这些量表的编制也存在一定的问题，因为它们多数是以"网络依赖"或者说"网络成瘾"为参考的。尽管"手机控"与网络成瘾之间存在一定的相似性与相同点，但由于媒介属性的差异，二者还是存在较多的差别。加之国内外学者对"手机控"的研究多数属于短时间、一次性的研究，而非长期的系统性研究，加之智能手机以及手机使用行为的不断变化性特征，对于"手机控"测量量表的编制也应当处于不断调整和完善的过程之中。

五 "手机控"的对策研究

针对"手机控"日益严峻的现状，研究者对"手机控"进行了系统研究，寻找"手机控"问题的应对之策。

国内研究者大都从心理学和医学角度进行对策研究，认为减少手机使用时间、进行心理干预或药物治疗、唤起运营商责任意识、完善政策法规等是应对"手机控"的有效手段。旷洁、王靖等专门根据媒介依赖理论从传播学角度对大学生手机依赖的影响和对策做了探讨。杜立操、熊少青在《大学生手机依赖状况调查及干预对策研究》一文中对"手机控"干预对策研究有相关描述："学校也应开展一些相关的讲座、宣传等活动，教育和引导学生正确、健康地使用手机。建立健全相关心理咨询体系，要注意对大学生的情绪控制进行专门有效的辅导，并且可通过成熟的心理辅导体系对青年学生进行心理教育，开设心理咨询室，帮助'手机依赖倾向者'调整好他们的心态，让他们学会放松的技巧。"[①] 王青、禹建蕾在《大学生"手机控"问题及教育对策研究》一文中指出："必须采取切实有效的对策措施：1. 积极开展活动，加强正确引导；2. 创新教学方法，提高教学质量；3. 及时辅导提醒，强化教育监督；4. 健全学校规章，完善管理制度。"[②] 闵珍在《大学生课堂"手机控"现状心理学分析及其干预研究》一文中对"手机控"干预对策有如下阐述：

[①] 杜立操、熊少青：《大学生手机依赖状况调查及干预对策研究》，《四川教育学院学报》2009年第7期。

[②] 王青、禹建蕾：《大学生"手机控"问题及教育对策研究》，《科教导刊》（上旬刊）2018年第8期。

"1. 大学生应加强自我调控,提高自我约束能力;2. 教师应加强目标教案建设,增强课堂学习的吸引力;3. 学校应加强生涯规划建设,引导大学生科学合理地使用手机;4. 学校应通过校园文化加强对手机文化引导。"[1] 黄彦萍、游敏惠等在《手机对大学生的影响及对策研究》一文中提出有关对策的思考:"1. 政府、营运商应担当加强对手机运用网络建设和管理的责任;2. 增强媒体工作者的思想政治教育意识;3. 加强手机与其他媒体间的协作互动;4. 把手机(短信)作为高校思想政治教育的新载体、新平台。"[2]

由上可见,目前关于网瘾的研究比较系统深入但对"手机控"的研究仍旧较为薄弱,在为数不多的"手机控"研究成果中,漫谈现象的较多,深层次论述其形成和影响机制的较少;在对策研究中,着眼于宏观层面和借鉴网瘾防治经验者居多,具有针对性和可操作性的较少。

综上所述,尽管当前的"手机控"研究在数量和研究维度方面均取得不俗的成绩,但整体而言,对于"手机控"的研究仍然存在如下几方面的问题:一是研究内容略显单一,主要集中于影响因素和对策等层面的研究,而对于更广泛、更深层的其他面向的探讨较少。二是研究对象多集中于在校学生,而忽略了存在于社会层面的广泛的"手机控"对象,尤其是20—35岁青年群体对象,这就导致了"手机控"研究对象不够全面。三是在研究方法方面,在当前的国内研究中,尽管有些学者采用了问卷调查、深度访谈等研究方法,但大多数的研究者依然采用自说自话的所谓质性研究方法开展研究,这就导致研究的规范性和科学性大打折扣,严重影响了研究的价值和效果。四是在研究的视野方面,当前的研究多集中于教育领域、传播领域等,而缺乏心理学、认知神经、行为学、医学等方面的研究进路,这也是当前"手机控"研究中一个不容忽视的短板。

---

[1] 闵珍:《大学生课堂"手机控"现状心理学分析及其干预研究》,《才智》2018年第8期。

[2] 罗玉华、黄彦萍、游敏惠:《手机对大学生的影响及对策研究》,《重庆邮电大学学报》(社会科学版)2011年第2期。

第三节 重新界定"手机控":一种"成瘾"症候的信息依赖

"手机控"是一种成瘾症候,这一点毋庸置疑。然而,正如前文所言,在以往的研究中,多数研究者仅仅借鉴"成瘾"的相关研究和界定作为对"手机控"研究的参考,而未真正从"手机控"出发,探寻"手机成瘾"表现背后的深层逻辑。有鉴于此,本课题试图在对"手机控""成瘾""媒介依赖"等一系列对象及其关联的分析和梳理的基础之上,对"手机控"所隐藏的核心内涵加以剖析,并对其做出新的界定。课题组认为,从传播学的视角来看,作为一种"成瘾"症候的"手机控",表现出来的是个体对手机这一媒介的深度依赖,也即媒介依赖。然而,在媒介依赖这一表象的背后,实际上隐藏着个体对于手机这一媒介作为工具和平台所承载的信息的依赖,因为缺失了信息内容的手机无疑是无法给用户带来任何吸引力的。换句话说,"手机控"的本质是"信息控"。这也是本节力图论述的核心观点。

一 作为"成瘾"症候的"手机控"

"手机控"与"成瘾"有着千丝万缕的关系,对成瘾的认知为正确认识"手机控"提供了有益的视角。但就"手机控"本身而言,手机所具有的媒介属性,决定了对"手机控"的研究必须从传播学视角加以观照,也即重视"手机控"的媒介依赖表征。唯有厘清"成瘾""媒介依赖"与"手机控"三者之间的关系,才能为科学定义"手机控"奠定坚实的基础。

(一)"成瘾"及其机制

《辞源》中对"瘾"的解释为"癖也,嗜好久而成癖",强调成瘾的核心是对某种偏好的依赖。《新华字典》对于"瘾"的解释则为:"指特别深的不良嗜好,亦泛指对某项事物的特殊兴趣、癖好:烟瘾。瘾君子。球瘾。戏瘾。看书上瘾。"可以看出,"瘾"实际上具有负面的内涵。即个人不可控制地重复某一行动或滥用某种物质的愿望,成瘾者明知道这样做会给自己带来各种不可挽回的后果，却仍然无法控制，形成了某种强烈依赖。

对以往文献的梳理和分析结果表明，成瘾是人类活动中复杂而难以理解的行为模式，作为一个跨学科的新兴课题，心理学、生理学、医学等学科都对成瘾行为的形成机制做过不同的论述与分析。而从不同学科视角对成瘾机制加以分析，对于理解"手机控"无疑具有重要作用。

弗洛伊德曾从精神分析的角度对成瘾做过深入分析。在弗洛伊德的理论中，人格结构分为三个部分：本我、自我和超我。本我指的是人类的本能，是原始力量的源泉，是立即满足欲望的冲动，它处于潜意识的最深层次，遵循享乐的原则。弗洛伊德将本能划分为两种，即自我本能和性本能，后者是其本能理论的核心，他认为一个人从出生到衰老所有的行为动机，都受到性本能冲动的支配，也就是说，这种性本能和欲望在驱使人们去寻找快感，成瘾也是这样，通过获得想要的东西而感受到快乐，从而产生一种欢愉的感觉。而这样的感觉往往是非理性的，具有强烈的主观体验和成瘾性。[1] 性本能作为人类最原始的生命冲动，往往受到社会伦理和道德原则的限定和压制，如果不能及时地发泄这种生命冲动，随着时间的推移就容易导致发病。弗洛伊德曾经指出，对成瘾者而言，成瘾物充当了其性满足的替代品，除非重建正常的性功能，否则戒断后的复发在所难免。[2] 这种把原来的性目标转换成另一种目标的能力就叫作升华的能力，经过转化的目标不再是性的，却与性目标密切相关。[3] 弗洛伊德认为，成瘾是个体对某些社会情境的反应，触发个人用成瘾行为作为逃避或解决问题的方案。因此，成瘾者要从诱发成瘾的物质或行为中寻求"享乐"的感觉，从而使得自己心里踏实，以适应环境。[4]

---

[1] 刘玉梅：《论青少年吸毒成瘾的心理机制》，《内蒙古农业大学学报》（社会科学版）2009年第6期。

[2] 崔丽娟：《青少年网络成瘾的界定、特性与预防研究》，博士学位论文，华东师范大学，2005年。

[3] 崔丽娟、胡海龙、吴明证等：《网络游戏成瘾者的内隐攻击性研究》，《心理科学》2006年第3期。

[4] 汪向东、王希林、马弘等：《心理卫生评定量表手册》，《中国心理卫生杂志》1999年（增刊）。

除精神分析领域之外，心理学角度认为，成瘾亦同个体的人格特质密切相关。心理学认为，人的心理承受力主要取决于行为者的人格特质和人格特点。[1] 人格发展越完美，就越能对自己做出正确的评价，并且在压力面前调整自我态度和自我行为的能力就越强，反之亦然。一些心理承受能力差的人，由于缺乏自我调节能力而无法摆脱心理危机。[2] 导致一些人使用外部辅助工具来逃避他们面临的创伤，如吸毒。一些心理学家使用"成瘾人格"来解释药物滥用的原因，即"发生成瘾者，其人格往往有缺陷，称为成瘾人格"[3]。研究者用心理量表来测量和描述麻醉剂成瘾者的人格特质，临床研究也逐渐揭示了一种明显的人格类型，即愤怒的、冲动性的、社交异常的个体易于成瘾。[4] 人格一方面使成瘾者根据快乐原则从毒品中寻求最基本的满足，另一方面使他们对吸毒行为的后果置若罔闻，只是寻求片刻的满足，极易对致瘾源产生依赖，但最终染上哪一种瘾，则视外界的具体条件而定。[5]

此外，认知科学亦对成瘾形成的机制问题进行了论述。认知科学认为成瘾的认知过程，主要是由成瘾者的信息加工缺陷，或者认知方式的偏差所致。[6] 这里所说的加工缺陷是指成瘾者过度关注某一方面，这种独特的思维习惯与成瘾行为密切相关。有学者总结了成瘾者近三十种错误的思维方式，包括成瘾者有一套歪曲现实的逻辑原则和认知过程，具有混乱、刻板的思维方式，对时间的认知、体验和管理都是短暂的，常以秒、分、天来测量时间，以及思维常陷入保护性的防御机制，等等。[7] 在

---

[1] 高玉峰、蒙华庆、傅一笑：《网络成瘾者 HANOI 塔和威斯康星卡片分类测验（M-WCST）的对照研究》，《重庆医科大学学报》2007 年第 10 期。

[2] 郭晓飞：《网络成瘾大学生自我控制行为特点剖析》，《绍兴文理学院学报》（社科版）2006 年第 4 期。

[3] 黄少华、陈文江：《重塑自我的游戏——网络空间的人际交往》，兰州大学出版社 2002 年版，第 216 页。

[4] 赖华红：《从药物成瘾看网络成瘾生化动型之可能》，《上饶师范学院学报》2004 年第 5 期。

[5] 曲艳：《大学生网络成瘾的心理机制与心理干预的研究》，硕士学位论文，辽宁师范大学，2009 年。

[6] 梅松丽、张明、刘莉：《成瘾行为的心理学分析》，《医学与社会》2006 年第 10 期。

[7] 冯国双、郭继志、周春莲等：《国内大学生网络成瘾研究进展》，《中国医学伦理学》2004 年第 3 期。

认知心理学看来，成瘾行为一般不需要特殊的特征提示，当环境刺激足够强时，某些行为就会无意识地延续习惯性认知自动发生，一旦开始了，就很难停止。① 因此，成瘾可能是一种可以预见行为后果的由环境线索、不遗余力的觅药过程及躯体和植物神经适应所组成的混合体。认知心理学从研究对象上是对行为主义的否定，从方法上则是对行为主义的深化，对那些放弃了极端观点的新行为主义，其继承多于批判，而与认知心理学的发展相应的是，各种传媒理论也越来越多地将传播过程看作信息的加工过程，从信息加工的角度研究传媒致效的中介因素，并更多地考虑了受众个体的认知结构等个别差异。②

生物学也为认识成瘾及其机制提供了独特的视角。近年来，生物学研究发现，在成瘾过程中确实出现大脑的功能和代谢的改变。一般情况下，人脑有自我调节能力，内啡肽的分泌量是受大脑控制的，能够限制人的兴奋处在正常范围内。③ 由于人体所需的内啡肽主要来自人体内部，大量摄入的药物会抑制身体分泌内啡肽的能力。持续摄入毒品后，人体机能的自我平衡就会被打乱，人体器官和组织就会遭到破坏，使脑内的神经细胞减少或停止分泌内啡肽，而不得不依靠毒品来补充维持痛觉阈和稳定情绪，一旦没有则会出现难以忍受的戒断症状，在精神方面表现为吸则后悔，不吸则痛苦，想戒又戒不了的矛盾，从而产生毒瘾。④ 经过反复使用药物，人体对药物的耐受性有所提高，而药物的作用也逐渐减弱。吸毒者只能以更大的剂量来抑制身体反应，满足心理渴求，久而久之，将愈陷愈深，不能自拔。⑤

从其他学科对成瘾的论述来看，成瘾的机制是多种多样的。这也为我们认识和分析"手机控"现象，探索"手机控"形成的深层原因提供

---

① 梅松丽、张明、刘莉：《成瘾行为的心理学分析》，《医学与社会》2006年第10期。
② 方建移、张芹：《传媒心理学》，浙江大学出版社2004年版，第18页。
③ 曲艳：《大学生网络成瘾的心理机制与心理干预的研究》，硕士学位论文，辽宁师范大学，2009年。
④ 李望舒：《西安市大学生网络成瘾状况与人格特质的关系研究》，《中国学校卫生》2005年第3期。
⑤ 林绚晖、阎巩固：《大学生上网行为及网络成瘾探讨》，《中国心理卫生杂志》2001年第4期。

了多元视角和多路径思维,成为研究和界定"手机控"的有效辅助。

(二) 媒介依赖与手机成瘾

正如前文所言,已有诸多领域对"成瘾"机制做了不同视角的研究和论述,"手机控"作为成瘾的一种表现亦共享这些机制的某些逻辑。然而,要想深刻认知"手机控"或者说"手机成瘾",对"手机控"进行科学的界定,还必须从传播学的视角出发,从手机这一媒介的本质特征出发,探寻"手机控"形成的传播学逻辑。否则,界定便失去了特殊性和针对性。实际上,既有的传播学研究当中已经存在能够对"手机控"加以阐释的理论,即媒介依赖理论。这一理论从媒介使用的角度对媒介成瘾加以研究和论述,对于"手机控"现象具有强大的解释力。因此,从媒介依赖的视角去认识和解释"手机控",无疑为我们准确定义"手机控"提供了必不可少的重要支撑。

1. 媒介依赖及其基本内涵

媒介依赖理论最初由梅尔文·德弗勒和鲍尔-洛基奇在1976年的论文《大众传播效果的依赖模式》中提出,在其后的《大众传播学诸论》一书中,论文的观点得到了深化,作者从四个方面进一步阐述其观点,从而形成了更为成熟的理论,对当前的"媒介依赖"研究具有重要的参考价值。他们认为媒介影响的基础在于社会系统、媒介系统和受众系统之间的联系,也就是说,媒介效果的产生不是因为无所不能的媒介或无所不能的信息,而是因为媒介在特定的社会系统中以特定的方式满足特定受众的需要;受众对媒介信息的依赖程度是理解媒介中的信息何时以及为何改变受众的信念、情感和行为的关键变量。换句话说,媒介效果的产生和形成取决于受众,并且与某些媒介消息对受众的必要程度有关;在媒介化的信息社会中,受众越来越依赖于媒介来理解这个社会、在社会中做有意义的事以及追求幻想和逃避[1],随着社会变得越来越复杂,受众主要通过媒介了解世界,不仅需要媒介来帮助他们获取信息、感受意义,帮助他们了解他们应该做些什么,还需要媒介帮助他们放松和应对

---

[1] 参见[美]梅尔文·德弗勒、[美]鲍尔-洛基奇《大众传播学诸论》,杜力平译,新华出版社1990年版,第347—363页。

问题,当受众通过媒介了解社会时,媒介塑造了受众的期望;受众越依赖于媒介的使用来满足个人需求,媒介在受众个人生活中的作用就越重要,对这些受众的影响就越大,每个受众都受到媒介的影响,而需求最大且依赖媒介的受众将受到最大影响。媒介依赖理论的主要目的是试图解释大众传播复杂的影响。德弗勒认为,传播学就是要解释人类沟通过程的基本性质,充分描述整个的人类传播,然后方可估量出使用复杂媒介的大众传播的地位。① 在此基础上,他提出大众传播研究中的三个关键问题:一个社会是怎样影响其大众传播的?大众传播是如何发生的?接触大众传播对人们有何作用?他提出要把大众传播过程置于广泛的政治经济、文化等社会背景之下,从而了解它是怎样作为整个社会系统的一个组成部分而发挥作用的。②

梅尔文·德弗勒和鲍尔-洛基奇的媒介依赖理论,将媒介整合到由媒介系统、社会系统和受众系统组成的媒介生态系统中,讨论三个系统之间的相互依赖关系,观察每个系统微观和宏观之间的动态联系。对我们认识媒介依赖,以及"手机控"这一媒介依赖表征提供了有益的视角。

2."手机控"作为一种媒介依赖表征

"手机控"是一种典型的媒介依赖表征。从人类社会媒介发展以及媒介依赖形成的逻辑来看,基于目标资源的媒介依赖是解释大众传播社会影响的关键因素。手机媒介系统强调媒介依赖关系的双向性——就是相互依赖的关系。③ 个人、团体、组织和其他社会系统以及整个社会依靠使用媒介控制的信息资源来实现其目标,而媒介系统也有其自身的目标,为了实现这些目标,就无法只使用自己所控制的信息资源,还要使用其他系统控制的资源。例如,媒介系统的一个重要目标是拥有新闻自由的权利,以确保其履行观察环境和舆论监督等社会使命,政治系统控制着

---

① 参见[美]梅尔文·德弗勒、[美]鲍尔-洛基奇《大众传播学诸论》,杜力平译,新华出版社1990年版,第30页。

② 胡申生、李远行、章友德等:《传播社会学导论》,上海大学出版社2002年版,第22页。

③ 胡申生、李远行、章友德等:《传播社会学导论》,上海大学出版社2002年版,第22—23页。

立法和法规的制度，大众传播系统依靠政治体系的政策支持，以获得自身的发展和经济效益。在手机媒介系统中，合作与冲突都跟媒介系统与其他社会系统之间的平衡有关：当媒介系统与其他社会系统之间存在权利平衡时，相互依赖符合双方的共同利益，从而促进相互合作；当它们之间的权利不平衡时，它们中的一个经常看到相互依赖的对方与自己的利益相矛盾，这很容易导致冲突。因此，合作与冲突之间的这种动态关系是媒介系统和其他社会系统变化背后的驱动力之一。从受众的角度来看，个人与媒介系统之间也存在着相互依赖的关系，个人受两个基本动机的驱动，即谋生和发展，有三个重要目标，即了解自己与社会、确定行动方向和获得娱乐，实现这些目标取决于个人控制的信息资源，媒介对个人信仰和行为的影响，无论力度如何，都源于手机媒介系统控制的信息资源。

而从手机媒介依赖来看大众传播的影响，手机媒介与其他社会系统之间的相互关系越强，手机媒介的社会影响力就越大。导致两者之间关系不同的重要因素之一是"意义不明确"的程度，换句话说，当事件的"意义不明确"时，也就是说当人们缺乏关于事件意义的足够信息来判断它时，手机将成为受事件影响的人们的主要信息资源，参与者将高度依赖于手机媒介系统；反之影响力就越小。手机媒介依赖本质上是对信息和通信技术的崇拜，其特征在于认识到信息和通信技术是未来社会发展的基础，而未来由于获取信息的权利变动，信息接触的现象将得到改善，手机媒介作为社会力量的有效性不断扩大，媒介化生存成为受众的生存状态。在手机媒介依赖中，影响媒介依赖程度的因素主要有两种，一是该媒介所处社会的稳定程度，当社会处在转型期或冲突增加时，人们对信息的获取需求就会增加；二是该媒介提供的信息本身的数量和集中程度。每一个媒介都有自己特殊的定位，发布的信息也会有所筛选，对于不同的人群来说，他们所需要的信息也不尽相同，随着某一媒介发布信息的数量或集中程度的增加，某一部分对应人群对于该媒介的依赖就可能会增强，或者会有更多的人群依赖该媒介。[1] 手机的覆盖面之广，已经

---

[1] 谢新洲：《"媒介依赖"理论在互联网环境下的实证研究》，《石家庄经济学院学报》2004年第2期。

超越了任何传统媒介,集成了传统大众媒介的功能,手机不但是保罗·莱文森所说的"补偿性媒介"①,而且已经发展成一种"整合性媒介",而手机的多功能性和集成性造就了人们强烈的"手机媒介依赖症",也即"手机控"。

二 "信息控":"手机控"的本质依赖逻辑

通过前文的研究和讨论不难发现,无论是"成瘾"还是"依赖",无论是媒介因素、人格因素导致的成瘾,还是生物因素抑或是精神因素导致的成瘾,都共享如下几个逻辑:一是个体对某一对象的依赖;二是这一依赖行为具有延续性和难以戒断性;三是这一依赖行为对个体身体或心理带来满足感。回到"手机控",个体使用手机并且对手机产生具有延续性和难以戒断性的依赖行为时,"手机控"便形成了。然而,我们说,个体对手机的使用和依赖仅仅解释了"手机控"最为表象的层面,也即"手机控"的外在表征,而并未揭示"手机控"现象形成的内在深层因素。这实际上也是当前"手机控"相关研究未能充分解释的定义盲点。那么,如何聚焦"手机控"背后的深层原因呢?课题组认为,应当从第三点,也即"手机依赖行为对个体身体或心理带来满足感"着手。换句话说,个体为什么要频繁使用手机?手机的使用为个体带来了什么?满足了其何种需求?以及这种使用行为如何一步步演变为成瘾?对这些问题的解答实际上构成了"手机控"现象解释的根本逻辑。

(一)"手机控"作为"信息控"

"手机控"本质上而言,是一种"信息控"。这是本课题在综合分析既有研究成果,借助多元视角加以研判,并且从"手机控"这一现象的表现形式及形成逻辑等层面出发做出的假设和判断。为何将"手机控"作为一种"信息控"?主要有如下几个方面的原因。

首先,从手机这一媒介的工具性设置而言。手机这一媒介的出现,其最初目的便是信息的接收与传递。前手机时代的传呼机,以及手机诞生初期的大哥大,其功能非常少,便是传递信息和接听电话。伴随着互

---

① [美]保罗·莱文森:《思想无羁》,何道宽译,南京大学出版社2003年版,第7页。

联网的普及，从 2G 时代的电话接听、短信发送、QQ 聊天，以及简单的上网功能，到 3G 时期的流量上网、信息搜索，再到 4G 时代的无限上网、语音聊天、视频通话，以及 5G 前夜手机媒介功能的进一步拓展与开发。可以说，手机媒介在进化的每一个阶段，均以信息传递和接收作为基本的功能需求和媒介定位。短信功能的出现使手机有了报纸的功能；彩信功能的出现使手机有了广播的功能；视频功能的出现使手机有了电视的功能，WAP 和宽带网络的普及使手机有了互联网的功能。而所有这些功能的设定和聚合，其根本目的仍然是服务于个体对于信息接收的需求，适应人类社会发展的信息化进程。尼葛洛庞帝在《数字化生存》中曾经对后信息时代的信息接收行为做过论述，认为在后信息时代，人类的生存环境将会变得越来越数字化，大众传播的受众往往只是单独一人，信息也会随之变得极端个人化，媒介的受众最终只会是个人。而手机作为一种个人化的通信工具这一定位，以及其以分众为目的的传播目标和以定向化信息传送为宗旨的传播效果，实际上在某种程度上贴合和回应了尼葛洛庞帝的"传播个人化"论断。正是手机的这一工具性定位，决定了以手机为媒介而发生的使用行为，以及由这一使用行为而产生的结果，跟信息传播与接收这一手机的根本定位有着密不可分的直接关联。就"手机控"这一现象而言，个体的手机依赖性使用行为，亦逃不开其与信息的紧密关系，换言之，个体对于手机的使用受到其信息接收需求的牵引，"手机控"在某种程度上而言便是"信息控"。

其次，从个体使用手机的行为和目的来看。正如前文所言，手机这一媒介自诞生之日起，便是以信息接收和传播为目的。实际上，沿此逻辑，个体的手机使用行为也应当是基于手机的这一媒介定位而展开的。换句话说，个体使用手机是为了满足其信息接收和传播的需求。这一点在日常手机使用实践中可见一斑。就个体的日常手机使用行为而言，其使用手机的目的大多集中于以下几种，即工作需要、情感交流、社会生活、休闲娱乐、打发时间等。而无论是基于何种目的，这些使用行为均与信息接收有着密切关联。例如，以工作为目的而进行的手机使用，在于通过工作内容与信息的发布和接收，以及与上下级同事之间的沟通交流，在掌握充分信息的前提下更好地完成工作任务。而以社会生活为目的的手机使用则是个体在日常生活中通过信息的交流,不断建构自我形象,维系社会关系,巩固社会地位的一种社会行为。即使是玩游戏这一休闲娱乐式的手机应用,在看似专注于游戏操作的表象之下,依然潜藏着个体对游戏这一文本形式之内容的接收、理解与反应等一系列的信息处理行为。

需要强调的是,"手机控"并非强调个体对某一类特定信息的依赖,而是一种手机使用依赖的直观反映。实际上,在某些情况下,个体对于手机的使用行为是下意识的,甚至是漫无目的的。在手机的使用行为中,个体寻求的是在点击和滑动手机屏幕过程中所获取的精神或者情感上的慰藉。然而,即使是在这样的情形之下,个体对于手机的应用依然是建立在接触信息的基础上的,这是因为,点击和滑动手机屏幕这一行为本身便是对信息的探寻和接收行为。因此,从个体的手机使用行为与目的来看,"手机控"的形成包含了"信息控"之本质特征的内在逻辑。

最后,从"手机控"现象的具体表征而言。"手机控"的"信息控"本质从"手机控"的具体表征层面也可以看出。正如前文所述,"手机控"的三个鲜明表现便是个体对手机的持续性、沉迷式使用;手机使用的难以戒断性;停止手机使用之后个体的焦虑不安、注意力不集中、烦躁等症状。而对于手机使用者而言,这三个方面的表征均表现出个体手机使用和手机依赖的"信息控"逻辑。一方面,无论是个体的沉迷、难以戒断的心理表现或者停止使用之后的焦躁不安、注意力不集中等生理表现,其根本上并非是对手机这一媒介的沉迷,而是对手机作为载体所呈现的内容也即信息的沉迷。反过来说,当手机中没有足够的信息资源,而仅仅是一个空壳或者仅拥有最原始的接听电话与收发信息功能时,其对于个体的吸引力将会大打折扣,个体并不会长时间使用并沉迷于手机无法自拔,而"手机控"自然也便无从存在。这也能够在一定程度上解释为什么"手机控"现象伴随着手机更新迭代和智能化程度的增加而不断加重和蔓延。另一方面,当个体信息获取的"补偿渠道"较多时,其对手机的依赖症状亦会缓解。这一点从不同人群的手机依赖行为可以看出。在手机使用人群中,当个体有着较为丰富的个人兴趣爱好,较为活跃的社交行为时,其对于手机的使用较为理性,不易形成依赖。这是由于，相较于兴趣爱好单一、性格内向沉闷，或者长期心理孤独的人群来说，这类人群更易通过社会交往获取想要的信息，换句话说，其信息来源与信息渠道更为多样，从而对手机媒介这一信息获取渠道形成有力补充，减少了"手机控"的形成。

可以说，无论从手机这一媒介的功能设定来看，还是从个体手机使用的行为和目而言，抑或从"手机控"的表征层面分析，"手机控"的形成都同个体对信息的依赖和沉迷密切相关。个体对信息的这种依赖行为构成了"手机控"形成的最根本原因。也因此，"手机控"实际上便是"信息控"。

（二）"手机控"的信息依赖逻辑

"手机控"作为一种"信息控"，实际上便是个体对于信息的依赖，有其内在的信息依赖逻辑。这主要表现在三个方面：一是个体对信息的工具型依赖。即个体将手机以及手机所提供的信息作为自身生产生活的工具，以满足基本的生存需求。二是个体对信息的情感型依赖。即个体通过信息的发布与接收满足情感交流、宣泄、表达等需求，实现精神层面的慰藉。三是个体对信息的价值型依赖。即个体通过手机信息的发布与接收不断实现自我审视与自我提升，建构自我价值与社会价值。这三个层面共同构成了个体手机信息依赖的主要内涵和逻辑，也成为认识和理解"手机控"作为"信息控"的有益进路。

1. 工具型信息依赖（工作层面；自我提升层面；社会生活需求）

数字技术、网络技术、交互技术、虚拟现实技术、人工智能技术改变了我们的生活，手机媒介创造性地应用了各种新技术，对创作、承载、传播和接受的方式进行全面探索，并制作出与传统不同的媒介形式，创作方式、手段与传统媒介也有着显著的区别。手机的一个特点是没有中心、没有权威，网络传播的兴起使传播进入生活的渠道增加了新的途径，人们了解外界信息多了一个渠道，大大提高了信息的可及性和可得性。[①]

手机作为媒介，首先为个体提供了一种传播工具的基本功能。个体借助手机以及手机所承载的信息，更好地扮演着自己作为社会人的角色。

---

① 胡申生、李远行、章友德等：《传播社会学导论》，上海大学出版社2002年版，第178页。

而由这一层面的需求所造成的手机信息依赖实际上便是个体对手机信息的工具型依赖，在工具型依赖中，个体的"手机控"表现更多是受外界因素影响而形成的，是一个由被动转变为主动的过程。个体对手机工具型的信息依赖表现在很多方面，其中，最为突出的是如下几个方面。

一是基于工作需求的信息依赖。个体作为社会人，要在社会中生产生活，就不可避免地要参与社会劳动，也即工作。而工作中的信息交流和对接自然离不开手机这一个人化的媒介，尤其是在智能化办公流行的当下，依靠手机进行办公已经是一种普遍现象。个体通过手机实现与同事、上下级之间的信息沟通和交流，通过获取发布在工作平台上的信息知晓工作进程与工作安排，并且借助工作平台实现个人工作情况的即时反馈。在这种手机使用行为中，基于手机媒介的工作信息扮演着纽带的作用，将个体与其所在的团体连接起来，工作信息作为一种重要的工具被个体所接收和消化，并转变为生产活动的能动性，从而构成了一个简单的手机信息使用闭环。

在频繁的手机接触中，尽管并非所有个体都会演变为"手机控"，但部分个体可能对手机这一工具产生依赖情绪，一旦长时间不能查看手机信息，便会产生焦虑感，怕错过重要的工作信息，未能有效将工作层面的手机使用同其他时间的手机使用相区别，从而将频繁查看手机作为个人工作生活的一部分，形成"手机控"症状。尤其是对于一些需要依靠手机的职业，如微商，其销售行为全部借助手机来完成，对于手机信息的依赖更为明显，几乎 24 小时都在关注手机信息，发布产品信息，同客户沟通交流。因此，这一群体更易产生由于过度使用手机，依赖手机信息而带来的习惯性"信息控"型"手机控"。

二是基于自我提升需求的信息依赖。除了工作需求形成的信息依赖之外，基于自我提升需求亦可能导致个体形成信息依赖。智能手机发展的一大特征便是其信息内容的多元化以及贴合人类需求的人性化。通过智能手机，人们不仅可以完成基本的工作生活信息获取，还可以借助手机提供的多元信息实现自我提升的需求。实际上，当前的手机媒介已经可以为不同年龄层次、不同需求的用户提供个性化提升服务。例如，针对学生群体的各类学习软件和课程平台，针对健身群体的健身类 APP，针对新手妈妈群体的育儿类 APP，针对中老年人的养生类 APP，等等。可以说，只要想借助手机平台进行学习和提升，便会找到相应的平台和软件提供精准的信息服务。

尽管基于自我提升需求而进行的手机信息接收行为在很大程度上并不会导致信息依赖和"手机控"的形成，但不可否认的是，这一类信息的使用也在一定程度上增加了个体对于手机的使用频率和使用时长，对于个体的信息依赖以及由此而演变的"手机控"产生了一定的助推作用。

三是基于生活服务需求的信息依赖。基于生活服务需求的信息依赖也在一定程度上助推了个体"手机控"或者说基于手机媒介的"信息控"的形成。在智能手机已经普及，成为个体日常生活重要工具的当下，手机已经成为个体获取社会生活信息的重要渠道，为个体提供即时、免费的在线信息服务。电子商务消费的增加和视频技术的支持，使在线购物、在线教育、在线医疗、在线预订等成为可能。手机媒介所带来的生活便利导致个体将"使用手机辅助生活"演变为一种习惯性的生活方式。例如，不少青年将点外卖作为日常用餐方式，对于"宅男""宅女"群体而言，依靠手机完成一切生活所需的物品购置已经成为其赖以生存的手段。

可以说，在以工具型信息依赖为特征的"手机控"症候中，个体将信息视为一种维系基本生存与发展需要的手段和渠道，而这一从工具层面出发的手机使用行为，在解决个体生产生活需要的同时，也在潜移默化中塑造着个体的手机使用方式，助推着"手机控"或者说基于手机媒介的"信息控"的形成。

2. 情感型信息依赖

情感型信息依赖指的是个体在手机使用中以获取满足情感需求信息为目的而产生的信息依赖行为。如通过手机信息接收和传播而实现的自我情感的宣泄，与他人的情感互动，社会关系的维系，以及满足个人的审美需求等。个体获取情感型信息的过程，亦是其不断使用手机，不断对手机及其所承载信息产生依赖的过程。

智能手机吸引个体的并非单向的信息接收，还包括以个体为创作者的信息生产和发布。借助智能手机，"用户创建内容"的互动、双向和分散的信息传播方式正在创造一种不可阻挡的创造力，传播者既可以是受传者，受传者也可以是传播者，只需要一个手机载体，就可以随时随地发布和参与媒介内容的生产。新浪微博移动终端就是一个很好的案例，"随时随地分享身边的新鲜事儿"这个口号意味着每一位普通人都可以成为生活的体验者、见证者和记录者，每个人都可以成为信息的来源和信息的发布者，因此微博被誉为"永不闭幕的新闻发布会"。手机媒介具有的这一特征为个体的情感宣泄提供了有益的出口。个体可以利用手机编写、发布自己的看法和观点，抒发内心的情绪，寻求情感上的慰藉。

除此之外，借助手机这一媒介，个体还可以实现与他人的情感交流与互动，维系作为社会人的关系网络和情感链接。一方面，智能手机的出现打破了人类交往的局限，传统的阶层观念被抹去，不同人群之间的沟通和交流更为自然和随意。另一方面，在智能手机营造的交往环境中，时间与空间的限制亦被解除，人与人之间的距离被缩短，个体可以借助手机实现与亲人或朋友的即时互动，个人的情感需求得到了极大的满足。而手机为个体所营造的虚拟化空间，也在某种程度上为个体寻求情感的栖息地提供了场所。在虚拟空间中，个体可以超越现实生活，超越个人经验，重新建构新的意义，积极自主地进行时尚的数字生活美学体验。这种随时随地逃离现实空间，享受虚拟空间所营造的闲暇时光的情感体验无疑在很大程度上为个体提供了精神层面的支撑和满足。

手机以及手机所承载的信息对于个体审美情趣的满足是其能够带给个体的另一种情感体验。在现代美学范畴，审美体验指人在对审美对象的感受和审辨中所达到的精神超越和生命感悟。审美需要是欣赏和创造具有审美价值的事物以获得精神愉悦的一种要求，是一种重要的个性心理倾向性，是人们对审美活动的内在情感欲望和要求，表现为对审美对象的形式、结构、秩序和规律的把握和感受的强烈愿望。[1] 审美需求既是审美活动的起点又是终点，目的是获得更高的审美愉悦和精神享受，每个人都有自己的审美需要和审美诉求，会通过不同的艺术鉴赏方式和鉴赏对象来获得满足。智能手机的普及使得审美成为一种随时随地的活动与行为。个体不仅可以通过手机提供的信息认识美、发现美，还可以利

---

[1] 参见郭成、赵伶俐《美育心理学》，警官教育出版社1998年版，第142页。

用手机记录美、书写美，从而置身于愉悦的、创造性的、个性化的审美活动之中，经历丰富的情感体验，点燃情感的火花，进入美的庇护所。

情感体验型信息所引发的手机使用与信息依赖行为预示着手机在某种程度上承载着个体的情感寄托，是个体在纷繁复杂的社会生活中寻求精神和情感安慰，找寻属于自己的个人空间与净土的路径和渠道。而个体对手机的这种特殊情感寄托也在一定程度上加剧了其对手机这一媒介的使用，并反过来促进了"手机控"或者说"信息控"的形成。

3. 价值型信息依赖

马斯洛根据强度差异将个人的需求分为五个等级，生理需求（即维持生存的基本需求，如饮食、性生活等），安全需求（即对安全环境的渴望，包括住房、工作场所、秩序等），社会需求（即渴望友谊和爱情，家庭温暖），尊重需求（即每个人都有自尊心，都希望得到他人的认可和尊重），自我实现的需求（这种自我实现被定义为人的潜能和天赋的不断完成和实现，是不断向人的融合和统一迈进的过程）。因此，作为社会成员，个体不仅具有生存需求、情感需求，更具有实现自我价值和社会价值的需求，且在生理需求、安全需求和社会需求已经基本得到满足的当下，对于自我价值实现的追求已经成为越来越多人的人生目标。也正因如此，个体对手机这一媒介的使用不仅仅局限于满足基本的工作、生活、情感等生存层面需求，而是夹杂着以此来实现价值满足的深层期许。

智能手机的普及为个体提供了认识自我、审视自我，以及实现自我价值和社会价值的机会。一方面，智能手机可以促使个体在对不同信息资源的接收过程中进行自我评价，并以此为依据协调自己的行为。例如个体在与他人的沟通交流中，会接收到他人对自我的评价，认识到自身所存在的优缺点，从而不断校准自我行为，直到达到社会和他人普遍认可的行为标准。再如，借助手机这一媒介，个体也可以在了解他人行为，接触多元信息的过程中形成有效的自我反思，以他人为镜鉴，不断审视自我，从而有针对性地塑造自我形象，改善他人对自我的认知。

另一方面，除了自我认知和自我审视，智能手机的使用还能够促使个体更好地认识自我的社会角色，并扮演好其所担负的社会角色。每个个体都处于复杂的社会关系和人际关系当中，接受着来自社会、组织、群体和他人的角色期待。个体只有将各种角色都扮演得很成功，他的人际关系才可能协调发展。① 而手机的使用则为个体提供了了解自我角色设定和他人角色期待的机会。个体在通过手机接收大量信息的过程中，会不断加深对社会的基本价值观和价值规则的认知，知晓社会对于不同角色具有怎样的潜在期待，了解不同角色应当如何作为才能够真正实现自我价值，从而形成一整套自我行为的评判标准，指导自己扮演好社会角色，树立良好的社会形象，更好地实现自我价值。

当个体通过手机的使用和信息的获取不断获得自我的认知感，不断提升自我效能感，并且建构起自我的良好社会形象，获得他人的认可、尊重与需要时，个体对于手机媒介以及以手机为媒介的价值型信息依赖便会逐渐形成。当然，这并不意味着个体对价值型信息的接收必然促成其自我价值与社会价值的实现，但个体对以手机为载体的价值型信息的需求确实存在于"手机控"或者说"信息控"的内在逻辑之中。

尽管本课题组认为"手机控"的信息依赖逻辑包含了工具型信息依赖、情感型信息依赖、价值型信息依赖等多种内涵，但需要强调的是，个体"手机控"的形成并不是单一信息依赖导致的结果，而是多种信息需求和依赖共同作用的结果。个体对于手机的使用无法也不可能完全集中于某一类信息的接收，其对于信息的需求是伴随着所处场景、心境、环境等的变化而不断发生变化的。对于"手机控"或者说基于手机媒介的"信息控"个体而言，其正是在多元信息的发布、接收、传播等过程中，伴随着对手机这一媒介的使用沉浸度不断加深，手机使用频率不断提高，手机依赖心理不断增强而逐渐形成的。但无论"手机控"或者说基于手机媒介的"信息控"形成周期的长度如何，沉迷的程度如何，其本质均是由多元化的信息依赖导致的结果。这也便构成了"手机控"的信息依赖深层逻辑。

---

① 胡申生、李远行、章友德等：《传播社会学导论》，上海大学出版社2002年版，第127页。

第四节 人工智能时代"手机控"研究的必要性与紧迫性

伴随着人工智能技术的发展，手机的智能化程度不断提高，更新迭代的速度不断加快，智能手机的普及率和使用率不断上升。在这一背景下，个体的手机使用行为，手机使用特征均发生了很大的改变，并进一步引发了"手机控"这一社会症候的新改变与新表征。在智能化时代，"手机控"表现出从单一症候群向普遍化症候群转变，从轻度依赖向重度依赖转变，从生理层面向心理层面转变等一系列特征。"手机控"这一症候对青年群体的影响更为突出，对于社会发展的作用更加深入，对于"手机控"的研究也更为必要和迫切。这也为本课题的开展提供了最为深刻的时代背景和现实观照。

一 智能化时代手机的发展及其传播特征

当前，以大数据、人工智能、虚拟现实技术为代表的传媒技术深刻改变了传播活动。信息内容呈现形式极大丰富，传播渠道更为多元，信息推送更加个性化，传播的自由度与沉浸度大大增强。尤其是借助人工智能与虚拟现实技术，传播实现了高度仿真，甚或是真实再现，受众可以身临其境地感知事件发生的第一现场，通过情景呈现与互动传播，信息的保真度得到前所未有的提升。可以说，智能化传播时代已经伴随着技术的发展而到来，人类在很多方面，如思维、动作甚至认知方面逐渐同人工智能实现了同步。人工智能时代，在技术的牵引下，手机的研发技术更为成熟，功能配置更为齐全，更迭速度更加迅速，个体对手机的使用更为普遍。在智能化背景下，一方面，手机本身表现出新的特征；另一方面，个体的手机使用行为也发生了新的改变。对这些特征和变化的把握不仅为重新审视"手机控"的演变趋势提供了可能，而且在很大程度上为"手机控"研究指明了方向。

（一）大众传播与人际传播的统一

众所周知，在传统的传播格局中，大众传播占据主导地位，由其内容必然经过严格的"议程设置"和层层"把关人"的审查,因此其消息一般被称为"大道消息";相反,由大众传播的消息在人群中所引发的次生消息、再传消息或者说流传于人际传播过程中的消息,则被称为"小道消息"。但是手机媒介的出现对于这种格局显然带来了新的变化,手机将不同媒介的信息融合在一起,用户之间的人际传播不再处于从属状态,相反,由于手机特有的互动性和即时性,它所传播的消息与传统的大众媒介所传播的同样重要,甚至更加重要。特别是对于某些突发性事件,在传统媒介还没有登载消息之前,就已经有"小道消息"广泛流传了。正如研究者所说:这种传播形似"融合了大众传播(单向)和人际传播(双向)的信息传播特征,形成一种散布型网状传播结构,在这种结构中,任何一个网结都能够生产、发布信息,所有网结生产、发布的信息都能够以非线性方式流入网络之中",因此它实际上"兼有人际传播与大众传播的优势,又突破了两者的界限"。①

　　大众传播和人际传播的统一,或者说单向传播与双向传播的统一,是泛媒介的基本特征之一。比如一个手机音乐电台,主持人播送节目是大众广播的形式,它允许或欢迎任何人收听,但这一过程可能伴随着听众评论,并因此改变节目内容,在此意义上,我们甚至不能单纯地说手机媒介是一种互动媒介,反而遗忘了它本身所具备的大众传播的特点。或许如下界定更为公允:"(包括手机媒介在内的)互联网是一个数字化的信息平台,即网广播"②。这种说法试图在(移动)互联网与传统媒介的传播模式之间进行调和折中,也即是我们所说的两种异质交流方式的对立统一。而且从学理上来看,这种说法比较合乎麦克卢汉式的辩证思维,即新媒介是传统媒介的延伸发展,而不是其死亡。③ 手机媒介改变了信息的扩散方式,传统媒介的信息传播是"利益集团—大众媒介—受众"这种金字塔状的单向、线性传播,而在手机媒介中人际传播和群体传播得以实现。以微博为例,也正是由于这种交互机制,群体传播得到了展

---

① 匡文波:《网络传播学概论》,高等教育出版社 2004 年版,第 11 页。
② 郑超然、程曼丽、王泰然:《外国新闻传播史》,中国人民大学出版社 2009 年版,第 40 页。
③ 张建、李金正:《手机媒体艺术概论》,中国国际广播出版社 2018 年版,第 179 页。

现，大众传播在一定程度上被削弱，微博已经在很大程度上成为受众参与社交活动的平台，并已成为人际交流和群体交流的有效沟通平台。

这样的传播模式显然会给艺术本身带来影响。就手机媒介艺术来说，如果说其传播模式已经统一或模糊化了大众和小众之间的区别，那么它的传播内容也必然发生相应的改变，事实上这也正是当代艺术的一个根本特点，即精英趣味和大众趣味之间界限的消解。当前所谓大众主义、草根主义和民粹主义的流行，其实质就在于挑战经典和权威，并最终造成一种同时含纳两者的"第三者"艺术，这正是所谓大话文化和戏仿文化的基本特质：在嘲弄经典的同时，也以经典作为内容的基座。[①]

（二）多媒集合与超文本的统一

手机媒介在介质上是图文声光电的集合体，在渠道上是书籍、报纸、广播、电视和互联网的集合体，在内容上是手机书、有声小说、手机电视、微博、微信等信息呈现的集合体，这种多媒介甚至全媒介的集结物必然带来海量的信息资源，这就是查阅包括手机在内的网络媒介被称为"冲浪""漫游"的原因。而且，就艺术内容来说，手机媒介也可以将包括雕塑、绘画、音乐、电影、戏剧、文学、游戏等在内的"九大艺术"通过一块屏幕显示出来，也就是说手机媒介不仅可以实现传播媒介的大杂烩，也能够实现艺术形态的大杂烩，作为信息的艺术资源在此通过多媒介的传播渠道也呈现为无边无尽的汪洋大海。通过一个小小的窗口就可以瞬间将无限大的艺术世界尽收眼底，这种情形正是罗兰·巴特意义上的"神话"：一种既超越现实，同时又处于实在的现实世界之中、呈现于每个人眼前的鬼魅般现象。[②]

手机媒介的上述功能与其另外一个特点一体两面，那就是超文本。超文本是由信息节点和表示信息节点间相关性的链构成的一个具有一定逻辑结构和语义的网络，是一种使用于文本、图形或计算机的信息组织形式。[③] 超文本是一种超链接的文本方法，它将各种空间的文本信息组织

[①] 张建、李金正：《手机媒体艺术概论》，中国国际广播出版社2018年版，179页。
[②] 张建、李金正：《手机媒体艺术概论》，中国国际广播出版社2018年版，第180页。
[③] 刘世文：《作者隐退、非物质化、非线性和超文本》，《廊坊师范学院学报》（社会科学版）2014年第12期。

在一起，允许彼此之间交叉引用，它也是用于显示文本与文本之间相关内容的用户界面范例。传统的文本是顺序的、线性表示的，而超文本不是顺序的，它是一个非线性的网状结构，"这种非线性是多元的、任意的和不确定的，它通过解散、打乱、重组、链接、跳跃，由不同路径或多路径进入作品引起作品之内容和意义发生变化，表现出一种起伏断续、无序的'碎片化'状态以突破传统线性叙事之连续不断和有序，重视叙事的语义空间性"[①]。

超文本分为两个层面，以手机媒介为例：第一，手机媒介作为一种文本，几乎集结了在其之前出现的所有文本形态，包括四大媒介及其各种衍生体，在此意义上，手机媒介是一种"超级文本"，是文本的集散地，这其实是对其前述多媒介特点从不同侧面的描述。第二，手机媒介的超文本也表现为超链接，它不仅是被人为设定的超链接（一般以划线有色字体作为入口），而且实质上也是所有内容的超链接，也就是通过任何一个字符，都可以穷尽所有其他字符，通过任何一张图片，都可以穷尽所有其他图片；或者说，每一个点实际上都是一张网，每一个字节都是全息字节，这种设计本身就已经非常艺术了，因此可以说上网本身就已经是一种艺术行为。这种超链接的特点具体到手机媒介艺术上也是一样，每一种艺术都指向所有其他艺术，每一个艺术品都是全部艺术的折射和投影。在此已经不存在博物馆，因为任何形式的博物馆都是以对艺术整体的分门别类作为存在前提的，但手机媒介走向了它的反面：这个只有五英寸大小的掌中物，破除了一切边界，并收纳了一切馆藏。[②]

（三）泛在性与即时交互性的统一

泛在性与即时性分别是从空间和时间两个方面对手机媒介特点的概括。泛在性也称遍在性，指的是一种在空间上全域覆盖、无处不在的状态特征。作为一种可以随身携带的"黏性"媒介，手机几乎可以在人们所能达到的任何地方接受信息：地铁、餐桌、马路、洗手间、电梯间、

---

① 刘世文：《作者隐退、非物质化、非线性和超文本》，《廊坊师范学院学报》（社会科学版）2014年第12期。

② 张建、李金正：《手机媒体艺术概论》，中国国际广播出版社2018年版，第180页。

卧室、课堂上等，可以说只要有人的地方就有手机。这种与身体高度绑定在一起的传播媒介在人类历史上恐怕只有语音才能与之媲美，而且它远比语音更优越，因为手机几乎不用考虑空间距离因素，任何信息都可以实现瞬时传送，在这个意义上手机媒介真正实现了对空间的超越，使曾经极大阻碍人类信息传播和沟通的障碍彻底化为乌有。这种泛在性的特点对于艺术整体来说显然是革命性的：随着信息传播的普及，它也带来了无处不在的艺术；换言之，曾经被精英垄断的高高在上的艺术，将被暴露于大庭广众之下，成为人人可见之物。手机媒介的泛在性，当然在另一个角度上助长了大众主义和流行时尚。[1]

即时性特点是电子通信的基本特点，随着媒介技术的不断发展，它不仅克服了广播式的单向性，而且与泛在性结合在一起，极大拓展了传播时空，成为一种在任何地点和任何时间都可以进行互动交流的传播模式，手机媒介对于时空的空前拓展和超越，意味着它能够以全球化和（原则上）免费共享的方式将整个世界的艺术连为一体，并可以进行实时性的、如同面对面的沟通交流。用麦克卢汉的话说，由于电子传媒的出现，整个世界变成了地球村，而且，这地球村不仅是信息村、文化村，同时也是个艺术村。[2] 加拿大传播学派奠基人哈罗德·伊尼斯提出的"传播偏向论"认为，媒介或倚重时间，或倚重空间，手机媒介改变了几大传统媒介单纯的时间偏向性和空间偏向性，创造性地实现了时空平衡的新局面。[3] 从传播的时间上看，手机媒介可以实现即时传播，从传播范围来看，手机媒介的特点是无边界的传播，在手机媒介的平台上，全球确实正逐渐成为一个传播的整体。[4]

手机媒介受众与传统受众的区别在于，他们不再是传播过程的终点，而是进一步传播信息的起点，手机媒介传播中没有传播者和接受者的绝

---

[1] 张建、李金正：《手机媒体艺术概论》，中国国际广播出版社2018年版，第181页。
[2] 张建、李金正：《手机媒体艺术概论》，中国国际广播出版社2018年版，第181页。
[3] 参见［加］哈罗德·伊尼斯《传播的偏向》，何道宽译，中国人民大学出版社2009年版。
[4] 参见张咏华《媒介分析：传播技术神话的解读》，复旦大学出版社2002年版，第245—253页。

对概念。手机媒介在最大范围内实现了几乎在同时进行的"双向循环"传播模式，强化了奥斯古德与施拉姆强调的"社会传播的互动性"，参与传播过程的传受双方"都在不同的阶段扮演编码者、释码者和译码者的角色，双方执行相同的职能"①。手机媒介的传播不仅是传播过程中主体的平等关系，更有价值的是这种信息交互活动的即时性允许双方信息传播的编码、传输、解码和反馈在媒介的双向线性传输中高速运行，第一时间实现符号和意义的表达。

（四）工具化与人性化的统一

人工智能时代，工具化与人性化的统一也成为手机的一大传播特征。如果说前人工智能时代，手机更多地是以一种工具性的角色出现，其角色仅限于为个体提供打电话、传短信、查找信息、收看节目等工具性层面，那么，人工智能时代，手机智能化发展已经实现了对其向人性化层面的牵引。而这一人性化趋势表现在手机由"物"向"人"的一种拟人化转变。

未来学研究者凯文·凯利在预测技术未来发展时一再强调"机器生物化"这一核心观点。他指出，"类人"已经成为未来技术发展的必然趋势。这实际上高度概括了人工智能时代包括手机在内的技术发展的走向。具体而言，"如果说前人工智能时代人对技术的驯化仅仅是对人体个别官能的模仿，那么人工智能时代，这一模仿已经脱离单个官能，而成为对作为整体的人，乃至人的思维意识的模仿"②。实际上，智能手机的发展已经在很大程度上实现了对人类官能的模仿。例如，日本的手机品牌夏普早在 2015 年便发布了 AQUOS 系列智能手机，并且以"拟人化"为研发特色，将"语音对话""感知""嗜好理解"等一系列元素注入其中。该款手机实现了诸多方面的智能化，例如，可以通过周围光线的明暗程度或者手机的晃动，敏感地感受到用户的动机，并询问用户是否需要进行某类操作。其所携带的 emopa 功能能够使手机在遭受掉落或者冲击时

---

① 孙庚：《传播学概论》，中国人民大学出版社 2010 年版，第 26 页。
② 蒋晓丽、贾瑞琪：《论人工智能时代技术与人的互构与互训》，《西南民族大学学报》（社会科学版）2018 年第 4 期。

像人一样喊疼,能够在下雨天提醒用户带伞,还能够根据用户的喜好分析,在某一类节目播放时询问用户是否观看,在陌生城市主动帮忙搜索当地信息,等等。① 实际上,AQUOS 系列智能手机的功能研发仅仅代表了人工智能时代手机智能化趋势的冰山一角。我们有理由相信,伴随着技术的成熟,更多拟人化元素将会被注入手机的研发之中,从而不断增强手机的人性化特征。

保罗·莱文森在《人类历程回放》中提出的"人性化趋势"概念,实际上便是用来描述媒介技术在进化过程中表现出来的一种越来越符合人类需求和便于人类使用它进行信息交流的倾向。② 而毋庸置疑的是,在人工智能时代,手机这一媒介正在作为一种先行者,积极探索着工具化与人性化的完美统一。

二 从1.0到2.0:智能化时代"手机控"症候的转变

人工智能时代,无论是手机自身的发展还是人类社会的整体环境均发生了极大的改变。这一背景在不断改变个体的手机使用习惯的同时,也在很大程度上重塑了"手机控"这一症候。如果说前智能化时代可以称为"手机控"1.0时代,那么,智能化时代已经助推"手机控"向2.0时代转变。这为当前的"手机控"研究提供了新的土壤和新的语境。

(一)从单一症候群向普遍症候群转变

智能化时代带给"手机控"的一大转变便是"手机控"从单一症候群向普遍症候群发展。换言之,"手机控"的普发性更强,具有"手机控"症状的人群越来越多,且"手机控"人群的个体化差异被淡化。即无论什么年龄层次、职业背景与家庭背景的人群中,均存在"手机控"症状,"手机控"已经成为一种普遍的社会现象。"手机控"在智能化背景下的这一转变实际上受到手机普及程度提高、社会观念转变以及用户人群变化等诸多因素的影响。

---

① 中关村在线:《日本手机那些事:跟拟人化的手机谈一场恋爱》,参见 http://tech.ifeng.com/a/20151024/41495746_0.shtml?from=groupmessage。

② 陈功:《保罗·莱文森的人性化趋势媒介进化理论》,《湖南科技大学学报》(社会科学版)2016年第1期。

就手机普及程度而言，智能手机的出现在促进手机性能不断提升的同时，也在很大程度上降低了手机的购买成本，为手机的快速普及提供了良好的基础。《第43次中国互联网络发展状况统计报告》显示，截至2018年12月，中国的手机网民规模已达8.17亿，网民通过手机接入互联网的比例高达98.6%。[1] 可以说，手机已经成为个体日常生产生活所必需的工具。手机的大范围普及促成了全民拥有手机、使用手机、沉迷手机的社会景观的形成，个体对于手机的抵抗力越来越差，对手机的依赖程度不断加深，在此背景下，手机的使用已经得到社会的广泛认可，而社会对于"手机控"这一现象的容忍度则不断提升。可以说，在智能手机的全面进攻下，人类似乎已经放弃了抵抗，变得束手就擒了。

手机的普及情况以及社会对手机使用容忍度的提升在客观上导致了手机使用人群以及"手机控"症候群的低龄化倾向。对于"00后""10后"等新生代群体而言，其成长过程伴随着对手机的接触和使用。不少"00后""10后"，甚至在孩童阶段，便已经开始了对手机功能的探索。可以说，对这些群体而言，手机已经被完全祛魅，不再是"身外之物"，而成为身体的一个"器官"，对于手机的使用也不再是偶尔为之的探索，而成为随时随地随意而自然的行为。加之智能手机发展所助推的在线教育的繁荣，不少青少年将手机作为接触新知识、学习新课程的平台，手机由此不仅成为其娱乐的平台，更成为其在线学习和提升自我的工具。手机在青少年群体当中所扮演角色的不断丰富化也在很大程度上促使青少年群体手机使用频率的增加，在客观上促成了"手机控"低龄化的出现。

在手机使用人群以及"手机控"症候群呈现出低龄化倾向的同时，既有的"手机控"群体在社会中所扮演角色的不断多元化也在另一个层面促使"手机控"从单一症候群向普遍症候群转变。众所周知，"80后""90后"，尤其是"90后"是最早一批被贴上"手机控"标签的群体，

---

[1] 中国互联网络信息中心：《第43次中国互联网络发展状况统计报告》，中国互联网信息中心，2019-02-28。参见http：//www.cnnic.net.cn/hlwfzyj/hlwxzbg/hlwtjbg/201902/t20190228_70645.htm。

正是由于这一代人对手机的依赖导致了"手机控"症候群的出现。而当前,第一批"手机控"的主要症候群已经逐渐登上社会舞台,在社会生活中扮演着诸多角色。在这一群体的思想观念中,手机并非传统所谓的"洪水猛兽",而是具有极大的辅助性作用和价值的现代化工具,对于手机的使用是正常的社会成员所必备的技能。尤其是在智能化不断推进,智能手机不断发展的当下,这一群体已经将手机的使用遍布在其生产生活的各个角落。可以说,第一批"手机控"的主要症候群的这一认知和态度也在一定程度上促使其少年时期所形成的手机使用和依赖情感在更广泛的社会范围内持续蔓延。使得"手机控"不断走向普遍化。

因此,无论从智能手机的井喷式普及程度而言,还是从社会对"手机控"的容忍程度来看,抑或是从手机使用的群体转向来讲,当前的"手机控"都已经超越了前智能化时代的影响范畴,而成为一个全社会不得不关注、不得不面对的普遍症候。

(二)从轻度依赖向重度依赖转变

技术的发展已经促使整个人类社会进入"媒介化生存"时代。媒介成为个体生产生活中不可或缺的中介。尤其是在信息高度过载的当下,对于个体而言,其工作、学习与生活都建立在对信息的接收的基础上,而以手机为代表的媒介几乎构成了个体全部的精神支柱。正如麦克卢汉所预言的那样,媒介已经成为一种生产话题和引领社会的信息化存在。在智能化时代,媒介的这一中介属性更为突出,甚至已经成为一种拟态环境的营造者,将个体牢牢包裹其中,促使"手机控"由前智能时代的轻度依赖向智能时代的重度依赖转变。

正如前文所言,当前智能手机的普及率和使用率已经达到了前所未有的水平。在手机的包裹之下,个体的生产生活几乎都以手机为中介展开。无论是依靠手机进行工作上的信息交流,还是借助手机实现情感上的信息联络,抑或是利用手机提升日常生活的便利程度,个体生活中的每一种行为似乎都已经同手机密不可分,手机已经成为附着于人体之上的智能器官。在智能化浪潮的引领下,手机的智能化程度不断提高,功能不断完善,个体对手机的运用体验也不断沉浸化。当前手机对于沉浸式体验的打造已经取得了初步的成绩,如近年来在视觉质量、音频质量和直观交互三个方面的提升,再如全面屏手机的设计等。这些都为个体更好地使用手机,获得沉浸式体验提供了良好的基础。不仅如此,借助手机,还可以实现与其他终端和产品的连接,从而获得更为直观的沉浸式体验。例如 Rokid 公司发布的名为 Rokid Vision 的混合现实眼镜,便是以手机为中介,用户只需在手机设备上打开 APP,通过 USB-C 数据线与设备进行连接,就能体会到直接同虚拟世界进行交互的快感。手机则充当了交互入口的角色。当用户浏览网页时,手机是触控板;当用户玩游戏时,手机是手柄;当用户看视频时,手机是控制器。手机所具有的一系列智能化体验在很大程度上促使个体加深了对手机的依赖,也使得"手机控"不断从轻度向重度转变。

除了手机的智能化发展与普及所带来的新的传播体验,当前传播生态的改变也在客观上促使着人们对手机的使用以及依赖,为"手机控"提供了丰厚的土壤。当前,新的传播模式不断出现,而这些传播模式对于手机这一媒介的高度依赖反过来促进了个体对手机的使用。例如近年来兴起的短视频这一新的传播模式,便是以手机为载体,以用户个人为创作者所进行的一种个性化传播行为。个体可以以制作者、传播者等多重角色身份参与其中,而无论哪一个环节,手机都充当着必不可少的媒介和工具。《第 43 次中国互联网络发展状况统计报告》显示,截至 2018 年 12 月,国内网络视频、网络音乐和网络游戏的用户规模分别为 6.12 亿、5.76 亿和 4.84 亿,使用率分别为 73.9%、69.5% 和 58.4%。[①] 这一组庞大的数字背后隐含了个体对手机的无限使用。短视频仅仅是众多新型传播模式当中的一种,实际上,当前自媒体的迅速崛起已经在无形中将个体拉入了媒介使用尤其是手机使用的巨大漩涡之中,个体的手机依赖也日益加重。

伴随着智能手机的发展及其传播之沉浸感、在场感等的增强,以及新的传播生态下手机载体功能的不断凸显,个体的手机使用行为以及对

---

① 中国互联网络信息中心:《第 43 次中国互联网络发展状况统计报告》,中国互联网信息中心,2019-02-28,参见 http://www.cnnic.net.cn/hlwfzyj/hlwxzbg/hlwtjbg/201902/t20190228_70645.htm。

于手机的依赖程度正在不断加深。这已经成为当前"手机控"的一个鲜明表现。

(三) 从生理层面向心理层面转变

在前智能化时代，手机更多地是作为一种媒介或者说工具被个体所依赖。尽管借助手机，个体实现了多元信息的接收和传播，满足了工作、情感、个人价值、社会价值实现等一系列现实需求，但由于前智能化时代手机自身的特征，其仅仅能够为个体提供物化的功能与作用，而无法从人性化的甚至拟人化的角度为个体提供具有温度的身心体验。且前智能化时代的手机使用在一定程度上将个体置于一系列尴尬的境地，其在填补个体内心空虚的同时，也将个体封闭和隔离在虚拟空间之内；在方便个体与他人情感互动的同时，也在个体与他人之间竖起来一道虚拟的墙。在这样的两难困境中，个体就像一只被囚禁在牢笼中的鸟，迷茫又挣扎，渴望自由却又被眼前的诱惑牵扯，难以脱身。在这一背景下，个体对于手机的依赖，或者说"手机控"的表征更多是生理层面而非心理层面的。换句话说，个体仅仅是迷恋手机这一载体为其带来的多元信息，以及由这些信息的接收和消费带来的愉悦感，而并未对手机产生如朋友般的亲切感和依赖感。

而人工智能时代的到来，以及手机智能化的程度提升在很大程度上改变了这一状况。正如前文所言，人工智能时代，手机的一个鲜明的发展趋势便是人性化程度的提升。工具性是手机的基本属性，除此之外，手机的拟人化程度不断提升，与个体之间的情感互动逐渐增强。手机可以按照个体的功能设置或者通过对个体使用习惯的大数据分析，掌握个体的使用偏好，在不同的场景下给予个体个性化的服务。例如，待办事项的提醒、智能化提问与对话等。可以说，伴随着手机人性化演变的，是其对个体情感、心理上的满足。在这一背景下，手机对于个体而言，其角色更为多元，个体所赋予手机的情感也更为丰富，不仅将其视为获取信息的工具，更将其作为倾诉与情感发泄的对象。个体对于手机的依赖也跳出了单纯的生理层面，而向更深层次的心理层面蔓延。

因此，在种种因素的作用下，"手机控"已经不仅仅是一种生理层面的对于媒介或者说技术这一"物"的依赖，而是转变为一种心理上的作为个体的人对另一拟人对象的依赖。尤其是伴随着人工智能的发展，手机智能化程度的提高，"人—机"互动的增强，这一心理层面的依赖会愈加凸显，成为新时期"手机控"的一大特征。

总之，人工智能时代的到来，以及手机智能化程度的不断提升在很大程度上改变了，也正在改变着"手机控"的症候表征。这种改变不仅呈现出物理层面的"手机控"人数的增加，更表现在化学层面的"手机控"从生理向心理的转变。人工智能时代由此赋予了"手机控"更为丰富的内涵和更加宽广的研究空间，这也为当前"手机控"的研究提供了新的语境、意义与价值。

三 "手机控"研究的意义与价值转向

当前，人类社会正处于5G的前夜，人工智能的初始阶段，媒介化生存的深入发展阶段。技术的发展带来无比强大的助推力量，人类社会的一切都在发生着前所未有的变革，产生着新的意义，孕育着新的能量。"手机控"亦不例外。正如前文所言，人工智能时代的到来为"手机控"研究提供了新的语境、意义与价值。这表现在，对于"手机控"的研究已经不仅仅局限于对手机依赖这一症候的研究，更是认识不同群体社会生活方式、价值观念的一个窗口。对于"手机控"的观照也不仅局限于手机这一特殊媒介，更是对整个人类社会之关键话题，即"人—技"关系的有益参考。

（一）从表象到深层：认知生存模式的新途径

从远古到当下，历史的轨迹不断向前，而生活在其中的个体，其生存样态、生活模式等也都伴随着岁月的更迭在发生着潜移默化的改变。人类社会经历了蛮荒时代、农业文明时代、工业文明时代，发展到当前的互联网时代、人工智能时代，对于个体生存样态与生活模式的研究也面临着新的课题。尤其是在人工智能时代，个体的生活已经完全被人工化和技术化的"物"所包围，掩盖在重重的表象之下，变得模糊不清，难以窥探。而无论任何时代，对于个体生存与发展问题的观照都是关乎社会发展与人类生存的重大课题，也因此，寻得一个有益的观照途径至关重要。

就"手机控"现象而言,其不仅是个体手机使用状况的一个表征,更是个体生存模式和生存现状的一种映射。在人工智能这一充满迷茫与诱惑的时代,个体极易受到外界影响而迷失自我,而其使用手机并产生沉迷的过程实际上是众多迷失行为当中的一种。通过对"手机控"的研究,我们可以折射出个体,尤其是作为社会发展后备力量的青年群体的生存样态,可以了解技术发展带给青年一代的深刻影响,还可以从中探寻智能化时代个体所产生的一系列适应反应以及在这一适应过程中的自我迷失机制,为个体更好地认识自我,认识周边的事物,认识身处的世界提供指引,并在此基础上为其确立更好的生活习惯,形成健康的生活方式提出有益的意见和建议,不断推动人类社会的良性发展。

总之,在人工智能技术不断发展,人类迈入智能化时代的关键节点,以手机使用及"手机控"这一具有代表性的现象切入,并以此为载体和契机,认识和研究新时期个体的生存模式与生活观念,并引导其确立科学的生活习惯,在纷繁复杂的技术变迁中保持清醒的头脑,应当是新时期"手机控"研究的意义与价值之一。

(二)从个体到群体:观照价值观念的新窗口

人工智能时代背景下对于"手机控"的研究不仅为认知个体生存样态和生活模式提供了新切口,也为了解不同群体,尤其是以"手机控"为代表的青年群体的价值观念和思想动态提供了新的窗口。

正如本课题一直强调的那样,个体对手机的使用有着各种各样的出发点和意图,而手机作为一个信息传输和呈现的载体,对于个体的作用也不仅仅是工具性的满足,而是已经深刻渗透到个体生产生活、思想情感、观念习性等诸多层面,尤其是对于个体价值观念的形成起着至关重要的作用。而在人工智能时代,伴随着技术的发展,手机智能化程度的提升,人性化的逐渐凸显,个体对手机的依赖愈发严重,手机对于个体的价值观念塑造也愈发深刻。而且这种价值观塑造已经突破前智能化时代的个体化影响,向群体化方向演变。

利用智能手机,一方面,任何信息可以通过这一载体实现即时性、无障碍传播,快速到达每一位手机使用者,其覆盖面达到了前所未有的广度;另一方面,以手机为媒介,个体实现了与他人之间的线上交往,可以随时随地实现观点的交流和交锋。在双重路径的作用下，有着相似手机使用行为、成长背景和年龄层次的个体极易自发聚合为群体，并共享相似甚至相同的价值观念，从而形成具有一定凝聚力、行动力和影响力的社会群体，影响社会生活的走向。近年来，不断兴起的群体性事件，网络暴力事件等，很多都是借助手机这一媒介，由青年群体发起的。如"帝吧出征"事件，便是以青年群体为主体，借助手机等各种媒介所发起的，表达爱国情怀的标志性网络事件。可以说，手机在当前社会群体价值的形成和塑造中所起的作用已经不容小觑。

尽管并非所有的手机使用者均具有"手机控"的表征，也并非所有的价值观念的形成都依赖于手机的使用，但无可否认的是，对"手机控"的研究可以了解个体的信息生产、发布、接收、传播等一系列情况，而这些情况实际上在深层次上反映了其所属群体对于周围事物的认知，对身边所发生事件的态度和观念，从而为认识社会群体的价值观念打下基础。这对于多元价值观念冲突加剧、价值引导迫在眉睫的人工智能时代可谓至关重要。这也构成了新时期"手机控"研究的价值之二。

（三）从微观到宏观：反思人—技关系的新路径

人与技术的关系问题是技术哲学的基本问题，也是人工智能时代人类社会发展的关键问题。众所周知，全部哲学当中的重大的基本问题，是思维和存在的关系问题。"思维和存在的关系问题"就是人与世界的关系问题。这一问题在人工智能时代更为迫切和紧要。

在人工智能时代，人与技术之间的博弈更为明显。一方面，技术倒逼人类反思和重新认知自我。在技术无孔不入地渗透到人类生产生活各个方面的人工智能时代，它的座架作用也在更加明显地得到发挥。在一切皆可量化的当下，人已经不再是实体的人，而成为"数字的人""虚拟的人"，个体的思维方式也在很大程度上受到技术侵扰，不再自由，世界也成为一种物化的世界，一种被技术挟持和改造的世界。这一现状倒逼人类重新思考"我是谁"这一哲学问题，重新反思和认识自我。另一方面，技术对人的异化不断加强。在人工智能时代，技术与人融为一体，个体处于技术编织的环境之中难以逃离，技术已经成了新的"圆形监狱"。技术看似为人类提供了新的便利，却在同时削弱和剥夺了人类已有的能力。正如麦克卢汉在《理解媒介》一书中所言,"任何发明或技术都是人体的延伸或自我截除"[①]。人工智能时代的技术已经超越了人体延伸的角色设定,而成为人类功能的窃取者。人类的异化程度不断提升。

而在这一背景下,对于"手机控"的研究为重新认识"人—技"关系提供了新的窗口。这是由于,作为一种社会现象,"手机控"实际上集合了人与技术关系的两个维度:一方面,个体利用手机接触世界、认识世界、改造世界,并反过来认识自我;另一方面,个体对手机的使用又在一定程度上造成了个体的异化。它在为个体提供信息便利的同时,也在一定程度上削弱了个体的独立思考能力;在充当为个体提供生活便利的工具的同时,也造成了个体生存能力的下滑,将个体异化和物化了。正是由于"手机控"所具有的这种双重特征,从这一对象出发观照人工智能时代的"人—技"关系无疑是一个新的视角。这也构成了新时期"手机控"研究的价值之三。

总之,在人工智能这一技术充斥的时代,由于手机自身特性,其已成为个体最具接近性的技术产物,而"手机控"也成为最具代表性的社会症候。因此,以手机这一媒介作为切入口,以"手机控"这一现象作为立足点来反思人工智能时代个体生存现状、价值观念以及"人—技"关系新走向,更具有可接近性、可观察性,其结论也更具有科学性和普适性。这便是人工智能时代"手机控"课题研究的意义与价值所在。

---

① [加] 马歇尔·麦克卢汉:《理解媒介——论人的延伸》,何道宽译,商务印书馆2000年版,第33页。

第二章

青年人群"手机控"的实证研究

权威调查报告显示,截至 2018 年 12 月,我国手机网民规模达 8.17 亿,网民中使用手机上网的占比由 2017 年年底的 97.5% 提升至 2018 年年底的 98.6%。手机网民中,10—39 岁群体占全体网民的 67.8%,其中 20—29 岁年龄段的网民占比最高,达 26.8%。[①] 由此可见,我国青少年、青年已经成为手机使用的主力人群。基于此,综合运用问卷调查、访谈等方法对"手机控"个体和群体进行全方位、立体化的调查已然成为当下学界研究不可回避的热点。

在智能手机普及的今天,手机给人们带来了极大的便利,上网聊天、网络购物、移动支付等突破时间和空间的限制,使人们可以随时随地满足沟通交流的需要,不用出门就买到世界各地的东西,出行也更加快捷方便。人们在享受智能手机便利的同时,也在不合理地使用智能手机,甚至出现了类似"成瘾"的行为。基于此,在本章中,课题组主要以青年人群作为调查对象,采取实证研究的方法,通过对大学生群体、企事业人员群体分别进行分析论证,然后将各群体进行对比分析,考察并分析其在手机使用过程中所出现的"手机控"现象,进而对一系列相关问题进行系统研究,以便为接下来的理论和对策章节提供一手数据。

---

① 中国互联网信息中心:《第 43 次中国互联网络发展状况统计报告》,中国互联网信息中心网站,2019 年 2 月 28 日。

第一节 研究方法、研究设计与调查实施

一 研究方法

为了更好地进入"手机控"这一研究对象，本课题采取了问卷调查与深度访谈这两种实证研究方法。这是由于，通过问卷调查，不仅可以最大限度地网罗被调查群体，获取最为精确的数据，同时还可以对研究对象的基本情况进行宏观层面的把控和分析，为"手机控"研究打下坚实的基础。而通过深度访谈，则可以弥补问卷调查这一方法的不足和缺陷，为调查数据做有效补充，使研究更为科学。

需要说明的是，在本章中，更多是基于问卷调查这一方法所展开的实证研究，深度访谈方法的运用则主要集中在本书的第三、第四、第五、第六章之中。

二 调查对象的选取与说明

当代中国处于社会转型期，带来青年群体的分化、分层加快，青年群体的需求日益呈现多元化、个性化趋势。社会学中关于社会分层的理论主要有两个代表性的传统理论，一是马克思的阶级理论，强调社会分工、生产资料的占有以及财产所有制对社会阶层的决定性意义；二是马克斯·韦伯的三位一体理论，即对社会成员按照财富—经济标准、权力—政治标准和声望—社会标准进行阶层划分。今天，在这两个传统理论的基础之上，不少学者不再固守某个标准，而是根据研究的目的采用社会分层的多元标准和综合指标，基于研究的学科和对象的不同，研究内容和侧重点也不同。从青年群体出发，目前的分层模式主要有两种，一是按年龄，二是按类别。课题组基于本研究实际情况，不同的年龄段、同一年龄的不同青年类别，在"手机控"的表现形式上也不尽相同，我们综合上述两种传统理论和两种青年群体分层模式，为了更为全面、立体地展示这一群体，将青年人群具体划分为大学生、中学生、企事业人员、农民工四大类。需要说明的是，课题组在开展问卷调查过程中发现，由于多种原因的限制，农民工群体和中学生群体样本

数量较小，不适合采用问卷调查的方法获取一手经验数据。因此，问卷调查这一方法主要用于对大学生群体、企事业人员群体的调查，而对农民工和中学生这两个群体的调查，则主要采取深度访谈这一质性研究方法。

三　抽样方案与调查实施

接下来，我们将分别对问卷调查部分和深度访谈部分的抽样方案与实施予以说明。

（一）问卷调查的抽样方案与调查实施

由于各群体自身特点的限制，在对大学生群体、企事业人员群体的抽样上，我们也采取差异化的抽样方案。

具体来说，在大学生群体部分，主要立足重庆市高校，采用分层抽样这一抽样方法来获取样本。高校选取方面，秉持尽量覆盖"985"、"211"、一般本科院校和高职院校四个层次的原则，最后选取了包括重庆大学、西南大学、重庆邮电大学、四川美术学院和重庆城市管理职业学院在内的5所学校。采用分层抽样的方法，大学生群体部分最终获得有效样本1435人。

在企事业人员群体部分，主要采用最大变异性抽样（maximum variation sampling）并结合部分"滚雪球"抽样（snowball sampling）、方便抽样这三种抽样方法获取调查对象。也就是说，结合本研究的实际情况，在年龄、性别、地域、职业等人口统计学特征方面，课题组尽量秉持选取差异化样本的原则进行初步筛选。在此基础上，通过已选取样本对象自身的人脉，再由学生团队、项目组成员向自己的同学、朋友、亲戚等进行扩散，采取滚雪球和方便样本的抽样方式，进一步扩大有效样本的数量。在企事业人员群体部分，最终获得有效样本507人。

在问卷发放方式上，主要采用线上问卷与线下问卷相结合的方式进行。具体发放时间为2016年3月至6月。

（二）深度访谈的抽样方案与调查实施

深度访谈这一部分，为了更好地获取访谈对象，依然采用了最大变异性抽样并结合部分"滚雪球"抽样、方便抽样这三种抽样方法获取受访对象。在大学生群体、企事业人员群体、中学生群体部分，主要是采用最大变异性抽样的方式，即结合本研究的实际情况，在年龄、性别、地域、职业等人口统计学特征方面，尽量秉持选取差异化样本的原则进行初步筛选。而在农民工群体部分，受到客观因素的限制，则主要采用"滚雪球"抽样和方便抽样这两种形式。最终，一共搜集到受访对象 29 人。性别方面，男性 8 人，女性 21 人；群体方面，大学生 11 人，企事业人员 8 人，中学生 5 人，农民工 5 人。

访谈形式上，主要采用半结构式访谈，平均采访时长为每人 20 分钟至 30 分钟，采取现场录音和笔录两种方式记录，并将访谈内容进行归纳和提炼。访谈内容主要包括手机使用的基本情况调查、"手机控"的形成原因及其影响、解决方案三个方面。访谈时间为 2017 年 9 月至 10 月。

第二节　大学生群体的手机使用现状研究

当下，我们时常可以在校园中发现这样的现象：来来往往的很多大学生都成为"低头族"，他们时常低头盯着手机，步履匆匆；在课堂上，有的学生不时掏出手机看看，甚至全程拿着手机玩，却忘记了听课；在寝室里，直到深夜，还有大批学生拿着手机"放不下"，要么是和朋友聊天，要么是不停地刷着微博、抖音，要么是玩着手机游戏……在此背景下，大学生们是否将手机作为一种信息获取方式？他们通过手机主要接收和传播哪些方面的信息？他们每天使用手机的时长和频率情况怎样？他们在手机使用上的花费是多少？这些与他们的家庭情况、户籍情况是否有关联？在本节中，主要针对大学生群体的手机使用展开调查。

一　大学生手机使用的基本情况调查
（一）作为信息获取渠道的手机使用与内部差异

一般而言，当下人们获取信息主要通过以下五种渠道：课堂学习、书本阅读、社会宣传、老师或朋友提供、手机上网。在对大学生信息获取渠道的调查中可以发现，手机已经成为大学生信息获取的主要渠道。由图2—1可以看出，通过课堂学习的方式获取信息的人数为871人，占比60.7%；以书本阅读为获取方式的人数为792人，占比55.2%；通过社会宣传的方式获得信息的人数为352人，占比24.5%；通过老师或朋友提供的方式获得信息的人数为522人，占比36.4%；而通过手机上网的方式获取信息的人数为1309人，占比91.2%。

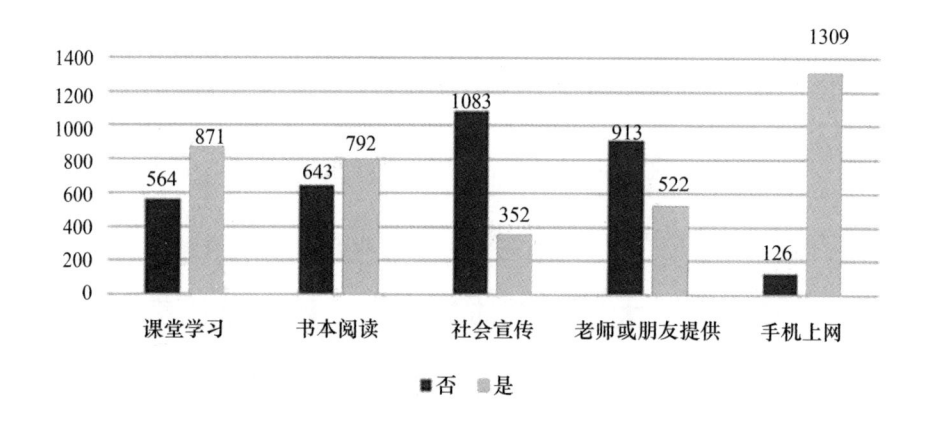

图2—1 大学生信息获取渠道对比

当然，在将手机作为信息获取主要渠道的大学生群体中，也表现出一定的内部差异，主要体现在以下几个方面：

首先，15—18岁大学生以手机上网为信息源占比最高。由表2—1可见，15—18岁的调查对象在以课堂学习和手机上网为信息源上所占比例最高；19—22岁的调查对象在以老师或朋友提供为信息源上所占比例最高；30—35岁的调查对象在以书本阅读和社会宣传为信息源上所占比例最高。为进一步检验年龄段与信息获取渠道的关系，通过卡方列联表检验发现，两者没有显著的相关关系（$p>0.05$）。

表2—1　　　　　各年龄阶段在信息获取渠道上的分布

		课堂学习		书本阅读		社会宣传		老师/朋友提供		手机上网	
		否	是	否	是	否	是	否	是	否	是
年龄阶段	15—18	40	82	48	74	92	30	84	38	11	111
		32.8%	67.2%	39.3%	60.7%	75.4%	24.6%	68.9%	31.1%	9.0%	91.0%
	19—22	475	728	554	649	912	291	758	445	101	1102
		39.5%	60.5%	46.1%	53.9%	75.8%	24.2%	63.0%	37.0%	8.4%	91.6%
	23—29	47	59	41	65	77	29	68	38	13	93
		44.3%	55.7%	38.7%	61.3%	72.6%	27.4%	64.2%	35.8%	12.3%	87.7%
	30—35	2	2	0	4	2	2	3	1	1	3
		50.0%	50.0%	0.0%	100.0%	50.0%	50.0%	75.0%	25.0%	25.0%	75.0%
合计		564	871	643	792	1083	352	913	522	126	1309
		39.3%	60.7%	44.8%	55.2%	75.5%	24.5%	63.6	36.4%	8.8%	91.2%

其次，大学生的家庭所在地会影响信息获取的其他渠道。表2—2呈现了家庭所在地在信息获取渠道上的描述性统计结果。通过卡方列联表检验家庭所在地与信息获取渠道的关系发现，家庭所在城市仅在书本阅读和社会宣传两方面存在显著差异，目前家庭所在城市为省会或者重点城市的大学生通过书本阅读来获取信息的比例显著高于其他行政单位，地级市的大学生则在社会宣传方面所占比例更高（$p<0.05$）（见表2—3）。其他方面在家庭所在城市上不具有显著差异。

再次，女性大学生更倾向于以手机上网作为信息获取的主要渠道。由表2—4可知，性别在是否选择老师或朋友提供和手机上网作为信息源上存在显著差异，具体表现为女性比男性更倾向于通过老师和朋友以及手机上网来获取信息（$p<0.05$），在其他项目上没有差异。

表2—2　　家庭所在城市在信息获取渠道上的分布

		课堂学习		书本阅读		社会宣传		老师/朋友提供		手机上网	
		否	是	否	是	否	是	否	是	否	是
家庭所在城市	直辖市	173	252	198	227	310	115	269	156	33	392
		40.7%	59.3%	46.6%	53.4%	72.9%	27.1%	63.3%	36.7%	7.8%	92.2%
	省会/重点	84	110	65	129	143	51	125	69	15	179
		43.3%	56.7%	33.5%	66.5%	73.7%	26.3%	64.4%	35.6%	7.7%	92.3%
	地级市	122	166	127	161	208	80	186	102	28	260
		42.4%	57.6%	44.1%	55.9%	72.2%	27.8%	64.6%	35.4%	9.7%	90.3%
	县级城镇	103	186	134	155	226	63	181	108	28	261
		35.6%	64.4%	46.4%	53.6%	78.2%	21.8%	62.6%	37.4%	9.7%	90.3%
	其他	82	157	119	120	196	43	152	87	22	217
		34.3%	65.7%	49.8%	50.2%	82.0%	18.0%	63.6%	36.4%	9.2%	90.8%
合计		564	871	643	792	1083	352	913	522	126	1309
		39.3%	60.7%	44.8%	55.2%	75.5%	24.5%	63.6%	36.4%	8.8%	91.2%

表2—3　　家庭所在城市与信息获取渠道的关系分析

		df	X^2	p
家庭所在城市	课堂学习	4	6.902	0.141
	书本阅读	4	13.309	0.010
	社会宣传	4	10.116	0.039
	老师/朋友提供	4	0.313	0.989
	手机上网	4	1.484	0.829

表2—4　　　　　性别与信息信息获取渠道的分布分析

		课堂学习		书本阅读		社会宣传		老师/朋友提供		手机上网	
		否	是	否	是	否	是	否	是	否	是
性别	男	211	301	223	289	386	126	343	169	58	454
		41.2%	58.8%	43.6%	56.4%	75.4%	24.6%	67.0%	33.0%	11.3%	88.7%
	女	353	570	420	503	697	226	570	353	68	855
		38.2%	61.8%	45.5%	54.5%	75.5%	24.5%	61.8%	38.2%	7.4%	92.6%
合计		564	871	643	792	1083	352	913	522	126	1309
		39.3%	60.7%	44.8%	55.2%	75.5%	24.5%	63.6%	36.4%	8.8%	91.2%
X^2		1.214		0.506		0.003		3.903		6.450	
p		0.270		0.477		0.958		0.048		0.011	

最后，大学生父母的户籍和学历都会影响大学生信息获取的其他渠道。研究发现，由于父母对于孩子天然具有深远影响，父母的户籍和学历都会对大学生获取信息的方式产生影响。由表2—5、表2—6可见，父母户籍与大学生课堂学习的信息获取渠道有关（$p=0.045$），且父母户籍为农村的大学生更倾向于课堂学习渠道，在其余项目上没有关系（$p>0.05$）。其中的原因可能是农村户籍的父母自己不常使用手机上网，也缺乏一定的交流环境，对手机上网和手机信息不是很了解，更愿意鼓励孩子通过课堂学习获得信息和知识。而城镇父母接触手机和网络更早更频繁，所以他们也支持孩子利用手机获得信息，还会利用手机辅助孩子学习。而表2—7、表2—8则分别呈现了父亲学历和母亲学历与大学生信息获取渠道的关系。可以看出，父亲学历和母亲学历均影响大学生社会宣传渠道的选择（$p<0.05$），对其他信息获取渠道没有影响。总的来说，这种影响体现为父母学历越高，大学生在采取社会宣传获取信息的方式中的差异最小。可以推测，父母的学历越高，父母的社交环境和获取信息的渠道更成熟，社会宣传对他们而言更有效，而父母学历越低，人际关系环境和信息获取的渠道都有限，社会宣传对他们的影响有限，他们不一定能理解社会宣传的信息和信息真实性。由此会对大学生对待社会宣传的态度产生影响。

表2—5　　　　　　　　父母户籍在信息源上的分布

		课堂学习		书本阅读		社会宣传		老师/朋友提供		手机上网	
		否	是	否	是	否	是	否	是	否	是
父母户籍	城镇	298	413	309	402	521	190	448	263	65	646
		41.9%	58.1%	43.5%	56.5%	73.3%	26.7%	63.0%	37.0%	9.1%	90.9%
	农村	266	458	334	390	562	162	465	259	61	663
		36.7%	63.3%	46.1%	53.9%	77.6%	22.4%	64.2%	35.8%	8.4%	91.6%
合计		564	871	643	792	1083	352	913	522	126	1309
		39.3%	60.7%	44.8%	55.2%	75.5%	24.5%	63.6%	36.4%	8.8%	91.2%

表2—6　　　　　　　父母户籍与信息源的关系分析

		df	X^2	p
父母户籍	课堂学习	1	4.023	0.045
	书本阅读	1	1.036	0.309
	社会宣传	1	3.662	0.056
	老师/朋友提供	1	0.229	0.632
	手机上网	1	0.230	0.632

表2—7　　　　　　父亲学历与大学生信息获取渠道的关系分析

		课堂学习		书本阅读		社会宣传		老师/朋友提供		手机上网	
		否	是	否	是	否	是	否	是	否	是
父亲的学历	小学及以下	82	143	117	108	173	52	146	79	21	204
		36.4%	63.6%	52.0%	48.0%	76.9%	23.1%	64.9%	35.1%	9.3%	90.7%
	初中	195	321	240	276	405	111	326	190	35	481
		37.8%	62.2%	46.5%	53.5%	78.5%	21.5%	63.2%	36.8%	6.8%	93.2%
	高中/中专/技校	142	218	146	214	274	86	228	132	38	322
		39.4%	60.6%	40.6%	59.4%	76.1%	23.9%	63.3%	36.7%	10.6%	89.4%
	大专	64	69	61	72	97	36	77	56	12	121
		48.1%	51.9%	45.9%	54.1%	72.9%	27.1%	57.9%	42.1%	9.0%	91.0%
	本科	72	99	66	105	115	56	115	56	17	154
		42.1%	57.9%	38.6%	61.4%	67.3%	32.7%	67.3%	32.7%	9.9%	90.1%
	研究生及以上	9	21	13	17	19	11	21	9	3	27
		30.0%	70.0%	43.3%	56.7%	63.3%	36.7%	70.0%	30.0%	10.0%	90.0%

续表

	课堂学习		书本阅读		社会宣传		老师/朋友提供		手机上网	
	否	是	否	是	否	是	否	是	否	是
合计	564	871	643	792	1083	352	913	522	126	1309
	39.3%	60.7%	44.8%	55.2%	75.5%	24.5%	63.6%	36.4%	8.8%	91.2%
X^2	7.254		10.698		11.953		3.598		4.426	
p	0.202		0.058		0.035		0.609		0.490	

表2—8　母亲学历与大学生信息获取渠道的关系分析

		课堂学习		书本阅读		社会宣传		老师/朋友提供		手机上网	
		否	是	否	是	否	是	否	是	否	是
母亲的学历	小学及以下	128	220	160	188	282	66	228	120	30	318
		36.8%	63.2%	46.0%	54.0%	81.0%	19.0%	65.5%	34.5%	91.4%	91.4%
	初中	196	303	236	263	370	129	306	193	461	461
		39.3%	60.7%	47.3%	52.7%	74.1%	25.9%	61.3%	38.7%	92.4%	92.4%
	高中/中专/技校	137	197	145	189	248	86	214	120	304	304
		41.0%	59.0%	43.4%	56.6%	74.3%	25.7%	64.1%	35.9%	91.0%	91.0%
	大专	50	61	52	59	86	25	61	50	101	101
		45.0%	55.0%	46.8%	53.2%	77.5%	22.5%	55.0%	45.0%	91.0%	91.0%
	本科	48	76	42	82	87	37	91	33	110	110
		38.7%	61.3%	33.9%	66.1%	70.2%	29.8%	73.4%	26.6%	88.7%	88.7%
	研究生及以上	5	14	8	11	10	9	13	6	15	15
		26.3%	73.7%	42.1%	57.9%	52.6%	47.4%	68.4%	31.6%	78.9%	78.9%
合计		564	871	643	792	1083	352	913	522	1309	1309
		39.3%	60.7%	44.8%	55.2%	75.5%	24.5%	63.6%	36.4%	91.2%	91.2%
X^2		4.235		7.943		14.042		10.610		8.069	
p		0.516		0.159		0.015		0.060		0.427	

（二）手机使用时长与内部差异

花在手机上网上的时间是衡量大学生"手机控"现状的最基本因素之一。针对大学生日均上网时间的调查结果如图2—2所示，平均每天手机上网超过5小时的大学生为790人，占总人数的55.05%；3—5小时的

506人，占35.26%；1—3小时的121人，占8.43%；1小时以下的为17人，占1.18%。

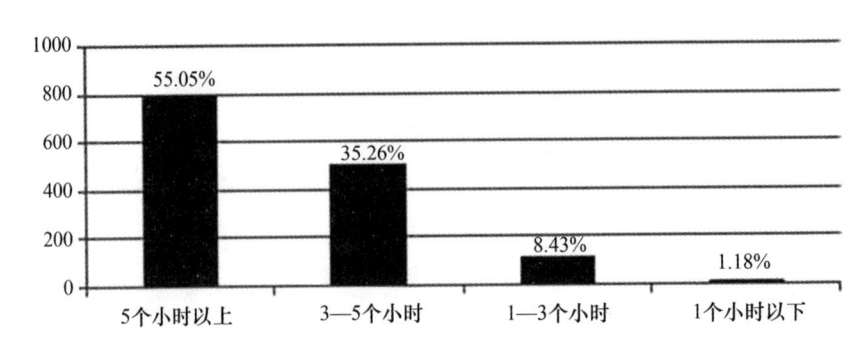

图2—2　大学生平均每天手机上网时间

当然，大学生在手机使用时长方面，也表现出一定的群体内部差异，主要体现在以下两个方面。

其一，男生的手机上网时间少于女生。研究中对男性大学生和女性大学生的使用手机上网时间进行了数据分析。如表2—9所示，对大学生中的男性和女性与使用手机上网时间进行了列联表检验，结果显示，其X^2值为57.356，而p值为$0.000<0.001$，说明男性和女性在使用手机上网时间上差异极其显著。在经常（≥5小时）使用手机上网的大学生中，女性人数最多，为568人，而男性为222人；在一般（3—5小时）使用手机上网的大学生中，女性也最多，为295人，男性为211人。而在较少（1—3小时）、极少（≤1）和从不使用手机上网的大学生中，男性人数才多于女性人数。其中可能的原因是女性更多属于社会依存型群体，更喜欢在网络上与他人沟通交流，另一原因是女性大学生花在网上购物、看小说、看网络视频和照片PS等网络消费和娱乐休闲上的时间更多。因此表现出女性大学生手机上网时间更长。

表2—9　　　　　大学生性别与使用手机上网时间分析

		使用手机上网的时间					X^2	p
		经常(>5)	一般(3—5)	较少(1—3)	极少(<1)	从不		
性别	男	222	211	66	12	1	57.356	0.000
		43.4%	41.2%	12.9%	2.3%	0.2%		
	女	568	295	55	5	0		
		61.5%	32.0%	6.0%	0.5%	0.0%		
合计		790	506	121	17	1		
		55.1%	35.3%	8.4%	1.2%	0.1%		

其二，年龄段等变量对手机上网时间没有显著影响。研究中分析了其他人口学变量对大学生手机上网时间的影响，结果发现，这些统计变量均对大学生上网时间没有显著影响。具体表现为：在年龄段上（见表2—10），每天使用手机上网时间超过5小时的调查对象人数最多，其中30—35岁所占比例最高（75.0%），但不具有统计学意义（$p>0.05$），即年龄段在大学生手机上网时间上不具有显著差异性。在目前家庭所在城市、父母户籍、大学生本人户籍、父母学历上，所呈现的数据也都不具有统计学意义（$p>0.05$）。

表2—10　　　　　年龄段与使用手机上网时间分析

		使用手机上网的时间					X^2	p
		经常(>5)	一般(3—5)	较少(1—3)	极少(<1)	从不		
年龄段	15—18	71	40	9	2	0	10.307	0.589
		58.2%	32.8%	7.4%	1.6%	0.0%		
	19—22	666	427	96	13	1		
		55.4%	35.5%	8.0%	1.1%	0.1%		
	23—29	50	39	15	2	0		
		47.2%	36.8%	14.2%	1.9%	0.0%		
	30—35	3	0	1	0	0		
		75.0%	0.0%	25.0%	0.0%	0.0%		
合计		790	506	121	17	1		
		55.1%	35.3%	8.4%	1.2%	0.1%		

(三) 手机使用目的的多元化特征

在本研究中，课题组将大学生手机使用目的分为查找资料/学习知识、聊天交友、打发时间、跟随周围朋友上网、逃避现实生活中的问题、与朋友和家人联络、浏览新闻、发表自己的观点与看法、休闲娱乐（玩游戏等）、实现自己在现实生活中无法实现的愿望、其他共 11 个方面。接下来，我们将通过数据呈现出大学生手机使用目的的多元化特征。

首先，大学生群体的年龄段这一变量会影响手机使用中的亲友联络和休闲娱乐。在表 2—11 中，课题组进一步将年龄段和与朋友和家人联络、休闲娱乐进行了列联表检验，结果显示与朋友和家人联络中，其 X^2 值为 8.671，而 p 值为 $0.034 < 0.05$，说明年龄段和是否将与朋友和家人联络作为使用手机目的之间存在显著差异。在休闲娱乐（玩游戏等）中，其 X^2 值为 10.847，而 p 值为 $0.013 < 0.05$，说明年龄段和与休闲娱乐（玩游戏等）之间同样存在显著差异。具体来看，30—35 岁的调查对象使用手机与朋友和家人联络的比例最高，其次是 15—18 岁；15—22 岁的大学生用手机休闲娱乐的比例最高。这可能是由于 15—18 岁和 19—22 岁的调查对象中，大部分为低年级大学生，刚入大学与家里联系的更密切，同时对未来的担忧较少，因此更多地使用手机联系亲友和进行休闲娱乐。此外，通过分析发现，年龄段与大学生将查找资料/学习知识、聊天交友、打发时间、跟随朋友上网、逃避现实中的问题、浏览新闻、发表观点和看法以及实现愿望等作为使用手机的目的存在轻微差异，即 30—35 岁的硕博士研究生更倾向于使用手机获取文化知识类信息。

其次，大学生父母的户籍这一变量会影响大学生手机使用过程中的观点发表。调查结果如表 2—12 所示，大部分大学生使用手机都不是为了发表自己的观点和看法，其中农村户籍的大学生所占比例更高（94.9%）。进一步进行列联表检验显示该差异具有显著的统计学意义（$p < 0.05$）。

表2—11　　　　　　年龄段与手机使用目的分析

		与朋友和家人联络		休闲娱乐（玩游戏等）	
		否	是	否	是
年龄段	15—18	37	85	64	58
		30.3%	69.7%	52.5%	47.5%
	19—22	479	724	630	573
		39.8%	60.2%	52.4%	47.6%
	23—29	34	72	70	36
		32.1%	67.9%	66.0%	34.0%
	30—35	0	4	4	0
		.0%	100.0%	100.0%	0.0%
合计		550	885	768	667
		38.3%	61.7%	53.5%	46.5%
X^2		8.671		10.847	
p		0.034		0.013	

表2—12　　　　　大学生户籍与发表自己的观点与看法分析

		发表自己的观点与看法	
		否	是
样本的户籍	城镇	682	60
		91.9%	8.1%
	农村	658	35
		94.9%	5.1%
合计		1340	95
		93.4%	6.6%
X^2		5.342	
p		0.021	

最后，大学生性别这一变量会影响手机使用中的跟随上网和亲友联络。如表2—13所示，不同性别大学生在跟随周围朋友上网中，其X^2值为5.215，而p值为0.022，表明大学生性别与是否跟随朋友上网之间存在显著差异；而在与朋友和家人联络中，其X^2值为38.526，而p值为

0.000，表明大学生性别在是否与朋友和家人联络之间存在显著差异。这说明性别对大学生使用手机是为了跟随周围朋友上网、与朋友和家人联络有极大影响，即男性跟随朋友上网的比例显著高于女性，而女性联络朋友和家人的比例显著高于男性。因此，男性可能更喜欢玩群体性游戏，所以和朋友一起上网的比例高，女生则偏向与情感交流，喜欢和朋友与家人沟通。

表2—13　　　　　　　大学生性别与手机使用目的分析

		跟随周围朋友上网		与朋友和家人联络	
		否	是	否	是
性别	男	429	83	251	261
		83.8%	16.2%	49.0%	51.0%
	女	813	110	299	624
		88.1%	11.9%	32.4%	67.6%
合计		1242	193	550	885
		86.6%	13.4%	38.3%	61.7%
X^2		5.215		38.526	0.000
p		0.022		0.000	

二　作为"信息控"的大学生手机使用及其特点

在本课题中，我们将大学生接收和发送的信息类型分为六种：政治与信仰类、经济与日常生活类、文化知识类、个人感情类、休闲娱乐类以及美感与艺术类。通过研究发现，作为一种"信息控"的大学生手机使用具有以下三大特点。

（一）信息接收与发送类型的一致性

对六类信息接收与发送情况进行描述性统计分析，结果显示，接收信息得分从高到低依次为休闲娱乐类、文化知识类、经济与日常生活类、个人感情类、美感与艺术类、政治与信仰类（图2—3）；发送信息得分从高到低依次为休闲娱乐类、个人感情类、经济与日常生活类、文化知识类、美感与艺术类、政治与信仰类（图2—4）。

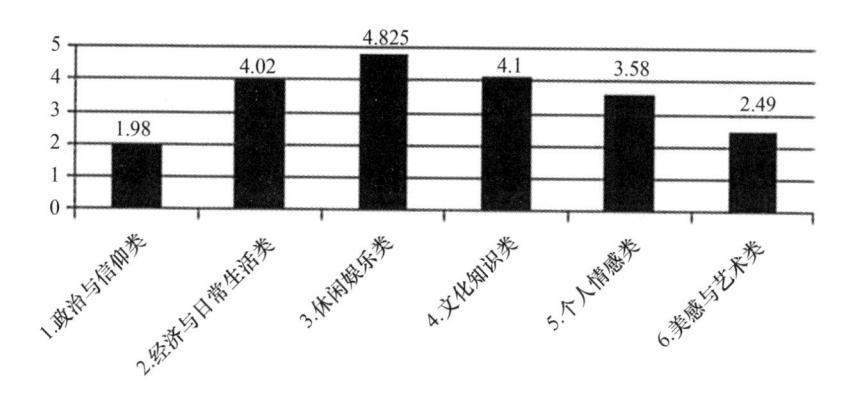

图 2—3 大学生接收信息类型

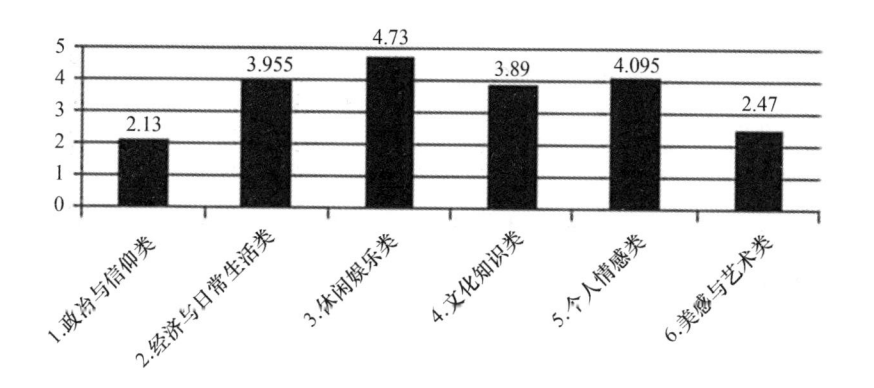

图 2—4 大学生发送信息类型

可以看出，在总分 5 分的情况下，大学生接收和发送信息的偏好总体上具有一致性，表现为休闲娱乐类信息是大学生群体的首选，美感艺术类信息、政治与信仰类信息在大学生群体中排序靠后。恰恰是排序靠后的两类信息对提升大学生的素养具有重要的意义，亟待提出相应干预方案。

（二）父母户籍对大学生信息偏好的影响

研究发现，大学生父母的户籍这一变量会影响大学生的信息接收和发送偏好。如表 2—14 所示，父母户籍为农村的大学生偏好经济与日常类、个人情感类信息的接收（$p < 0.05$），父母户籍为城镇的大学生则偏

好美感与艺术类信息的接收（p=0.002）。此外，父母户籍为农村的大学生偏好经济与日常类、文化知识类信息的发送（p<0.05），父母户籍为城镇的大学生则偏好美感与艺术类信息的发送（p=0.002）。

表2—14　父母户籍对大学生对接收信息和发送信息类型的关注度的影响

	方差方程的 Levene 检验		T 检验		差分的95% 置信区间	
	F	P	T	P	下限	上限
接收（经济与日常生活类）	1.197	0.274	-2.507	0.012	-0.352	-0.043
接收（个人情感类）	4.320	0.038	-3.030	0.012	-0.387	-0.083
接收（美感与艺术类）	10.854	0.001	3.952	0.002	0.143	0.424
发送（经济与日常生活类）	8.120	0.004	-2.368	0.018	-0.347	-0.033
发送（文化知识类）	0.273	0.601	-2.262	0.024	-0.264	-0.019
发送（美感与艺术类）	9.381	0.002	4.256	0.000	0.162	0.438

总的来说，大学生对接收和发送信息的偏好受父母户籍影响，两者一致的地方在于，父母户籍为农村的大学生偏好经济与日常类信息，父母户籍为城镇的大学生偏好美感与艺术类信息；但个人情感类、文化知识类信息在接收和发送偏好中有所不同。

（三）性别对大学生信息偏好的影响

研究发现，除了大学生父母的户籍这一变量会影响大学生的信息接收和发送偏好以外，大学生自身性别这一变量也会影响大学生的信息接收和发送偏好。如表2—15所示，在信息接收上，男性大学生偏好政治与信仰类、文化知识类信息的接收（p<0.05），女性大学生则偏好休闲娱乐类、个人情感类信息的接收（p=0.002）。在信息发送上，男性大学生偏好政治与信仰类信息的发送（p<0.05），女性大学生则偏好个人情感类信息的发送（p=0.002）。综上所述，大学生性别在接收和发送政治与信仰、个人情感两类信息中均存在显著差异，在接收休闲娱乐和文化知识类信息中也存在显著差异。通过社会经验，其可能的原因是男性比女

性更加关注政治与信仰类信息，因此更多地接收和发送这类信息，而女性更加关注个人情感类信息，因此接收和发送此类信息比男性更多。

表2—15　　　　　大学生性别对接收信息和发送
信息类型的关注度的影响

	方差方程的Levene检验		T检验		差分的95%置信区间	
	F	P	T	P	下限	上限
接收（政治与信仰类）	48.742	0.000	5.373	0.000	0.282	0.606
接收（休闲娱乐类）	17.436	0.000	-2.240	0.025	-0.335	-0.022
接收（文化知识类）	10.209	0.001	2.042	0.041	0.006	0.276
接收（个人情感类）	0.631	0.427	-4.765	0.000	-0.541	-0.226
发送（政治与信仰类）	41.689	0.000	5.104	0.000	0.284	0.639
发送（个人情感类）	0.446	0.504	-5.097	0.000	-0.605	-0.271

三　大学生"手机控"的不良反应与影响因素

（一）大学生"手机控"的不良反应

一般来说，"手机控"对大学生人群的不良影响包括睡眠、学习、人际交往等行为表现，孤独、满足感下降等心理反应，以及无法上网时手心出汗、手指发麻等生理反应。接下来，我们将从行为表现、心理反应和生理反应三个方面对大学生"手机控"的不良反应进行数据的呈现。

首先是行为表现。如图2—5可以看出，27.32%的大学生每天总想着用手机上网，上网成为生活必须；17.63%的大学生因为手机上网使自己对学习兴趣减弱；14.70%的大学生因为上网与家人朋友、同学发生矛盾；28.01%的大学生每天睡觉前都必须上网才能入睡；29.41%的大学生因为上网使得睡眠时间减少；32.20%的大学生遭遇过网友的性骚扰、恐吓或欺骗；25.50%的大学生花在手机上网上的时间比预期要长；26.62%的大学生经常边走路边用手机上网。

其次是心理反应。关于大学生"手机控"心理反应的调查结果如图

```
7.花在手机上网的时间比预期要长
5.因为上网使得睡眠时间减少
3.因为上网与家人朋友,同学发生矛盾
1.每天总想着用手机上网,成为生活必须
```

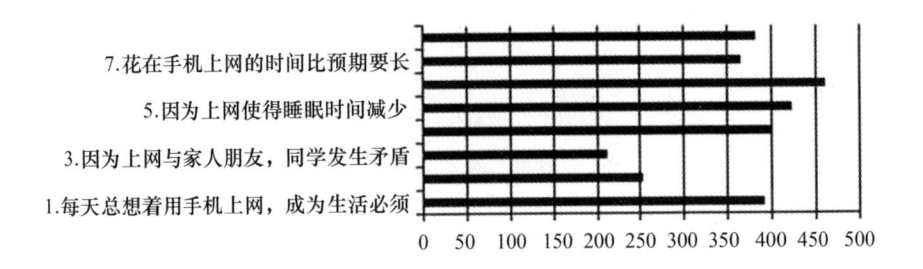

图2—5 大学生"手机控"的行为表现

2—6所示,18.18%的大学生当没有网络无法用手机上网时,变得心神不定;13.15%的大学生需要花越来越多的时间上网才能得到满足;20%的大学生不使用手机上网就会感到孤独;10.35%的大学生变得越来越质疑别人的话语。

```
4.变得越来越质疑别人的话语
3.不使用手机上网就会感到孤独
2.需要花越来越多的时间上网才能得……
1.当没有网络无法手机上网时,变得……
```

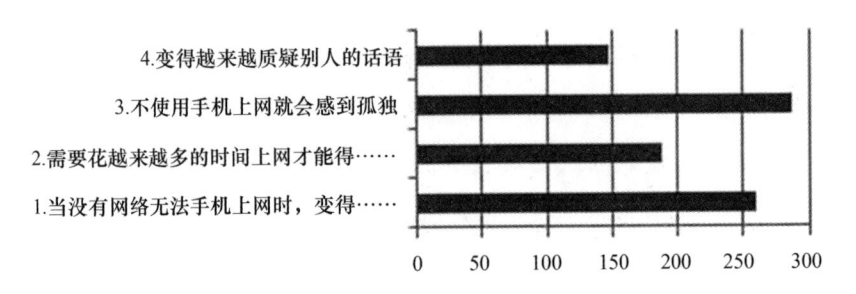

图2—6 大学生"手机控"的心理反应

最后是生理反应。关于大学生"手机控"生理反应的调查显示,8.89%的大学生有手机过度使用的生理反应症状,表现为手机无信号会充满不安全感,手心流汗。随着科技的发展以及人工智能水平的进步,人们对于网络和电子设备的依赖性大大增加,尤其是具有具身性的手机。微信、QQ、微博等软件方便了人们的交流,网络游戏以及各种音乐视频软件丰富了人们的娱乐生活,慕课等主打网络教学的软件也让大家的学习更加便利;人们的生活也越来越离不开手机,手机仿佛成了大家的一个"过渡性客体"。在大学生群体中,有相当一部分人已经产生了"手机控"的行为、心理和生理反应。

（二）大学生"手机控"的影响因素

影响手机依赖的因素有哪些呢？我们通过人口学变量对手机依赖的总分、心理、生理和行为四个方面进行分析。见表2—16。

表2—16　　　　　性别对大学生手机依赖的影响

	方差方程的 Levene 检验		T 检验		差分的95% 置信区间	
	F	P	T	P	下限	上限
生理方面	1.206	0.272	2.391	0.017	0.022	0.226

通过表2—16可以发现，性别对大学生手机依赖的生理方面来说，其 Levene 检验的 F 值为1.206，相伴概率为0.272，大于显著性水平0.05，不能拒绝方差相等的假设，性别对大学生手机依赖生理方面的方差无显著差异；方差相等时 T 检验结果，T 统计量的 p 值为0.017，小于显著性水平0.05，拒绝 T 检验的零假设。也就是说，性别对大学生手机依赖的生理方面差异显著。

一般而言，母亲对孩子的影响巨大，那母亲的学历是否会影响大学生手机依赖呢？我们对此进行了分析。

表2—17　　　　　母亲学历对大学生手机依赖的影响

	Levene 检验		方差检验	
	F	P	F	P
总分方面	1.062	0.380	3.125	0.008
生理方面	1.065	0.378	3.500	0.004

如表2—17所示，我们对母亲学历和大学生手机依赖进行了方差分析，结果发现：在总分方面，Levene 检验其 $p=0.380>0.05$，因此方差齐性。在方差分析中，$p=0.008<0.05$，表明母亲学历在大学生手机依赖总分方面存在显著差异；在生理方面，Levene 检验 $p=0.378>0.05$，因

此方差齐性。在方差分析中，$p = 0.004 < 0.05$，表明母亲学历在大学生手机依赖生理方面存在显著差异。通过进一步的事后多重比较发现，在手机依赖总分方面，母亲学历为小学及以下与母亲学历为初中对比差异显著，其 p 值为 0.021；母亲学历为小学及以下与本科对比差异极其显著，其 p 值为 0.001；母亲学历为大专与本科对比差异显著，其 p 值为 0.031；而母亲学历为本科与研究生以上学历对比差异显著，其 p 值为 0.011。而手机依赖对生理方面影响表现为，母亲学历为小学及以下时，与初中学历、高中/中专/技校、本科对比均差异显著，其 p 值分别为 0.008、0.019、0.001。当母亲学历为大专时，与本科对比差异显著，其 p 值为 0.029。母亲学历为本科时，与研究生及以上对比差异显著，其 p 值为 0.014。

另外，我们还对心理、生理、行为三个方面进行了回归分析，具体结果见表 2—18。

表 2—18　　　　　　　生理对心理与行为的回归分析结果

因变量	自变量	R	调整 R2	F	beta	t
生理	心理	0.668	0.446	1157.126***	0.350	34.017***
	行为	0.665	0.442	1136.976***	0.409	33.719***

注：* 表示 $P < 0.05$，*** 表示 $P < 0.001$。

在表 2—18 中，我们将生理作为因变量，心理与行为作为自变量，由上表的结果分析可知，P 值极其显著，可知，该模型具有统计学意义，方程是有效的。心理与行为两个自变量能够显著地预测手机依赖的生理变化，其中心理的 R^2 值为 0.447，表示心理对大学生手机依赖生理的解释率为 44.6%。而行为的 R^2 值为 0.442，表示行为对大学生手机依赖生理的解释率为 44.2%。心理与行为均对手机依赖的生理情况起显著的正向预测作用。

有调查显示，手机功能的增加对个人手机使用的影响很大，手机功能越多，大学生越容易对手机产生依赖，最终形成"手机控"。"手机控"的形成使得许多心理健康问题凸显出来，疏离感与情感支持、疏离感与冒险寻求、生活压力与应对等都成为"手机控"研究的课题。在这些问题存在的同时，个体对各类信息的态度都呈现出多元化，在接收和发送政治信仰类、休闲娱乐类、经济与日常类、美感与艺术类、个人情感类、文化知识类等各类信息时，既有对充满正能量信息的积极态度，也有对色情暴力等负面信息的客观认识。从手机依赖和心理、生理、行为之间的关系可以看出，"手机控"的形成机制非常复杂，在逻辑上我们将之分为个体发生与群体社会发生两个层次，两者分别体现了客观因素对个体和群体的不同作用机制。行为的交互决定论认为，行为、个人因素与环境因素是相互连锁的关键因素，在相互作用的过程中共同起作用。个人与群体的内部因素与环境是交互作用的，环境改变着行为，人选择怎样去做取决于外部环境与许多个人的因素彼此的相互作用。[①] "手机控"的行为也是交互作用的结果，个人的病理性智能手机使用行为、人格特性，现实生活中的家庭、学校、社区等社会环境以及移动互联网的虚拟环境交互作用导致了"手机控"的产生。在后面的章节中，我们将进行更加深入的剖析。

第二节　企事业人员的手机使用现状研究

除了大学生群体是当下手机使用最为广泛的群体以外，企事业单位的人员也是手机使用频率很高和时长最长的一个群体。为了研究这部分"上班族"，我们选取了企事业人员作为调查对象。需要说明的是，本课题所指的企事业人员是一个笼统的概念，包含公务员和事业单位职工、国有企业职工、公司白领等上班族青年群体，他们更多从事脑力劳动，所涉及的领域涵盖金融、科技、医学、文化、教育等，收入水平、受教育程度较高，主要应该归属于中产阶级。结合本课题实证调查情况，本研究中企事业人员青年人群年龄为20—35岁，具有较高教育背景（多数接受过高等教育），收入水平较高，从事非体力劳动。

[①] 参见杨容、阮昆良、郑涌《行为主义理论在中学生网络依赖性使用行为中的应用探析》，《中国学校卫生》2005年第11期。

一 企事业人员手机使用的基本情况

（一）作为信息获取渠道的手机使用与内部差异

和大学生群体一致，如果将企事业人员获取信息的方式划分为课堂学习、书本阅读、社会宣传、老师或朋友提供和手机上网这五种渠道的话，不难发现，手机同样已经成为企事业人员信息获取的主要渠道。针对企事业人员信息获取渠道的调查结果显示（如图2—7），通过课堂学习的方式获取信息的人数为83人，占比16.4%；以书本阅读为获取方式的人数为259人，占比51.1%；通过社会宣传的方式获得信息的人数为227人，占比44.8%；通过老师或朋友提供的方式获得信息的人数为157人，占比31.0%；通过手机上网的方式获取信息的人数为469人，占比92.5%。可见，在此类人群中，通过手机上网、书本阅读和社会宣传的方式获取信息较为常见，其中通过手机上网的方式获取信息比例最高，这说明手机上网为企事业人员提供信息更为便捷高效。

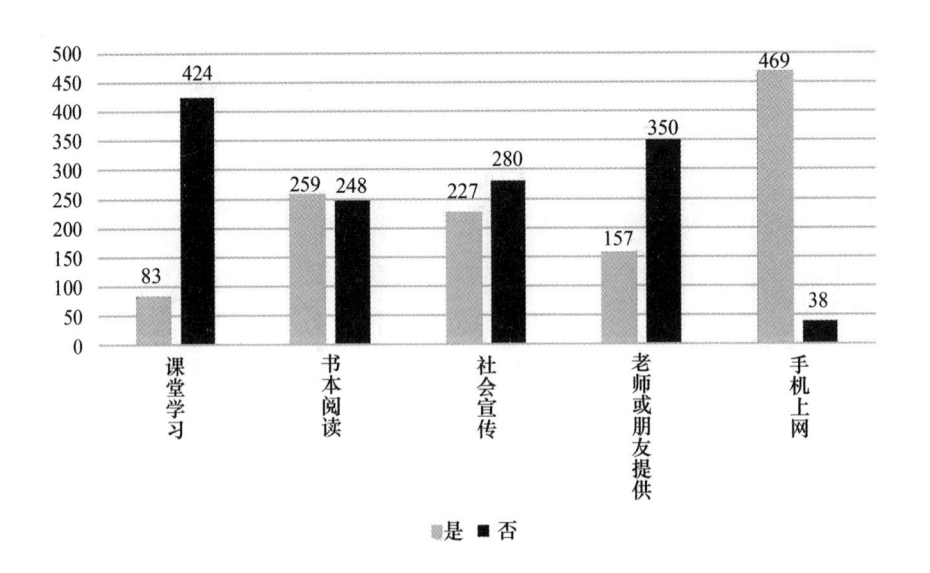

图2—7 企事业人员信息获取方式对比

然而，在将手机使用作为信息获取主要渠道的群体内部差异方面，企事业人员表现出了区别于大学生群体的差异，主要体现为以下几个方面。

首先，企事业人员各年龄段都偏好使用手机上网获取信息。由表 2—19 可知，年龄段仅与课堂学习这一种渠道存在显著关系（$p = 0.001$），即不同年龄的调查对象在是否以课堂学习作为信息源上所占的比例存在显著差异。而不同年龄段在其他信息源上并不存在显著差异。

表 2—19　　企事业人员各年龄段与信息获取渠道的关系分析

		课堂学习		书本阅读		社会宣传		老师/朋友提供		手机上网	
		否	是	否	是	否	是	否	是	否	是
22 岁及以下		38	17	26	29	36	19	38	17	5	50
		69.1%	30.9%	47.3%	52.7%	65.5%	34.5%	69.1%	30.9%	9.1%	90.9%
23—29 岁		228	48	138	138	148	128	185	91	17	259
		82.6%	17.4%	50.0%	50.0%	53.6%	46.4%	67.0%	33.0%	6.2%	93.8%
30—35 岁		158	18	84	92	96	80	127	49	16	160
		89.8%	10.2%	47.7%	52.3%	54.5%	45.5%	72.2%	27.8%	9.1%	90.9%
合计		424	83	248	259	280	227	350	157	38	469
		83.6%	16.4%	48.9%	51.1%	55.2%	44.8%	69.0%	31.0%	7.5%	92.5%
X^2		17.585		2.162		6.518		4.908		5.949	
p		0.001		0.540		0.089		0.179		0.114	

其次，在将手机上网作为信息获取主要渠道方面，企事业人员不存在性别差异。由表 2—20 可知，在性别与书本阅读的分析中，p 值为 0.001 小于 0.05，故不同性别在书本阅读上存在差异，女性更喜欢选择书本阅读的方式来获取信息。除此之外，男性选择课堂学习的比例（18.7%）高于女性（15.2%），在社会学习、老师/朋友提供以及手机上网上，均表现为女性所占比例高于男性，但并不具有显著差异（$p > 0.05$）。

表 2—20　　企事业人员性别与信息获取渠道的关系分析

		课堂学习		书本阅读		社会宣传		老师/朋友提供		手机上网	
		否	是	否	是	否	是	否	是	否	是
性别	男	135 81.3%	31 18.7%	64 38.6%	102 61.4%	101 60.8%	65 39.2%	124 74.7%	42 25.3%	17 10.2%	149 89.8%
	女	289 84.8%	52 15.2%	184 54.0%	157 46.0%	179 52.5%	162 47.5%	226 66.3%	115 33.7%	21 6.2%	320 93.8%
合计		424 83.6%	83 16.4%	248 48.9%	259 51.1%	280 55.2%	227 44.8%	350 69.0%	157 31.0%	38 7.5%	469 92.5%
X^2		0.957		10.603		3.149		3.706		2.684	
p		0.328		0.001		0.076		0.054		0.101	

再次，企事业人员的学历会影响课堂学习等其他信息获取渠道。在被调查的企事业人员中，大部分人为大学本科学历，人数为279人占比55%，研究生人数为126人占比24.8%，专科人数为86人占比16.9%，高中和初中人数较少，分别为13人占比2.5%、3人占比0.5%。可见，企事业单位对学历有较高要求。由表2—21可知，课堂学习、书本阅读、社会宣传的 p 值分别为0.029、0.001、0.043，都小于0.05。高中学历的人（7人）较其他学历层次人群偏向接受课堂学习的方式来获取信息（46.2%）；在书本阅读方面，研究生及以上（66.7%）和本科学历（47.3%）的人群较其他人更喜欢这种获取信息的方式，这是由于该学历人群具备一定的知识储备、学习能力、阅读兴趣，能够通过自身思考钻研掌握信息；在社会宣传这一渠道上，专科学历（55.8%）人群较其他学历层次的人群更易于接受此种方式来获取信息，这是由于该学历人群处于高中与本科的中间，具备一定的知识、学习能力，但缺乏获取信息的独立中介，因而在获取信息时就依赖更直观、易懂的方式。可见，这几种信息的获取方式与学历之间存在联系。

研究者还分析了父母的学历层次对调查对象信息源的影响，结果表明，父亲学历与信息获取方式之间没有明确联系（$p>0.05$）；母亲学历与课堂学习的选择偏好有关，p 值为0.048，其中母亲学历为大专

(28.6%)的人群较其他几种学历的人群更易于选择课堂学习作为信息获取的途径。

表 2—21　　　　企事业人员学历与信息获取渠道的关系分析

		课堂学习		书本阅读		社会宣传		老师/朋友提供		手机上网	
		否	是	否	是	否	是	否	是	否	是
学历	研究生及以上	102 81.0%	24 19.0%	42 33.3%	84 66.7%	81 64.3%	45 35.7%	93 73.8%	33 26.2%	14 11.1%	112 88.9%
	大学本科	238 85.3%	41 14.7%	147 52.7%	132 47.3%	150 53.8%	129 46.2%	190 68.1%	89 31.9%	19 6.8%	260 93.2%
	专科	75 87.2%	11 12.8%	49 57.0%	37 43.0%	38 44.2%	48 55.8%	58 67.4%	28 32.6%	3 3.5%	83 96.5%
	高中	7 53.8%	6 46.2%	7 53.8%	6 46.2%	9 69.2%	4 30.8%	7 53.8%	6 46.2%	1 7.7%	12 92.3%
	初中及以下	2 66.7%	1 33.3%	3 100.0%	0 0.0%	2 66.7%	1 33.3%	2 66.7%	1 33.3%	1 33.3%	2 66.7%
合计		424 83.6%	83 16.4%	248 48.9%	259 51.1%	280 55.2%	227 44.8%	350 69.0%	157 31.0%	38 7.5%	469 92.5%
X^2		11.090		19.328		9.853		2.971		7.446	
p		0.026		0.001		0.043		0.563		0.114	

最后，家庭所在地等变量不会影响企事业人员信息获取的渠道。通过对于居住地信息与信息获取方式之间关系的分析发现，在选择课堂学习和社会宣传作为信息源上，家庭所在城市为县级城镇的调查对象所占的比例最高（分别为 18.0% 和 54.0%）；家庭在直辖市的调查对象在书本阅读上所占比例最高（55.8%）；23—29 岁在社会宣传上所占比例最高（46.4%）；来自其他行政单位的调查对象在老师或朋友提供上所占比例最高（50.0%）；在以手机上网为信息源上，各年龄段所占比例都很高，且均在 90% 以上。但通过统计分析发现，家庭所在城市与信息源之间不存在显著差异（$p > 0.05$）。

为了解父母户籍对该类人群信息源是否有影响，进行列联表检验后，

所有的 p 值都大于 0.05，故二者之间并无统计学意义，即父母的户籍无论是来自农村还是来自城镇，与企事业人员获取信息的方式并无明确联系。除此之外，本人户籍与信息获取方式列联表统计结果中，p 值都大于 0.05，故本人户籍与其获取信息的方式之间的差异无统计学意义。在信息技术日益发达的今天，信息的传达边界逐渐淡化，也越来越便捷和快速。城市与农村获取信息之间的差异也越来越淡化，所以数据中出现这种情况，也能够理解。

（二）手机使用时长与内部差异

针对 507 人的企事业人员调查结果显示（如图 2—8），每天上网超过 5 个小时的占 47.1%，接近总人数的一半；每天上网 3—5 小时的占 35.1%；每天上网 1—3 小时和 1 小时以下的人数较少，分别占 16.4%、1.4%。

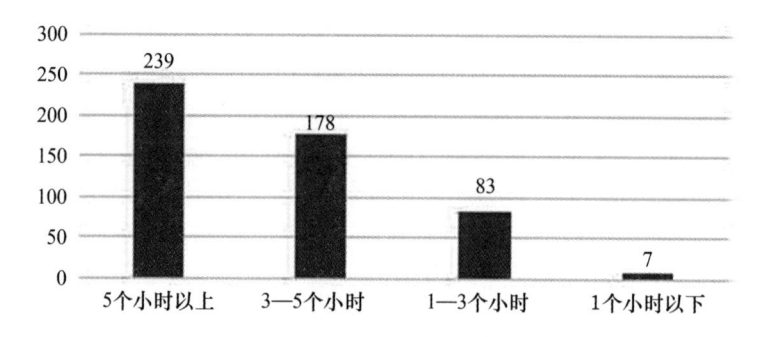

图 2—8　企事业人员平均每天手机上网时长

当然，手机上网时长方面，企事业人员内部也表现出了一定差异。

其一，18—22 岁年龄段手机上网时间相对较长。表 2—22 为不同年龄段与使用手机上网时间的列联表分析表，由表可知，X^2 值为 30.491，p 值为 $0.000<0.05$，故二者之间的差异有统计学意义，不同年龄段之间存在显著差异。22 岁及以下（56.4%）年龄段的上网时间高于另外两个年龄段。不同年龄的使用手机上网时间差异可能与工作压力和家庭有关，在 23—35 岁这个年龄段多数企事业人员已组建小家庭，同时正处于事业的上升期，因而使用手机上网的时间相对较少。

表 2—22　　　企事业人员不同年龄段与手机上网时间分析

		使用手机上网的时间				X^2	p
		经常（>5）	一般（3—5）	较少（1—3）	极少（<1）		
年龄段	22岁及以下	31 56.4%	19 35.5%	4 7.3%	1 1.8%	30.491	0.000
	23—29	146 52.9%	85 30.8%	44 15.9%	1 0.4%		
	30—35	62 35.2%	74 42.0%	35 19.9%	5 2.8%		
合计		239 47.1%	178 35.1%	83 16.4%	7 1.4%		

其二，女性企事业人员上网时间相对更长。本部分将性别作为一个重要的变量，将性别与使用手机上网的时间进行列联表分析。如表2—23所示，不同性别在手机上网时间上存在显著差异，且在 $p<0.001$ 水平上差异显著。女性在手机使用时间超过5小时中人数占比50.7%，显著高于男性占比39.8%，在3—5小时范围内，男性占比35.5%高于女性占比34.9%。综合来看，女性使用手机时间超过3小时的比例显著高于男性，这主要是由于在企事业单位中女性从事的岗位相对男性较为闲暇，同时女姓较多从事文职工作，因此她们使用手机的时间更长。

表 2—23　　　企事业人员性别与手机上网时间的关系分析

		使用手机上网的时间				X^2	p
		经常（>5）	一般（3—5）	较少（1—3）	极少（<1）		
性别	男	66 39.8%	59 35.5%	38 22.9%	3 1.8%	57.356	0.000
	女	173 50.7%	119 34.9%	45 13.2%	4 1.2%		
合计		239 47.1%	178 35.1%	83 16.4%	7 1.4%		

此外，针对家庭所在地、户籍信息、学历层次等的调查显示，以上变量与手机上网时间之间没有明显的联系（$p>0.05$）。

（三）手机使用目的的多元化特征

与大学生群体手机使用目的的划分一致，课题组将企事业人员手机使用目的分为查找资料/学习知识、聊天交友、打发时间、跟随周围朋友上网、逃避现实生活中的问题、与朋友和家人联络、浏览新闻、发表自己的观点与看法、休闲娱乐（玩游戏等）、实现自己在现实生活中无法实现的愿望、其他共11个方面。如图2—9所示，大部分人都选择了与生活更为相关的选项，如查找资料/学习知识、聊天、浏览新闻、与家人联系等。其中选择查找资料/学习知识、与家人朋友联系的人数最多，分别为319人和330人；值得注意的是，也有12人选择了逃避现实的选项，提醒我们对该类人群的心理健康也应给予注意。可见，使用者通过手机开展交往，实际上也是通过工具在熟识者或陌生人跟前袒露自己的情感、态度与价值观等形而上的要素。然而这种行为并非是面对面的，恰恰是具备一定程度的隐蔽性的，"观众"无法看到"演员"的真实情绪、态度等，仅能猜测其实际想法，这驱动了使用者在开展自我表达的时候愈发青睐自己的虚构角色而忽略实际情境中人际互动的真诚与属实。

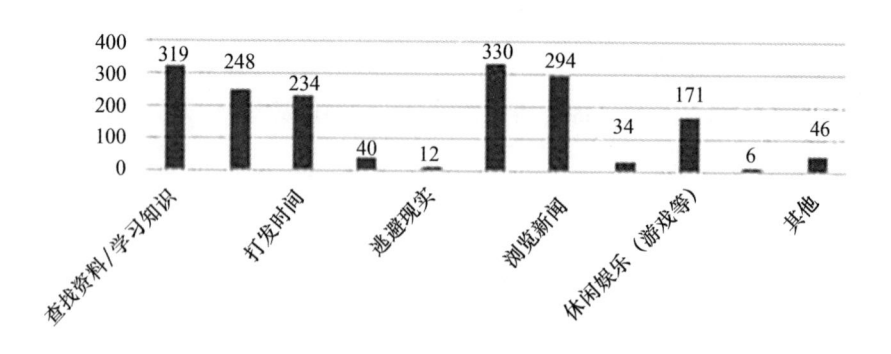

图2—9 企事业人员手机上网目的分布

当然，这种多元化的目的也表现出了一定的差异。也就是说，人口学变量在一定程度上会影响企事业人员手机使用的目的。主要表现在以下方面。

首先，年龄段影响手机使用中的聊天交友等五项内容。为了解在不同年龄段之间，对使用手机上网目的的选择是否有所不同，研究者对数据进行了列联表检验（见表2—24），结果发现年龄仅对是否选择聊天交友、打发时间、浏览新闻、休闲娱乐和实现愿望作为手机使用目的有影响，即不同年龄段之间在这5个方面存在显著差异。22岁及以下的调查对象在聊天交友和休闲娱乐中占比最高，分别为70.8%和43.8%；23—29岁在打发时间上占比最高，为55.1%；30—35岁在浏览新闻上占比最高，为60.8%。这主要由于在企事业单位中18—29岁的人群处于事业的上升期，在使用手机时更加关注自身需求；30—35岁的人群家庭、事业逐渐稳定，有足够精力关心社会发展。

表2—24　　　　企事业人员年龄与手机使用目的关系分析

		聊天交友		打发时间		浏览新闻		休闲娱乐		实现愿望	
		否	是	否	是	否	是	否	是	否	是
年龄段	22岁及以下	18	37	34	21	33	22	34	21	53	2
		32.7%	67.3%	61.8%	38.2%	60.0%	40.0%	61.8%	38.2%	96.4%	3.6%
	23—29	129	147	124	152	111	165	173	103	275	1
		46.7%	53.3%	44.9%	55.1%	40.2%	59.8%	62.7%	37.3%	99.6%	0.4%
	30—35	112	64	115	61	69	107	129	47	173	3
		63.6%	36.4%	65.3%	34.7%	39.2%	60.8%	73.3%	26.7%	98.3%	1.7%
合计		259	248	273	234	213	294	336	171	501	6
		51.1%	48.9%	53.8%	46.2%	42.0%	58.0%	66.3%	33.7%	98.8%	1.2%
X^2		22.513		19.896		10.416		11.196		12.608	
p		0.000		0.000		0.015		0.011		0.006	

其次，性别影响手机使用中的浏览新闻等两项内容。通过统计分析，研究者发现性别对是否将与家人朋友联络和浏览新闻作为手机使用目的有影响。具体结果见表2—25。如表所示，在将与朋友家人联系作为手机

使用目的上，女性占比更高，为69.2%，说明女性更倾向于通过手机来与他人保持联系；在将浏览新闻作为手机使用目的上，男性占比更高，为65.7%，说明男性更倾向于通过使用手机来关心国家社会大事。

表2—25　　　企事业人员性别与手机使用目的的关系分析

		与家人/朋友联络		浏览新闻	
		否	是	否	是
性别	男	72	94	57	109
		43.4%	56.6%	34.3%	65.7%
	女	105	236	156	185
		30.8%	69.2%	45.7%	54.3%
合计		177	330	213	294
		34.9%	65.1%	42.0%	58.0%
X^2		7.778		5.967	
p		0.005		0.015	

最后，学历层次影响手机使用中的打发时间等三项内容。通过对学历层次和手机使用目的之间的关系分析（见表2—26），我们发现学历层次对手机使用目的的影响主要表现在打发时间、浏览新闻和休闲娱乐三个方面。由表可知，学历层次与打发时间、浏览新闻、休闲娱乐间的p值分别为0.002、0.005、0.043，都小于0.05，故学历层次与三者之间的差异都具有统计学意义。其中，在大学本科和专科层次，选择用手机上网打发时间的人数较其他学历层次的人数多。而用手机上网浏览新闻的人群中，研究生及以上与本科层次较其他学历层次的人多。在利用手机休闲娱乐方面，本科与专科学历层次较其他学历层次的人多。可见，在企事业单位中本科学历人群中使用手机目的更加多类型。学历层次与手机使用目的之间存在关联。学历层次较低的人群倾向于使用打发时间和休闲娱乐，学历较高的人群倾向于使用手机浏览新闻。

表 2—26　　企事业人员学历层次与手机使用目的的关系分析

		打发时间		浏览新闻		休闲娱乐	
		否	是	否	是	否	是
学历层次	研究生及以上	86	40	51	75	97	29
		68.3%	31.7%	40.5%	59.5%	77.0%	23.0%
	大学本科	141	138	110	169	178	101
		50.5%	49.5%	39.4%	60.6%	63.8%	36.2%
	专科	36	50	38	48	50	36
		41.9%	58.1%	44.2%	55.8%	58.1%	41.9%
	高中	8	5	11	2	9	4
		61.5%	38.5%	84.6%	15.4%	69.2%	30.8%
	初中及以下	2	1	3	0	2	1
		66.7%	33.3%	100.0%	0.0%	66.7%	33.3%
合计		273	234	213	294	336	171
		53.8%	46.2%	42.0%	58.0%	66.3%	33.7%
X^2		17.233		14.881		9.827	
p		0.002		0.005		0.043	

二　作为"信息控"的企事业人员的手机使用及其特点

在本课题中，课题组同样将企事业人员信息接收和发送的信息类型划分为六大类，分别是政治与信仰类、经济与日常生活类、文化知识类、个人感情类、休闲娱乐类以及美感与艺术类。接下来，我们将从信息接收和信息发送两个层面，对作为"信息控"的企事业人员的手机使用及其特点做一个全面的勾勒和总结。

（一）接收信息中的"信息控"特点

企事业人员对于接收政治与信仰类信息的态度得分从高到低依次是"更为促进'社会主义荣辱观''中国梦'等主流价值观的形成""希望时时洞悉反腐倡廉等党和政府的方针政策""可以更方便'翻墙'了解国外媒体与我国媒体对某些事件的不同评价""希望快速了解国内外时政要闻"。与大学生群体一致，企事业人员在政治和信仰类的正面信息得分整体高于负面信息得分，说明人们对此类信息接收的态度比较积极，能够客观对待。

企事业人员对于接收经济与日常类信息态度得分从高到低依次是"会造成信用危机""容易遭受信息诈骗""使网上购物更为方便快捷""让衣食住行变得更加便捷实惠（如手机导航、订酒店、订票更便宜）"，其中负面信息的得分整体高于正面信息的得分，且两者差距明显。企事业人员在该类信息上的得分与大学生群体一致，一方面说明经济和日常类信息裹挟的负面内容较多，形成的不良影响较大，另一方面说明企事业人员的网络防范意识也较明显。

企事业人员在接收文化知识类信息的时候，对于正面信息的接收态度得分分别为"可以随时随地进入学习状态"2.68分，"希望更有利于我移动学习"2.23分，对于负面信息的接收态度得分分别为"容易干扰正常学习与生活"2.60分，"依赖手机降低了主动思考和钻研的积极性"2.56分。整体来看，对于正面信息和负面信息的接收态度大致相同，说明企事业人员能够相对客观地对待各种文化知识类信息。

企事业人员对于接收个人情感类信息的态度得分从高到低依次是"更容易关注色情、一夜情等信息""与异性的接触更依靠网络""更热衷别人与我人机交流，面对面没什么话说或不好说""更易结交趣味相投的新朋友"，其中负面信息的得分整体高于正面信息的得分，说明企事业人员对此类信息接收的态度比较消极，不能够客观对待各种个人情感类信息。在该类信息上企事业人员和大学生群体也比较一致，进一步分析发现，本次调研的企事业人员以成年初期的人员为主（23—29岁的人数占比54.4%），在年龄层次上与大学生有部分重叠。总体而言，网络在满足情感需求方面提供了较大便利，但不良影响也较明显。

企事业人员对于接收休闲娱乐类信息的态度得分从高到低依次是"希望第一时间接收明星八卦等娱乐消息""容易导致色情、暴力等不良信息泛滥""打破了时空限制，让社交变得更加容易便捷""使得获取的文化知识更新速度快，信息量大"，其中负面信息的得分整体稍高于正面信息的得分，与大学生群体的得分基本一致。从该方面信息接收情况看，企事业人员在休闲娱乐方面的手机应用也具有"三俗化"的倾向，应加强舆论引导。

企事业人员对于接收美感与艺术类信息的态度得分从高到低依次是"审美信息泛滥,低俗化、肤浅化、平庸化""降低了美感与艺术的门槛,呈现一种大众化的趋向""获取的信息有利于审美素养的培育""希望可以接触到各种艺术形式与信息,提高生活情趣与品味",其中负面信息的得分整体高于正面信息的得分,说明企事业人员对此类信息接收的态度比较消极,不能够客观对待各种美感与艺术类信息。

(二) 发送信息中的"信息控"特点

企事业人员对于发送政治与信仰类信息的态度得分从高到低依次是"更容易传播偏激言论""'中国梦'等激发民族认同感、自豪感的信息我更乐意转发""促进广泛人群参与时政讨论""发表个人时事评论更方便快捷",其中正面信息的得分整体稍高于负面信息的得分,说明企事业人员对此类信息发送的态度比较积极,能够客观对待各种政治与信仰类信息。

企事业人员在发送经济与日常生活类信息的时候,对于正面信息的接收态度得分分别为"发布代购、微商信息更便捷"2.42分,"手机支付更便捷"1.92分,对于负面信息的接收态度得分分别为"容易出现支付安全问题"2.47分,"容易暴露个人隐私信息"2.29分,整体来看,企事业人员对发送经济与日常生活类信息的态度为利弊相当。人们既承认手机在日常生活中的便捷作用,又认为存在支付安全、暴露隐私等问题。在手机支付、信息管理当中,要规避网络陷阱,未来不仅要努力提升个人的网络素养,更要依靠网络监管部门加强监管。

企事业人员在发送文化知识类信息的时候,对于负面信息的接收态度得分分别为"方便考试舞弊"3.43分,"传播知识呈现实用化、碎片化、肤浅化等特征"2.29分,对于正面信息的接收态度得分分别为"更方便与人分享学习经验"2.25分,"传播知识的真实性和准确性无法保证"2.22分。整体来看,对负面信息的发送态度更积极,其中"方便考试舞弊"在企事业人员中的得分最高,进一步分析发现,企事业人员中相当一部分人面临着各种各样的成人类资格考试,未来应加强诚信教育和考试监管。

企事业人员对于发送个人情感类信息的态度得分,从高到低依次是

"更容易产生情感危机""可以随时随地释放自我情感与表达""使负面情绪传播变得更加容易""我希望自己的信息获得更多人的点赞"。可以看出，负面信息的得分整体稍高于正面信息的得分，说明企事业人员对发送此类信息的态度较为负面，容易造成情感危机和负面情绪传播，同时手机信息使用也为该群体的情感释放、得到他人赞赏等提供了渠道。

企事业人员对于发送休闲娱乐类信息的态度得分，从高到低依次是"'吐槽'更方便""更方便发布自己的娱乐状态""更善于个人的伪装""（手机音乐、视频、游戏）成为休闲娱乐的主要方式"。娱乐类信息的恰当使用（适度吐槽、发布个人状态）能够调节身心健康，反过来，信息沉迷（成为休闲娱乐的主要方面、个人伪装等）则容易导致身心失衡。企事业人员对信息发送的态度表现为正面信息的得分整体稍高于负面信息的得分，说明多数企事业人员能够正确使用娱乐类信息。

企事业人员对于发送美感与艺术类信息的态度得分，从高到低依次是"我更喜欢转发丑（媚、俗、恶）的信息""为了获取大家的关注，我发送的信息会更注重品味与趣味""大大提高了将美的事物或者审美体验与他人分享的主动性（美食、旅游）""（以图片、视频形式）记录分享身边人事更方便"，其中正面信息的得分整体稍高于负面信息的得分，说明企事业人员对此类信息发送的态度比较积极，能够客观对待各种美感与艺术类信息。

三　企事业人员"手机控"的不良反应与影响因素

（一）企事业人员"手机控"的不良反应

我们从行为表现、心理反应和生理反应三个方面对企事业人员"手机空"的不良反应做一个阐释。

在企事业人员"手机控"的行为表现部分，通过研究发现（如图2—10），26.82%的企事业人员每天总想着用手机上网，成为生活必须；14.99%的企事业人员因为手机上网使自己对学习兴趣减弱；12.82%的企事业人员因为上网与家人朋友、同学发生矛盾；27.42%的企事业人员每天睡觉前都必须上网才能入睡；28.21%的企事业人员因为上网使得睡眠时间减少；23.12%的企事业人员遭遇过网友的性骚扰、恐吓或欺骗；

24.67%的企事业人员花在手机上网上的时间比预期要长；29.61%的企事业人员经常边走路边用手机上网。

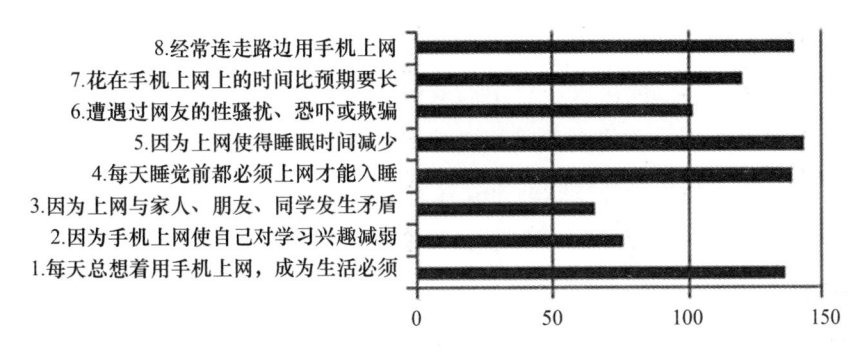

图2—10 企事业人员"手机控"的行为表现

在企事业人员"手机控"的心理反应部分，通过研究发现（如图2—11），17.16%的企事业人员当没有网络无法手机上网时，变得心神不定；12.23%的企事业人员需要花越来越多的时间上网才能得到满足；18.93%的企事业人员不使用手机上网就会感到孤独；9.27%的企事业人员变得越来越质疑别人的话语。

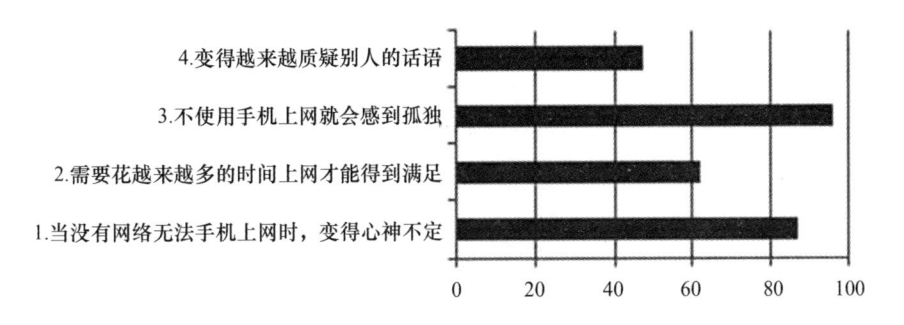

图2—11 企事业人员"手机控"的心理反应

在企事业人员"手机控"的生理反应部分，通过研究发现，关于企事业人员"手机控"生理反应的调查显示，8.13%的企事业人员有手机过度使用的生理反应症状，表现为手机无信号会充满不安全感，手心发麻、流汗。

手机的普遍使用是智媒化时代"人—技"关系的新常态，技术的飞速发展与极速变革深刻重塑了当前的传媒环境。面对海量的符号信息，可以说，人们当前已不是受制于人自身的包围，而是受制于符号化的包围，在这样一种环境中，物与物之间已经形成了一连串的意义链。也正是从这个逻辑层面出发，技术的发展在无形中促成了一系列新的、依赖媒介形成的症候群的出现，如"游戏成瘾症候群""手机控症候群"等。手机成为信息传播与接收的重要媒介平台、社会生活的中转枢纽，"手机控"作为一种症候频频凸显于日常之中。移动互联网使得人们无时无刻都沉浸在媒介的使用过程里，智能手机不仅仅占据着人们的物理时空，同时还挺进了人们的精神世界。媒介依赖的现象加剧，智能手机的使用者被技术异化的问题变得令人难以回避，这种被定义为"控"的形态令许多现实中的新状况应运而生。

（二）企事业人员"手机控"的影响因素

1. 性别对企事业人员信息偏好的影响

在性别变量上，不同性别人群接受信息的 t 检验分析表如下，由表 2—27 可知，在方差齐的前提下，接收关于个人情感类信息和美感与艺术类信息的 p 值分别为 0.000、0.026，都小于 0.05。方差不齐时，性别对接收政治与信仰类信息存在显著影响（$p<0.001$）。

表 2—27　　企事业人员不同性别与手机接收信息情况分析

		方差方程的 Levene 检验		均值方程的 t 检验			
		F	Sig.	t	df	Sig. 双侧	均值差值
政治与信仰	假设方差相等	49.335	0.000	6.160	505	0.000	0.898
经济与日常生活	假设方差相等	0.398	0.528	1.208	505	0.228	0.166
休闲娱乐	假设方差相等	9.795	0.002	-2.768	505	0.006	-0.372
文化知识	假设方差相等	3.055	0.081	0.868	505	0.386	0.098
个人情感	假设方差相等	0.768	0.381	-3.805	505	0.000	-0.511
美感与艺术	假设方差相等	1.055	0.305	-2.227	505	0.026	-0.279

表2—28 为不同性别与手机发送信息情况的 t 检验分析表,由表可知,在方差齐的前提下,个人情感选项的 p 值为 0.002,小于 0.05,故性别与发送个人情感类信息之间的差异具有统计学意义。而政治与信仰类信息 Levene 检验的显著性小于 0.05,即方差不齐,此时 t 检验的 p = 0.000,因此不同性别与发送政治与信仰类信息存在显著差异。

表2—28　　　　　不同性别与手机发送信息情况分析

		方差方程的 Levene 检验		均值方程的 t 检验			
		F	Sig.	t	df	Sig. 双侧	均值差值
政治与信仰	假设方差相等	16.950	0.000	3.922	505	0.000	0.587
经济与日常生活	假设方差相等	0.048	0.826	0.954	505	0.341	0.128
休闲娱乐	假设方差相等	3.318	0.069	−1.126	505	0.261	−0.146
文化知识	假设方差相等	0.137	0.712	1.761	505	0.079	0.200
个人情感	假设方差相等	0.025	0.875	−3.087	505	0.002	−0.444
美感与艺术	假设方差相等	0.996	0.319	−1.391	505	0.165	−0.182

2. 年龄段对企事业人员信息偏好的影响

通过对年龄段与手机接收和发送情况进行方差分析,结果见表2—29。通过方差齐性检验和方差分析,发现年龄对接收休闲娱乐、文化知识、个人情感类型的信息有显著影响,对发送文化知识类和个人情感类信息存在显著影响。

表2—29　　　企事业人员年龄段对手机接收和发送信息的影响

		Levene 统计量	显著性	F	显著性
接收	政治与信仰	6.155	0.000	3.237	0.022
	经济与日常生活	1.834	0.140	0.961	0.411
	休闲娱乐	1.316	0.268	2.835	0.038
	文化知识	0.456	0.713	3.316	0.020
	个人情感	1.038	0.376	2.856	0.037
	美感与艺术	2.141	0.094	1.817	0.143

续表

		Levene 统计量	显著性	F	显著性
发送	政治与信仰	8.576	0.000	3.273	0.021
	经济与日常生活	4.301	0.005	0.895	0.443
	休闲娱乐	0.649	0.584	0.803	0.493
	文化知识	2.039	0.107	3.072	0.027
	个人情感	3.702	0.012	3.189	0.023
	美感与艺术	2.777	0.041	0.655	0.580

为了检验年龄的具体影响，对结果进行了事后检验，结果显示，在接收信息的类型上，23—29 岁和 30—35 岁存在显著差异。即 23—29 岁的调查对象比 30—35 岁的更倾向于接收休闲娱乐类、个人情感类信息，且较少接收文化知识类信息，这主要是由于 23—29 岁的人群处于心理学家埃里克森所提到的成年初期，即亲密关系确立的阶段，他们更加关注个人情感；30—35 岁的人群多数已组建家庭，对个人情感关注较少。在发送信息的类型上，22 岁及以下和 30—35 岁的调查对象在发送的文化知识类信息上均显著高于 23—29 岁的调查对象，23—29 岁的人群相比于 30—35 岁的人群而言更多地发送个人情感类消息。

3. 学历层次对企事业人员信息偏好的影响

为检验不同学历层次对手机接收和发送信息关注度的影响，对这两个因素进行了方差分析，结果见表 2—30。通过方差齐性检验发现，学历层次仅对接收休闲娱乐类信息有影响。通过事后检验发现，学历为专科的调查对象比研究生及以上以及高中的更多接收休闲娱乐类信息，但学历为研究生及以上的与高中之间不存在显著差异。

最后，户籍信息等人口学变量对企事业人员发送和接收信息偏好没有影响。

4. 各类因素的综合影响

那么影响手机依赖的因素有哪些呢？我们通过人口学变量对手机依赖的总分、心理、生理和行为四个方面进行分析。研究中分别探讨了性别、年龄段、父母户籍、样本户籍、学历层次等因素，结果显示，只有学历层次对企事业人员在"手机控"的心理和生理方面产生了影响,见表2—31。

表2—30 企事业人员学历层次与发送接收信息关注度的关系分析

		Levene 统计量	显著性	F	显著性
接收	政治与信仰	2.261	0.062	1.194	0.313
	经济与日常生活	2.945	0.020	0.438	0.781
	休闲娱乐	1.436	0.221	2.590	0.036
	文化知识	0.912	0.457	1.202	0.309
	个人情感	0.610	0.656	1.420	0.226
	美感与艺术	3.218	0.013	2.897	0.022
发送	政治与信仰	1.104	0.354	1.781	0.131
	经济与日常生活	1.302	0.268	1.229	0.298
	休闲娱乐	2.466	0.044	4.376	0.002
	文化知识	2.297	0.058	2.057	0.085
	个人情感	2.117	0.077	0.240	0.916
	美感与艺术	4.435	0.002	2.034	0.089

表2—31 企事业人员"手机控"综合影响因素

		平方和	df	均方	F	显著性
总分	组间	69.066	5	13.813	0.963	0.140
	组内	7187.695	501	14.347		
	总数	7256.761	506			
心理方面	组间	16.982	5	3.396	0.923	0.048
	组内	1844.548	501	3.682		
	总数	1861.531	506			
生理方面	组间	6.717	5	1.343	1.335	0.026
	组内	504.230	501	1.006		
	总数	510.947	506			
行为方面	组间	8.468	5	1.694	0.754	0.584
	组内	1125.797	501	2.247		
	总数	1134.264	506			

进一步进行多重比较（LSD）分析发现，在心理反应方面，学历层次为高中的调查对象得分高于其他群体，且显著高于初中及以下学历层次（$p<0.05$），其他群体间没有差异；在生理反应方面，学历层次为初中及以下的调查对象得分高于其他群体，且显著高于大专学历层次（$p<0.05$）。

以上结果说明，"手机控"在企事业人员中的不良影响主要受学历层次的影响，且在较低学历层次中表现明显，具体表现为高中学历层次的不良心理反应，以及初中及以下学历层次的生理反应。

第四节　各类群体手机使用的比较分析

如前文所述，每个群体的手机使用情况既有相似点，又有不同点。为进一步了解各个群体手机使用的共性和差异，我们分别从各类群体信息获取渠道、各类职业群体手机使用基本情况、各类职业群体手机使用目的、各类职业群体接收和发送信息类型、各类职业群体的手机依赖情况五个方面对所有有效样本进行了深度对比分析。其中，在课题所有被调查对象中，大学生群体数量最多，占比49%；其次为企事业人员，占比17%，工人、自由职业者、中学生、农民工等群体占比均低于10%。由于大学生群体、企事业人员在被调查对象的占比中位居前二，而其他群体占比较低，不太具有可比性。因此，在接下来的这一节中，课题组主要以大学生群体、企事业人员群体为主进行比较分析。

一　各类群体信息获取来源的比较分析

为了直观呈现两个职业群体信息获取来源的共性和差异，将各个信息源上的人数进行了频次和百分比统计，结果见表2—32。可以看出，在课堂学习因子上，二者有显著差异，接近2/3的大学生依靠课堂学习获取知识，这个比例在企事业人员中仅为16.3%，造成这种差异的原因是大学生大多是在学校生活，学校会组织进行系统的课堂教学，学生以课堂学习为主。因此，他们在获取信息时大多是通过课堂学习。而对企事业人员来说，工作单位一般很少组织课堂学习，因此，企事业人员依靠课堂学习来获取信息的占比很低。在书本阅读因子上，两类群体几乎没有差异，占比分别为 51.1% 和 55.2%。在社会宣传因子上，企事业人员、大学生的占比依次降低，这是由于企事业人员处在社会之中，接触社会宣传的机会多于大学生，而大学生由于身处学校，与外界接触较少，因此占比最低。在老师/朋友因子上，大学生、企事业人员的占比差别不大，分别为 36.4% 和 31.0%。在手机上网因子上，企事业人员和大学生二者没有显著差异。

表 2—32　　　　各职业在信息获取渠道上的人数分布

		课堂学习		书本阅读		社会宣传		老师/朋友提供		手机上网	
		否	是	否	是	否	是	否	是	否	是
职业	企事业人员	424	83	248	259	280	227	350	157	38	469
		83.6%	16.4%	48.9%	51.1%	55.2%	44.8%	69.0%	31.0%	7.5%	92.5%
	大学生	564	871	643	792	1083	352	913	522	126	1309
		39.3%	60.7%	44.8%	55.2%	75.5%	24.5%	63.6%	36.4%	8.8%	91.2%
合计		988	954	891	1051	1363	579	1263	679	164	1778
		50.9%	49.1%	45.9%	54.1%	70.2%	29.8%	65.0%	35.0%	8.4%	91.6%

总之，企事业人员采用手机上网作为信息源的人最多，其次是书本阅读，采用课堂学习方式的人数最少；大学生采用手机上网作为信息源的人数最多，其次是课堂学习，社会宣传占比最低；在合计中，可以发现采用手机上网作为信息源的人数最多，占比高达 91.6%，遥遥领先，其次是依靠书本阅读、课堂学习、老师/朋友提供，分别占比 54.1%、49.1%、35.0%，社会宣传最少，占比 29.8%。可见，两个群体的信息都是主要通过手机上网来获取，这说明手机上网是普遍的信息源。

二　各类群体手机使用时长的比较分析

将各类群体上网时间进行相关分析发现，企事业人员和大学生在使用手机上网时间上存在显著差异（p＜0.000），见表2—33。

表2—33　　　　　职业与使用手机上网时间情况分析

职业		使用手机上网的时间					p
		经常（＞5）	一般（3—5）	较少（1—3）	极少（＜1）	从不	
职业	企事业人员	239	178	83	7	0	0.000
		47.1%	35.1%	16.4%	1.4%	0.0%	
	大学生	790	506	121	17	1	
		55.1%	35.3%	8.4%	1.2%	0.1%	
合计		1029	684	204	24	1	
		53.0%	35.2%	10.5%	1.2%	0.1%	

具体表现为：使用手机上网超过3小时的被试者中，大学生占比更高，达90%以上，企事业人员，占80%以上。与之一致的是，上网时间在3小时以内的企事业人员和大学生均低于20%，其中上网时间在1小时以内的，企事业人员与大学生占比均不足2%。这跟两个职业群体的自由支配时间有很大关系。由于大学生在学校除了上课学习，其余时间都由自己支配，自由支配时间很多，因此上网时长最多。企事业人员除了工作时间，其余时间也是由自己支配。

三　各类群体手机使用目的的对比分析

（一）各类群体手机使用目的的共性

智能手机相较于传统的传播介质，使用者同媒介的依附程度更加紧密。过往媒介形式的单一化以及使用者作为受众接受信息的被动性，使得传统的传播介质难以满足使用者的心理需要；而在当下，智能手机所蕴含的纷繁复杂的媒体形式能够满足不同层次使用者的各种需求。而不同群体的使用者在使用的目的上因其需求、目标、个性特点甚至遗传条件差异，以及作为群体中的一分子所处的社会地位、成长环境、职业等原因，既有相似性也有差异性。为了直观呈现两个职业群体手机使用目的的共性和差异，将各类使用目的的人数进行了频次和百分比统计，结果见表2—34和表2—35。各类群体在手机使用目的的共性上表现为，各种使用目的占比从高到低依次是查找资料/学习知识（66.2%）、与家人朋友联系（62.6%）、聊天交友（61.1%）、打发时间（48.7%）、浏览新闻（48.2%）、休闲娱乐（43.2%），其余占比均低于20%的不再一一列出，前三中包括与家人朋友联系和聊天交友，这表明在信息网络时代，通过手机在网上与朋友家人联系已成为大家公认的交流沟通方式，交往是两类群体使用手机的主要目的；智能手机具有方便性、快捷性、低成本等优势，网上信息海量，通过手机上网查找资料可以实现视频观看、音乐收听等多样化的功能，极大提高了信息获取的便利性和丰富性。可以看到，学习和交往占了很高比例，这可能跟所处的人生发展阶段有关，根据美国心理学家埃里克森（E. H. Erikson）的人格发展八阶段理论，大学生、企事业人员大多处于成年早期，这个年龄阶段的人主要任务是与他人及社会建立亲密感，不断在人生和事业上得到发展，而学习知识能够帮助他们充实自己，并获得较为深入的对社会的认识，或积极发表观点影响他人，或通过网络实现愿望逃避现实，这是两类群体使用手机的目的的共性。

表2—34　　　　职业与手机使用目的关系分析

		查找资料/学习知识		聊天交友		打发时间		跟随周围朋友上网		逃避现实	
		否	是	否	是	否	是	否	是	否	是
职业	企事业人员	188	319	259	248	273	234	467	40	495	12
		37.1%	62.9%	51.1%	48.9%	53.8%	46.2%	92.1%	7.9%	97.6%	2.4%
	大学生	468	967	496	939	723	712	1242	193	1382	53
		32.6%	67.4%	34.6%	65.4%	50.4%	49.6%	86.6%	13.4%	96.3%	3.7%
合计		656	1286	755	1187	996	946	1709	233	1877	65
		33.8%	66.2%	38.9%	61.1%	51.3%	48.7%	88.0%	12.0%	96.7%	3.3%
P		0.000		0.000		0.000		0.000		0.000	

表 2—35　　　　　　职业与手机使用目的关系分析（续）

		与朋友和家人联络		浏览新闻		发表看法		休闲娱乐		实现愿望		其他	
		否	是	否	是	否	是	否	是	否	是	否	是
职业	企事业人员	177 34.9%	330 65.1%	213 42.0%	294 58.0%	473 93.3%	34 6.7%	336 66.3%	171 33.7%	501 98.8%	6 1.2%	461 90.9%	46 9.1%
	大学生	550 38.3%	885 61.7%	793 55.3%	642 44.7%	1340 93.4%	95 6.6%	768 53.5%	667 46.5%	1413 98.5%	22 1.5%	1354 94.4%	81 5.6%
合计		727 37.4%	1215 62.6%	1006 51.8%	936 48.2%	1813 93.4%	129 6.6%	1104 56.8%	838 43.2%	1914 98.6%	28 1.4%	1815 93.5%	127 6.5%
P		0.001		0.000		0.414		0.000		0.460		0.000	

（二）各类群体手机使用目的的差异

两类群体的差异主要表现为，企事业人员、大学生在除发表看法外的其他手机使用目的方面存在显著差异。企事业人员主要用手机来查找资料/学习知识，与朋友和家人联络；大学生使用手机则主要是为了查找资料/学习知识，聊天交友，与朋友和家人联络，比例最高的是查找资料/学习知识，占比 67.4%，在两类群体中占比最高。

这些差异可能与各类群体的需求不同有关，这里我们根据"使用与满足"理论做下探讨。使用与满足研究始于 20 世纪 40 年代，是一种基于受众角度考察人们媒介使用行为的理论。1974 年，传播学者卡茨在其所著《个人对大众传播的使用》中正式提出了"使用与满足"理论，他将大众使用媒介的需求分成五类：认知需求、情感需求、个人整合需求、社会整合需求、释放压力需求，并且将媒介接触行为概括为一个"社会因素＋心理因素→媒介期待→需求满足"的因果连锁过程。① 根据这个过程，我们可以分析出社会和心理起源引起人们产生特定的需求，由于企事业人员、大学生群体社会身份的不同，他们所具有的特定需求是不同的。而大学生主要任务是学习，他们对学习的需求是最强烈

---

① 罗自文：《中国电视真人秀的节目类型与研发路径——基于使用与满足理论的研究》，《中国广播电视学刊》2018 年第 5 期。

的。企事业人员由于工作的关系需要通过手机网络的联系来增强社会交往。这些特定需求进一步激发受众对大众媒体和其他信息来源的期望，这种期望最终会引起不同类型的媒介接触，这就是两类群体使用手机目的不同的原因。由于使用手机与群体之前的期望一致，他们的需求得到了满足，因此受众就会产生良好的媒介印象，并继续使用这一媒介，以此形成正循环，这就是"手机控"产生的一部分原因。

四　各类群体信息类型偏好的分析

（一）接收信息类型的偏好差异

新兴的移动互联网媒介环境为用户提供了一个无比广阔、纷繁复杂的信息世界。作为个体的用户身处这种环境之中接受着无边无际的信息。在信息膨胀的时代，用户借助媒介工具来接触各种各样的信息。智能手机作为一种不难得到的中介工具，在日新月异的媒介技术的支撑下，尤其是以移动互联网为主的新型媒介技术的平台上，用户的有限性得到了释放，获得了交流与获取新知的无限可能。对两类群体和信息接收类型进行方差分析发现，除文化知识因子外，各群体在政治与信仰、经济与日常生活、休闲娱乐、个人情感、美感与艺术五个方面均存在显著差异，见表2—36。

表2—36　　　　　职业对接收信息类型关注度的影响

	职业		df	F
	企事业人员	大学生		
政治与信仰类	2.18±1.595	1.98±1.440	2	243.018***
经济与日常生活类	4.50±1.451	4.02±1.495	2	20.222***
休闲娱乐类	4.60±1.429	4.83±1.399	2	118.615***
文化知识类	4.09±1.193	4.10±1.219	2	0.137
个人情感类	3.22±1.436	3.528±1.471	2	16.225***
美感与艺术类	2.40±1.328	2.49±1.365	2	20.359***

为进一步呈现两类群体在各因子上的具体差异，对方差分析结果进行事后检验。结果见表2—37：(1) 企事业人员和大学生在接收政治与信仰类、经济与日常生活类、休闲娱乐类、个人情感类和美感与艺术类信息的关注度上存在显著差异。(2) 在政治与信仰类信息上，企事业人员的关注度高于大学生。(3) 在经济与日常生活类信息上，企事业人员高于大学生，这是由于企事业人员作为身处社会的个体，事业与家庭是他们的两个主心骨。在工作中，他们需要通过手机了解经济类信息，并与他人进行沟通；而在日常生活中，由于这类人群大多已组建家庭，他们更关注日常琐事，且手机是个体放松自我的一种辅助性存在，为缓解工作劳累与乏味，他们使用手机接受自己感兴趣的信息。(4) 在休闲娱乐类信息上，大学生的关注度比企事业人员更高，这说明大学生在课余时间大多以关注娱乐信息来打发时间，这些信息具有娱乐性、趣味性和消遣性，能使大学生在身心上得到放松和享受，休息娱乐类信息尽管有其益处，但是大学生若长期过多地接受此类信息会影响身心健康的发展。(5) 在个人情感类信息上，大学生的关注度高于企事业人员，这是由于大学生处于青春期向青年过渡的阶段，在生理发育接近成熟的同时，心理也经历着急剧的变化，尤其反映在情绪反应上，情绪丰富，情感强烈，对情感的关注增强。(6) 在美感与艺术类信息上，企事业人员和大学生的关注度不存在显著差距。

表2—37　　职业对接受信息类型关注度的影响的事后检验

I		J	I-J
政治与信仰类	企事业人员	大学生	0.198*
经济与日常生活类	企事业人员	大学生	0.481***
休闲娱乐类	企事业人员	大学生	-0.228**
个人情感类	大学生	企事业人员	0.360***

(二) 发送信息类型的偏好差异

信息网络时代，手机已经成为连接个体生活的不同层面的桥梁，成为其社会生活必不可少的基础性工具,人们不仅通过手机接收信息,也通过手机进行信息的传播。为更深入全面地了解各群体间发送信息类型的情况,对两类群体和信息接收类型进行方差分析发现,除文化知识因子外,不同群体在政治与信仰类、经济与日常生活类、休闲娱乐类、个人情感类、美感与艺术类五个方面均存在显著差异,见表2—38。

表2—38　　　　　　职业对发送信息类型关注度的影响

	职业		df	F
	企事业人员	大学生		
政治与信仰类	1.75±2.048	1.83±1.934	2	78.027***
经济与日常生活类	4.20±2.016	3.83±1.888	2	6.902***
休闲娱乐类	4.43±1.767	4.63±1.614	2	78.433***
文化知识类	3.71±1.673	3.78±1.504	2	0.348
个人情感类	3.64±2.142	3.95±1.900	2	26.856***
美感与艺术类	2.04±1.943	2.24±1.699	2	19.834***

为进一步呈现两类群体在各因子上的具体差异,对方差分析结果进行事后检验,结果见表2—39。研究发现:(1)企事业人员和大学生在发送政治与信仰类、经济与日常生活类、休闲娱乐类、个人情感类和美感与艺术类信息的关注度上存在显著差异。(2)在政治与信仰类信息上,企事业人员发送此类信息的比例高于大学生。(3)在经济与日常生活类信息上,企事业人员发送此类信息的比例高于大学生。(4)在休闲娱乐类信息上,大学生发送此类信息的比例高于企事业人员。(5)在个人情感类信息上,大学生的发送此类信息比例高于企事业人员。(6)在美感与艺术类信息上,大学生发送此类信息的比例高于企事业人员。可以发现,发送信息类型情况的差异与表2—36的情况基本吻合,这说明接受信息类型与发送类型互为影响。

表 2—39　职业对发送信息类型关注度的影响的事后检验

I		J	I - J
政治与信仰类	企事业人员	大学生	
经济与日常生活类	企事业人员	大学生	0.371***
休闲娱乐类	企事业人员	大学生	-0.202*
个人情感类	企事业人员	大学生	-0.317***
美感与艺术类	企事业人员	大学生	-0.200**

五　各类群体手机依赖情况的分析

新媒体时代，手机依赖的问题，可以说是一种"时代病"，不少人已经习惯于手机不离手，通过手机随时上网。无疑，插上了移动互联网"翅膀"的智能手机，已悄然超越传统媒体，成为一种最受欢迎的新生代媒体。"媒介依赖理论"（Media Dependency）于 1974 年由学者洛基奇和德弗勒提出，他们认为媒介与个体、群体、组织和其他社会系统共同组成了一个相互作用的现代社会结构并发挥着重要功能。媒介作为一个信息系统，通过信息的传播对个人、组织及其他社会系统产生作用，形成媒介依赖关系。洛基奇和德弗勒还针对个人与媒介的关系提出，个人在三种动机的驱使下会产生媒介依赖，即理解、娱乐和定向。个人需要通过媒介获取不同时空范围内的社会信息，实现对社会信息的理解和交换，同时通过媒介获取娱乐信息，实现情绪转换，并通过信息消除不确定性，以通过信息理解实现对现实社会的信息定位和目标定向。[①] 为此，对两类群体和手机依赖的三个水平进行方差分析发现，各群体在心理依赖、生理依赖、行为依赖上均有显著差异，结果见表 2—40。具体表现为，在依赖总分和各个因子得分上均呈现出，依赖水平从高到低依次是大学生群体、企事业人员群体。

---

① 张婷婷：《媒介依赖理论背景下的大学生手机使用研究》，《传媒》2018 年第 22 期。

表2—40　　　　　　　　职业对手机依赖情况的影响

	职业		df	F
	企事业人员	大学生		
总分	23.69±3.787	24.14±3.491	2	38.843***
心理依赖	9.62±1.918	9.84±1.775	2	18.051***
生理依赖	4.64±1.005	4.74±0.943	2	40.376***
行为依赖	9.43±1.497	9.56±1.404	2	42.054***

事后检验证实了这一结果，由表2—41得知，各群体在依赖总分及心理依赖、生理依赖和行为依赖上均表现为，大学生群体高于企事业人员群体。

表2—41　　　　　　职业对手机依赖情况的影响的事后检验

I	J		I-J
总分	企事业人员	大学生	-0.451*
心理依赖	企事业人员	大学生	0.371***
生理依赖	企事业人员	大学生	
行为依赖	企事业人员	大学生	

第三章

三元互动论视域下的"手机控"成因结构分析

第一节 中国社会现状与文化背景

伴随着以互联网为代表的信息传播技术的发展,人类社会已经进入了"地球村"时代。信息的流动性与穿透性打破了国家、组织群体、家庭以及个人之间的壁垒,使得全球社会成为一个以信息传播为纽带的、一体化的共同体。在这一背景下,全球的信息传播的内容生产、传播样态、传媒格局等发生了极大的改变,从而深刻影响了置身其中的个体的生存环境,极大地改变了其信息传播行为以及依托其上的生活习惯。毫不夸张地说,当前中国社会已经进入了"媒介化生存"时代。

一 传播技术发展与传媒景观重塑

在人类社会的发展历程中,技术一直以来都扮演着催化剂与助推力的角色。从远古时代的石器到随后的青铜器、铁器,再到近代以来的蒸汽机技术、信息技术,技术的每一次发展都为人类社会带来了新的生产力与发展维度。就传播领域而言,其发展更是与技术紧密相连,相生相依。无论是早期的活字印刷术,近代的油墨印刷,还是伴随着互联网的诞生而出现的网络传播技术等,技术的发展将传播活动由远古推至现代,由实体推向虚拟,由线下推至线上,重塑了整个人类社会的交往行为,推动了全人类文明的传播与繁荣。当前,技术仍然是传媒产业最为强劲的牵引力，移动互联网、大数据、人工智能、物联网、VR、AR等技术的发展在很大程度上形塑了当前的传媒环境，并以此为基础在潜移默化中影响并重塑了当前的社会环境，成为当前社会最为鲜明的表征。

技术的发展在深刻影响人类社会发展进程的同时，也在很大程度上重塑了当前的传媒景观。具体而言，体现在由传播主体、内容、渠道等元素在内的变化共同构成的整个传媒景观的变革。从传播主体来看，众所周知，伴随着新媒体的出现与发展，传播主体已经由传统媒体时代的组织机构演变为作为个体的个人。美国《连线》杂志将新媒体定义为"所有人对所有人的传播"，强调的即是新媒体时代个体作为传播主体的身份转变。在技术的作用下，个体化的原子时代已经到来。克莱·舍基在《人人时代：无组织的组织力量》中就描述了这一由技术发展所导致的人与人之间冲破时空、组织关系等界限，联合为一体，形成巨大社会力量的个体化时代景观。当前，个体作为传播主体无论在数量还是在传播力方面都获得了极大的发展，这种个人化的传播行为大大解放了普通受众的话语权，而这种话语权的极大解放又在很大程度上激发了普通公众的传播意图与积极性，从而形成了"人人都有麦克风"的众声喧哗的传播景观。胡泳在其代表作《众声喧哗——网络时代的个体表达和公共讨论》一书中就描述了在数字化生存时代，个体的激活所带来的公私含义与边界的游移，以及由此形成的中国社会的转变这一时代景观。可以说，传播主体的多元复杂化已经成为当前人类传播活动中最为鲜明的表征，也成为当前社会发展中的一个新命题。

从传播内容来看，传播主体的复杂化与井喷式增长在为个体获取更多发声机会的同时也在很大程度上造成了传播内容的空前膨胀。当前，社会化媒体、自媒体广泛勃兴，即使是普罗大众也可以在任意时间、任意地点生产信息，从而导致了信息量的急剧膨胀。而在全球化的信息浪潮下，国与国之间的界限已经被网络中枢所打破，一国的信息可以在瞬间传递到全球网络，这种跨越国界的即时性交流又在很大程度上造成了信息内容的指数级增长，从而进一步推动了内容的爆发式更迭。IDC统计数据显示，当前人类一天产生的信息量约为8兆万亿字节，比过去几个世纪人类生产的信息总量还要多。传播内容的增长促进了信息存储技术的发展,早在 2009 年,IT 界就已经宣布进入了"TB"时代,意味着人类在信息存储方面的技术已经实现了新的突破,这也在很大程度上反过来刺激了信息内容的生产。此外,在信息内容数量呈现指数级增长的同时,其内容也更加丰富。不再局限于传统的新闻资讯,而是加入了诸如直播、自媒体内容等更为平民化的内容,进一步促进了信息内容的多元繁荣。正如有受访者所言:"手机创造出了一个五彩斑斓的虚拟世界,因此具有极强的吸引力,我会被虚拟世界中体验到的快感深深吸引,从而难以脱身。手机中的信息琳琅满目,良莠不齐,既为我们带来方便快捷的信息渠道,又令我们沉迷其中不能自拔。"(大学生 1,女,21 岁,江西)

从传播渠道来看,互联网技术的发展已经催生出一大批新的传播平台,如各类社会化媒体、自媒体等。尤其是近年来兴起的各种直播平台、短视频平台,娱乐类的如花椒直播、映客直播,游戏类的如斗鱼、虎牙、熊猫等,短视频方面的则有火山小视频、抖音等。这些新的媒体平台的出现极大地丰富了当前的传播渠道,为大众提供了更为多元的信息生产、传播以及自我展示的舞台。据易观数据显示,当前的各大直播平台已经出现由 PC 端向移动端转移的趋势,各类 APP 成为新的直播增量的关键核心。这也在一定程度上表明了未来传播渠道的移动化趋势。在移动化的发展浪潮下,以智能手机为渠道的传播平台将会成为互联网下半程发力和争夺的焦点,这已经成为当前传播渠道变革中的一个明显的趋势。

从技术的发展与传媒环境的变化来看,以智能化为代表的传媒技术已经成为整个传媒产业发展的必然趋势。近年来,社会化媒体应用、云计算、大数据等技术的蓬勃发展已经基本建构起了互联网泛在智能发展的基础。人工智能、物联网、VR/AR 等技术的发展则成为智媒化发展的直接技术动因,万物互联、万物皆媒已经成为当前传媒产业的新生态,万物皆媒是智媒化的显著特征,而智媒化则是万物皆媒的必然发展趋势。实际上,智媒化技术已经被广泛应用于当前的传播实践中。如近年来兴起的机器人写作、智能算法机制、聊天机器人等,都在很大程度上重塑了信息生产流程,并助推了智媒化时代的到来。以机器人写作为例,当前,国内各大媒体已经将这项技术运用于信息生产之中,新华社的"快笔小新"、腾讯财经的 Dreamwriter、今日头条的"张小明"、第一财经的

"DT稿王"等是国内信息自动化生产中的典型代表。未来，以机器人为生产主体的信息还将进一步膨胀，并成为新闻传播领域的有机组成部分。彭兰在《智媒化：未来媒体浪潮——新媒体发展趋势报告（2016）》中将智媒化的主要特征概括为"万物皆媒、人机共生、自我进化"，并认为智媒化的信息技术与传媒产业的结合必将带来传媒生态在"用户系统、新闻生产系统、新闻分发系统、信息终端等方面实现无边界重构"。[1]

无论是从传播主体、内容还是渠道而言，当前传播领域都表现出极强的"个体化、全民化"倾向，而整个传媒产业的智能化发展趋势在助力传媒技术发展的同时又进一步促进了个体化、全面化的传播局面的加速形成。在这一背景下，基于自我呈现需求或者对于公共信息的获取与传播需求，个体对于传播媒介的需求与依赖都达到了有史以来最为迫切的程度。

二 智媒化时代"人—技"关系新常态

正如前文所言，技术的飞速发展与极速变革在深刻重塑当前传媒环境的同时，也带来了"人—技"关系的新发展与新样态。对于"人—技"关系在智媒化时代的变革与反思已经成为当前学界关注的热点话题。实际上，"人—技"关系由来已久，可以说从技术诞生之时起，"人—技"关系就已经存在。从远古时期人作为主体对于作为客体的技术的工具性制造与使用，到伴随着技术的发展而引发的对于技术对人生存与发展的驯化与威胁的思考，再到对于探寻二者和谐关系的重新思考，人类社会对于"人—技"关系的考量从未停止。盛国荣曾对这一过程与"人—技"关系的认知做了总结性思考，并指出："工具技术时代，人们对人与技术的关系的认识多含感性因素和偶然性；机器技术时代，人们开始理性地认识人与技术之间的关系；现代社会中，由于技术负面效应的凸显，人们对人与技术之间关系的认识多为批判性的反思；后现代社会中，对人与技术的关系认识则表现出一种比现代主义更彻底的怀疑主义，同时也

---

[1] 彭兰：《智媒化：未来媒体浪潮——新媒体发展趋势报告（2016）》，《国际新闻界》2016年第11期。

开始考虑重构人与技术的关系。"① "人—技"关系的变革在一定程度上体现了人类社会与技术相伴相生的现实境况,而对"人—技"关系的反思实际上正是人类对于自身生存发展可能受到威胁的警惕与担忧的外在体现。

当前,伴随着以人工智能为代表的智能化技术的发展与日趋成熟,人类社会重新爆发了关于"人—技"关系的思考。技术的发展是否会超越人类的控制,将会对人乃至人类社会的命运走向造成怎样的影响,人类是否会遭受人工智能所带来的威胁等,成为人工智能时代"人—技"关系反思的重点。众所周知,当前人工智能已经被广泛应用于包括传媒业在内的各个领域之中,试图通过对人类智能的模仿获得类人化的社会实践能力。自诞生以来,人工智能无论在理论层面还是技术层面都日臻成熟,其应用领域也在不断扩大,在机器人、语言识别、图像识别、自然语言处理以及专家系统等方面都已经取得极大的进步。人工智能的广泛应用深刻改变了"人—技"关系的走向。首先,人的主体性地位遭遇挑战。如果说前人工智能时代对于人的主体性丧失的担忧仅停留于未雨绸缪层面,那么,人工智能时代这一问题已经迫在眉睫,技术对人的促逼达到了有史以来最为严峻的程度。不少学者对"人—技"关系持乐观态度,认为二者最大的区别在于技术无法形成同人类一样的思维意识,而思维意识的缺失则意味着技术永远无法摆脱人类的控制,并对人类造成威胁。也有不少声音强调技术的主体性地位,认为技术并不是被动存在的"物",而是具有其自身发展走向的主体。如未来学家凯文·凯利在其三部曲中便强调了技术的主体性特征,认为技术并不是作为客体的被动存在,而是具有内生性与自主演化能力的系统,也即技术具有主体性。在这一背景下,人类在与技术的博弈中将会处于何种走向无疑是值得警惕与思考的。其次,人类面临技术发展所带来的诸多风险。尽管技术是否会战胜人类,从而获得二者博弈中的主体性地位仍然存在争议,但毋庸置疑的是,人类目前已经面临着技术发展所带来的诸多风险,如人的

---

① 盛国荣:《人—技关系的认知图景——西方对人与技术之间关系的认识及其流变》,《长沙理工大学学报》(社会科学版)2014年第1期。

健康风险、异化风险、信息泄露风险等。如有受访者表示:"沉迷手机令自己精力下降、视力、颈椎受损,自己本身近视度数有500度,由于长时间在晚上关灯状态下玩手机导致半年时间内眼镜度数上涨50度。"(大学生6,女,20岁,江西)在诸多风险中,最引人注目的便是个人隐私泄露风险。由于现代技术所具有的信息收集与量化能力,作为个体的人,其一举一动所产生的数据都已经成为自身被量化的信息来源,而一旦个体被数据所量化,则意味着其所有隐私都已经无处遁形,从而成为透明的人。全球第一大社交媒体Facebook所陷入的数据泄露门正是技术作用下人类隐私泄露风险的鲜明体现。可以说,诸如此类的风险已经深刻影响了个体的生存甚至生命健康安全,成为当前技术发展中必须直面的问题。最后,"人—技"关系陷入发展悖论。当前,"人—技"关系的另一个特征便是二者存在发展悖论。具体而言,对于技术的依赖会造成人在"人—技"关系中面临被异化的风险,但若因此减少对技术的使用,人类又将面临自身行动力被削弱,在社会关系中处于被动地位的困境。这已经成为当前技术发展以及"人—技"关系中的又一大困境。

  作为与人类社会生活最为密切相关的技术样态,媒介与人的关系已经成为当前"人—技"关系最为直接的反映。胡翼青在《为媒介决定论正名》一文中对当前社会媒介与人的关系进行了反思,并指出:"在当代技术哲学的观点看来,媒介也并非是个体或组织使用的工具,更不是没有任何自身动力的简单的物,它以整体性的形式存在并联结着社会的每一个个体,决定着人与时间、空间、其他个体与物质世界的关系,它已经成为人类生活的环境与图底,甚至连人的记忆和观念序列均由媒介技术来保障与调节。"[1] 这一论断实际上是对人与技术关系在媒介层面的一个深入聚焦。无疑,媒介已经成为当前社会中作为个体的人最为直接与易于接近的技术形式,人类的生活无时无刻不在同作为技术表征的媒介打交道,并且在潜移默化中驯化媒介,并被媒介所驯化。以手机媒介为例,人类的使用需求在很大程度山推动了手机的不断改良与更新换代,

---

[1] 胡翼青:《为媒介技术决定论正名:兼论传播思想史的新视角》,《国际新闻界》2017年第1期。

从最初的传呼机到当前的智能手机，可以说手机的演变史就是人类社会需求变革的历史，是人类社会演进轨迹的直观再现。但是与此同时，在这一过程中手机也已经逐渐摆脱最初的工具的对象性，而成为一种具有驯化能力的主体。最为明显的表现便是手机已经作为人类社会生活的一部分植入个体的生活环境甚至身体当中，并以整体性的形式作用于每一个个体，作为一种生活背景规约着个体的生存状态、主体活动以及发展趋向。"手机控"的出现即是这种技术作用力的直观体现。表面看来，似乎人类在与手机这一媒介的关系中处于主导地位，可以选择在任意时刻以任意方式使用手机，来实现自己的目的。然而，实际上，在这一过程中，人类已经沦为手机的附庸。人类无法摆脱手机带来的操控力，无法抗拒其巨大的吸引力，总是在一次次的妥协中沦为手机的奴隶。手机仿佛一个无底洞将人类吸入其中，人类无力抵抗，只能顺从，而顺从是以牺牲其他更为丰富多彩的精神生活为代价的，其最终结果便是对于人类主体性意识的侵蚀。在访谈中，受访者表达了对于手机这一媒介沉迷的一种无奈心理，即尽管知道手机所带来的负面影响，但依然无法抗拒对手机的沉迷。"我对手机的依赖很严重，我知道手机影响了我的生活习惯，与碎片化生活一样，阻碍了自己的思维能力，但就是无法不用。"（企事业人员3，男，27岁，湖北）这实际上便是当前手机使用与"人—技"关系的复杂背景。

三 技术主导作用下的景观社会变革

人类社会的每一次变革都伴随着技术的深层革新。第一次工业革命开启了以机器代替手工劳动的时代，第二次工业革命将人类社会带入了电气时代，而当前正在经历的第三次工业革命则将人类社会推入了信息时代。当前，人类社会正处于信息时代的蓬勃发展期，技术的革新已经成为整个社会最大的助推力量。在技术的作用下，人类社会的方方面面正在发生深刻的变革，其中一个鲜明的表征便是新的景观社会的形成。

"景观社会"一词，最早由情境主义国际的创始人、当代法国思想家居伊·德波提出。景观是伴随着影像的崛起，真实世界与影像世界的分离而产生的。景观来自对真实世界的再加工，但在这一再加工的过程中，又掺杂进了对于景观的沉思。现实世界与景观世界相分离的结果便是景观世界遮蔽了现实世界，将制造景观本身作为一种合法的诉求。在居伊·德波看来，景观并非单纯的影像堆积，而是以影像作为中介的一种新型社会关系。而个体的社会关系在景观社会中不断退化，最终使其自身价值退化到一种经济活动中商品的价值层面。在这里，景观已经成为一种幌子，其最终的目的是揣摩大众心思，获取大众认同，从而在潜移默化中改变人们对于事物的认识，使其甘于停留在表象层面而忽视对于本质意义的探究。无论是集中的景观、综合的景观，还是弥散的景观，都是社会的统治手段。所有的景观，都为其背后的谎言提供了迷惑性极强的传播手段，从而满足特定人群的特定需求，但其目的都在于异化与统治人类。因此，景观社会实际上是一种被物化了的世界观。

居伊·德波所言的景观社会倾向在当前的新媒体社会中非但没有减弱，反而显示出愈演愈烈的趋势，并衍生出新的时代图景。一是"拟像化社会"。波德里亚在其对后现代文化的研究中提出了"拟像三序列"说。拟像的第一序列是仿造，即在遵循自然规律的基础上，对于自然的模拟和反映；第二序列是生产，即在遵循市场价值规律的前提下，以盈利为目的而进行的仿真式生产；第三序列则是仿真，是指在解构价值规律下对于符码的生产与加工。波德里亚认为，这一阶段的拟像实际上创造了"超真实"。在这一阶段，拟像和仿真的东西大规模替代了真实和原初的东西，因此拟像在某种程度上就等同于真实，整个世界变得"拟像化"了。在当前，借由先进的传播技术平台，信息的影像化以及由此带来的对真实世界的遮蔽更为显著。以互联网为代表的现代传播技术为大众提供了铺天盖地的信息，而这些影像式的传播方式在很大程度上割裂了表象与本质。在超逼真的拟像之下，现实与虚拟无法全然分割，表面看来，大众似乎获得了更为多元的信息，实际上真实的信息已经被隐藏在表象之下。人们看似生活在真实的时空之中，却又无时无刻不处于由拟像所建构的虚拟场景中，而这样一种虚拟与现实的不断交替已经在很大程度上导致了个体自我身份的迷失，从而变得与拟像合为一体。正如一位受访者所言："手机创造出了一个五彩斑斓的虚拟世界，因此具有了极强的吸引力，我会被虚拟世界中体验到的快感深深吸引，从而难以脱

身。"(大学生1，女，21岁，江西)

二是"符号化社会"。"符号化"是当前景观社会又一新的表现形式。当前，影像的传播在掩盖社会现实的同时也进一步为社会建构了新的符号体系，并使人们深陷其中，成为符号意义的追求者与拥护者，作为个体的人对于影像所制造的符号的追求达到了新的高度。不仅仅是广告、宣传画面中出现的各类具有丰富符号含义的物，就连日常生活中某一类人或某个群体（如明星）的生活习惯都已经作为一种符号成为他人模仿的对象。当前社会中人们所追求的"某某同款""某品牌单品""某产品新款"等，都是对符号追求的一种外在体现。可以说，人们当前已经不是受制于人自身的包围，而是受制于物的包围，在这样一个环境中，物与物之间已经形成了一连串的意义链，人们消费的不再是单纯的物，而是其背后所代表的符号。在喧嚣的社会中，作为个体的人只能通过对于符号的消费来达到内心的宁静。如果说前景观社会人们仍然能够清晰地分辨符号与现实的话，那么在当前，这一区分已经不复存在，符号已经成为人们追求的类现实对象。

三是"症候化社会"。技术的作用不仅改变了当前社会的外部环境，改变了个体的生存空间，同时也改变了个体的生活习惯与行为方式。例如电视的出现为人类提供了新的消遣娱乐方式，从而将人们的业余时间集中到以家庭为单位，以客厅为场所的空间之中，然而，这样的改变又反过来作用于人类自身，从而促成了人们对于电视的依赖；又如移动设备的出现使得玩游戏突破了时空壁垒，人们可以在任何时间、任何地点投入游戏场景之中，从而在潜移默化中人们改变了游戏习惯，形成了游戏依赖。麦克卢汉曾说，媒介是人体的延伸。但实际上，媒介在延伸人体的某一功能的同时，也在潜移默化中对这一功能进行了削弱与窃取，并对人的思维认知与行为习惯产生了影响，将人逐渐塑造为以媒介作为基础的"技术人"。也正是从这个逻辑层面出发，技术的发展在无形中促成了一系列新的，依赖媒介形成的症候群的出现。如"游戏成瘾症候群""手机控症候群"等，这些症候群与前互联网时代出现的社会症候，如"容器人""沙发土豆""电视人"等一脉相承，实际上也在很大程度上与技术的作用暗合。

可以说，新的社会图景的出现实际上是技术发展的外在表征，是对技术所带来的社会变化的集中体现。技术具有哪方面的特征，则会以此为着力点对人类社会产生对应的影响，多元的社会图景重塑了置身其中的个体，换言之，一种世界的再现形式可以修饰或改变人们的存在方式。而反过来，个体思维与习惯的变化又会对社会形成强大的作用力，促成新的社会景观的形成，并进一步对技术产生作用力，引导技术朝向能够满足社会与个体需求的方向不断演化。人类社会正是在这样一种作用力与反作用力的交互效应中不断发展，向前推进。

总之，技术的发展已经成为当前社会最为强劲的牵引力，在以技术为主导的作用力的影响下，不仅仅是"人—技"关系，就连整个人类社会都已经发生了巨大的变革，形成了新的社会景观，催生出一批以技术为基础，以媒介为依托的特殊症候群，"手机控"便是其中之一。这既是"手机控"这一社会现象得以产生的时代背景，也是其得以存在的社会土壤。

第二节 手机媒介与手机文化特征

一 手机作为"第五媒体"的发展历程

手机在人类社会发展史上已经有四十多年的历史，1973年，摩托罗拉的总设计师马丁·库伯设计出人类历史上的第一部手机，标志着手机时代的到来。1983年第一台便携式手机问世，手机的发展进入模拟手机时代，即第一代移动通信，简称1G。其后，伴随着技术的发展，手机的发展进入了GSM手机时代，也就是所谓的2G。进入21世纪，手机的发展朝向小巧、精致化转型，并且在技术的助推下取得了长足的进步，并于2007年前后诞生了3G技术，推动了智能手机时代的到来。2012年第四代无线通信网络系统技术，也即4G的出现更是将智能手机推入了一个全新的发展时代。当前，5G时代已经敲响了智能手机发展的大门，也必将在不久的将来在手机市场普及。手机被称作继报纸、杂志、广播、电视之后的"第五媒体"，对人类社会的信息传播带来了几乎是颠覆性的变革。分析手机的发展史不难看出，其发展与技术的进步紧密相关，且显示出巨大的未来潜力。毫不夸张地说，在人类社会由互联网所引发的这场信息技术的大变革中，手机，尤其是智能手机从某种程度上来说是最大的赢家。

　　从发展速度来看，从世界上第一部公认的智能手机，摩托罗拉公司生产的 A6188 在 1999 年诞生以来，经过短短二十年的发展，智能手机无论在手机性能、硬件配置、软件装置、生产技术等各个方面都已经取得了长足的发展。经历了从 1G 到 4G 的飞速发展，并且即将迎来 5G 时代。可以说，借助技术的力量，智能手机已经成为当前媒介中更新换代最为快速的一种。智能手机的飞速发展也为其迅速抢占通信市场提供了强大的支撑力量，从而为自身赢得了巨大的发展空间；从普及性来看，智能手机诞生二十年来，其用户数量经历了一个爆发式增长的过程，从最初的几万人上升至当前的超过十亿人。从全球范围来看，发达国家基本完成了智能手机的覆盖，而一些发展中国家则还存在较大的普及空间，这也为智能手机未来发展提供了广阔的市场。智能手机已经成为当前人类生活的基础设施，成为每一个个体生存的必需品；从影响力来看，手机覆盖率的提升所带来的直接作用便是手机媒介影响力的不断增强。当前，手机已经成为人与人之间沟通交流的重要媒介，无论是工作、学习还是日常生活，都离不开手机这一媒介。智能手机不仅成为连接个体的纽带，更是将整个社会联结成信息网络的重要枢纽，作为一种集移动智能通信与信息资讯收发为一体的终端设备，打通了人类交往的时空界限，为人类传播活动提供了基础支撑。对于以信息传播作为社会发展重要影响因素的人类社会而言，手机的这一基础功能作用的发挥无疑是对其社会角色与重要性的极大认同。因此，无论是从发展速度、普及率来看，还是从影响力来看，智能手机都已经在人类社会中发挥着越来越重要的基础性地位，无论是智能手机，还是建立于智能手机基础之上的社会方方面面的变革都促使整个社会图景发生改变。

　　二　手机文化的形成及其特征

　　手机作为"第五媒体"地位逐渐确立的过程实际上也是手机这一媒介形态逐渐从边缘走向中心，得到社会文化认可的过程。换言之，在这一过程中，不仅仅是手机媒介的不断自我演进，更是由这一演进与发展而逐步形成的手机文化的方兴未艾。手机文化是社会信息化的结果，指的是以手机为信息和文化传播、交流工具，以移动通信网络和互联网为信息和文化传播、交流的平台，以信息、知识和文化资源的开发、创新、传播和文化信息服务为主要内容，随着手机的普及使用而形成的一种大众的流动文化生活空间和生活样式。① 马克·波斯特指出："新的传播系统往往被呈现为一把钥匙，有望打开通往一种美好生活或更平等的社会的大门。"② 从这个意义上说，手机文化一方面是手机不断发展演化的产物，是个体物质与精神状态的集中体现；另一方面是社会在手机这一钥匙的作用下所敞开的面向群体的一种具有统一的传播指向以及发展特征的文化活动。

就当前而言，手机文化具有如下特征：一是大众化。毫无疑问，手机文化已经成为一种具有大众化特征的文化。由于手机在当前社会中的普及，手机文化实际上是一种以个体为单位，以整个社会文化为根基，逐渐形成和发展起来的文化样态。这种自下而上的文化生成模式，在为手机文化奠定了坚实的社会化土壤的同时，也使得手机文化具有十分鲜明的大众化色彩。具体而言，手机文化的大众化特征表现在如下几个方面：从生成模式来看，手机文化是一种自发式的产物，是伴随着手机这一媒介的出现与发展而自发产生的一种文化形态；从表现形式来看，手机文化表现出平民化、通俗易懂的特征，是贴近大众的一种文化形式；从文化属性来看，相较于以往的精英文化形式，手机文化实质上更加偏向于草根文化，是产生于普通大众，并服务于普通大众的日常生活的一种文化表现。

二是动态化。作为历史发展与人类智慧的结晶，文化的形成需要经历漫长的历史积淀，而在形成初期，则处于不断的变化与调整之中。而从文化自身的属性来看，不同的文化性质具有不同的呈现表征。例如儒家文化相对而言较为固定，依托新的传播媒介而形成的文化则具有动态

---

① 夏光富、袁满：《手机文化的特性与手机文化的产业化》，《新闻界》2007年第4期。
② [美]马克·波斯特：《第二媒介时代》，范静哗译，南京大学出版社2000年版，第33页。

性。不同于传统文化的相对稳定的特征,手机文化作为新生文化时刻处于变动过程中。这是由于:一方面,手机文化是依赖手机这一媒介而生成的文化样态,而手机媒介自身的不断革新与动态发展就决定了依附其上的手机文化也时刻处于变动之中;另一方面,手机文化的诞生实际上是与手机特别是智能手机的产生与普及相伴随的,因此,总体而言,仍然是一种新生文化,还未发展至成熟阶段,也因此,不断的变革便成为常态。故而,可以说手机文化是一种不断生成、不断革新的文化形式,而这种变动又促使手机文化时刻葆有新鲜性和发展潜力。

三是开放性。与其所依赖的载体,以及载体自身的特征相关,手机文化具有极强的开放性。所谓开放性指的是,一方面,手机文化没有边界,这种边界既包括手机文化与其他文化样态之间的边界,也包括手机文化在作为实体存在的地域之间、国家之间的边界。具体而言,就前者来说,手机文化自身具有极强的包容性与流动性,这种特性使其既可以接纳其他文化形式,又可以向其他文化形式输出,融合或者被融合进整个人类文化之中。从后者来看,由于手机在世界范围内的普及,手机文化几乎成为全世界不同国家与民族共同生产出的一种新的文化形式。这就决定了手机文化自诞生之日起便是跨越国别与种族界限的一种人类共同文化,从而超越了边界的限制。手机文化的无边界属性导致其自身的内生长特征。由于可以以开放的姿态吸收其他文化的养分,手机文化表现出极强的内生长与自我更迭繁衍的状态。这种开放性也使手机文化获得了强大的发展潜力,成为一种内涵丰富的文化样态。另一方面,手机文化的开放性特征还表现在其作为一种表达空间的开放性,在手机文化空间中,任何人都可以作为参与者自由表达,从而形成一种非线性的文化表达状态。手机的这种开放性为使用者提供了一个与外界与他人沟通交流的机会,例如,有受访者表示使用手机打开了其自身视野:"通过手机我能更大范围地接触到一些我认为很优秀的人,他们深刻的见解能使我拓展自己的视野,看到一些我在现实中很难接触到的文章或是作品。"(大学生8,男,19岁,江西)可以说,这种开放性表达特征是手机文化有别于其他文化的一大鲜明表征。

四是交互性。交互性是手机文化的又一大特性。与其他特性相似,手机文化的交互性同样依附于手机媒介这一载体的内在属性。所谓交互性指的是在网络传播中，受者能够通过多种输入输出方式与系统或者其他受者在一定程度上进行直接双向交流的特性。就手机文化而言，其交互性特征表现在如下几个方面：在生成方面，手机文化是一种基于交互产生的文化形式。众所周知，手机自诞生之时起，便是一种基于信息沟通而产生的媒介，因此，无论是早期的打电话、发短信，还是伴随着智能手机出现而产生的基于QQ、微信等平台进行的交流，都是建立在个体与他者之间的互动交流的基础之上，表现出极强的交互性特征。在传播方面，手机文化的生成与传播实际上是其文化表现的一体两面，换言之，其生产的过程就伴随着传播，而手机文化的传播本质上也是基于交互操作而产生的一种行为。在再生产方面，手机文化的再生产实际上是在实践中的一种不断的自我修整过程，其依然是立足于交互而进行的。

五是个性化。所谓个性化指的是手机文化所具有的一种极具个体化色彩的内在特征。如前所述，手机文化是以个体为单位自下而上形成的一种文化样态，这一特性决定了其在具体表现方面的个性化特征。进一步来说，尽管手机文化从整体层面来看是一个正处于发展过程当中的新型文化样态，具有其普遍性与共性，但就每一个个体而言，其对于手机文化的认识与理解又是充满了个性化特征的。并且每一个个体对于手机文化在形成过程中所扮演的角色也是极具个性化色彩的。手机文化的个性化特征使其在很大程度上迎合了手机用户尤其是青年用户的心理期待，促进了用户对于手机文化传播与再生产的热情，并反过来推进了手机文化的个性化发展与繁荣。

六是视觉化。除以上特征外，手机文化还具有视觉化特征。电子媒介的出现对于传统媒介造成的巨大挑战之一便是视觉化统治地位的确立。与传统的报纸、杂志、广播或者电视相比，智能手机带来的是一次全面的视觉化变革。无论是各类视频类APP，还是基于4G技术出现而得到迅猛发展的交互类视频，手机为人们呈现的都是充满五光十色的图像世界，这种以图像为主导的传播模式已经占据当前信息传播的主导，甚至连文字都已经成为其附庸。手机的这种特性使得手机文化在很大程度上也成为一种运用视觉化进行表征的文化样态。从这一层面而言，手机文化的出现不仅丰富了当前社会的文化样态，同时也从视觉化入手，促进了视觉化文化表征的蓬勃发展。

手机文化的形成，一方面是手机作为发展主体的结果，另一方面是手机与人互动形成的图景。如果说互联网的发展极大地改变了人类社会的信息生活，那么手机文化的出现则又在很大程度上促使了文化的平民化。手机文化的特征一方面在很大程度上受到手机这一媒介载体特征的影响，另一方面也在作为使用者以及手机文化生产者与传播者的个体的不断推进中获得巨大的发展空间。

三 手机文化作为当前社会文化的重要表征

手机文化在近年来的蓬勃发展不仅促使了其自身的不断繁荣，更是成为当前社会文化生活的一种重要表征，映射着人类社会生活的诸多方面。如果说前手机文化时代，人类社会的文化表征更为零散化与多样化，那么手机文化所带来的这种表征已经在很大程度上成为诸多文化现象的集合体，成为具有代表性的映射体。

当前，手机文化具有诸多表征。一是手机使用人群数量庞大，以手机为媒介的"手机风景线"已经形成。毫不夸张地说，"手机风景线"已经成为手机文化在当前社会最为鲜明的表征。放眼四周，但凡有人群存在的地方，无论是地铁上、公交车上、办公室里，甚至是过马路、去卫生间时，手机都已经成为人们离不开的工具。以地铁这一空间场所为例，不同性别、年龄层次的个体，几乎都作为"低头族"，沉浸在由手机所营造的网络空间中，并围绕手机建构起属于自己的虚拟场景。布尔迪厄在其场域理论中提出，所谓场域指的是位置间客观关系的一个网络或一个形构，这些位置是经过客观限定的。进一步而言，其所谓的场域是一种具有相对独立性的社会空间，不能等同于一般的领域，而是包含内含力量、有生气、有潜力的存在。而当前"手机风景线"的形成无疑已经在无形中将人类社会划分为若干个场域，且这若干个场域之间已经形成了一种叠加存在的状态。具体而言，以一个具体的空间为例，在这一空间之中，使用手机的人群同未使用手机的人群实际上分别处于现实与虚拟两个空间之中，对于使用手机的人群而言，尽管其身体处于现实环境之中，但其关注对象、思维意识等已经进入一个虚拟的环境之中，从而形成了一种在虚拟与现实之间不断转换的状态。与此同时，在使用手机的人群中，尽管他们与未使用手机的人群形成了第一道空间的区隔，但具体到每一位使用手机的个体，由于使用手机的目的、方式等层面的个性化差异，他们也形成了一个个相互独立的空间场域。因此，从这一意义层面而言，由手机所带来的场域的划分既有区分又有重合，形成了一种多重交叠的文化图景。目前，这一现象在城市中已经无处不在，在人口相对分散，手机使用率较低的农村也作为一种新的现象处于不断地生成与蔓延之中。在不久的未来，这一"手机风景线"必将成为整个社会的一个重要文化表征。

二是手机已经成为当前信息传播与接收的重要媒介平台，成为社会生活的中转枢纽。正如前文所言，手机已经成为个体社会生活的一种"基础设施"。这种基础设施作用的发挥不仅体现在日常生活中，更体现在包括办公、学习、娱乐在内的众多领域中，将虚拟与现实、线上与线下、工作与生活等不同的场景连接起来。对于身处社会的个体而言，手机往往担负着与他人沟通交流的重要中介作用。在工作中，手机是收发工作信息，了解公司动向，与他人进行沟通的重要媒介，是一种社会化的存在；在学习中，手机是获取线上资料，参与线上课程等活动的渠道；而在娱乐活动中，手机则是个体放松自我，获取娱乐信息的一种辅助性存在。因此，可以说手机已经成为连接个体生活的方方面面的桥梁，成为其社会生活必不可少的基础性工具。欧文·戈夫曼在其《日常生活中的自我呈现》一书中提出著名的"拟剧理论"，该理论将社会比作舞台，把社会成员比作演员，将人与人之间的交往看作一种塑造自我印象的表演活动。并将表演区域分为"前台"与"后台"，认为前台是按照固定方式进行的表演，是个体呈现给他人的外在表现，而后台则是不让观众看到的、限制观众和局外人进入的舞台部分，也即个体的私人场域。如果说在前手机时代前台和后台的划分具有明显的界限，那么，手机及其营造的手机文化在很大程度上已经将这种界限模糊化，在手机将线上与线下、虚拟与现实、工作与生活等不同场景有机联系起来，并实现瞬间转换的过程中，人类生活的层次感也更为扁平化、虚无化了，这也是手机作为社会生活重要的中转枢纽带给现代社会的一种新的文化与生活体验。

三是围绕或依托手机派生出一系列的文化产业景观。手机文化成为当前社会文化中的重要表征的另一个体现便是围绕或依托手机而产生的一系列文化产业现象。前者如手机壁纸、手机铃声、手机外壳、手机挂饰等。以手机外壳为例，当前的手机外壳除了其功能性作用之外，已经成为一种文化现象，突出表现在手机外壳的图像选择方面。当前的手机外壳图像融入了许多流行文化元素，如社会流行句子、表情包、卡通动漫、二次元形象等，这样的手机外壳已经上升为一种文化景观，成为社会文化的一个缩影，换言之，透过手机外壳这一小小的文化载体实际上可以窥视社会文化发展的热点与走向。此外，一些流行卡通动漫形象在手机外壳上的应用实际上将手机外壳纳入了围绕这一卡通形象而产生的文化产业链条之中，使其成为众多周边产品中的一类。这些周边文化现象不仅在很大程度上丰富了手机文化的内涵，而且促进了手机产业经济的蓬勃发展。此外，一些依托手机作为媒介而发展的文化产业，如游戏产业等也已经成为手机文化产业的重要组成部分。如近来兴起的"旅行青蛙""王者荣耀""绝地求生"等火爆游戏，都以手机作为依托而形成属于自己的游戏 IP，并且围绕游戏 IP 形成了特征鲜明的游戏文化，而在此过程中，手机实际上作为一种孵化工具，成为游戏文化乃至游戏产业发展十分重要的依托。

四是手机文化已经成为激活当前社会文化的一种动力。由于手机文化所具有的诸多特性，以及其在当前社会文化中所表现的独特表征，手机文化已经成为激活社会文化发展潜力的一种动力。这是由于，作为一种新的文化现象，手机文化具有十分广阔的发展空间，这种发展空间所带来的动力机制必将带动与其相关的周边文化的进一步勃兴，从而衍生出更为丰富多元的文化样态。此外，手机文化所具有的极强的包容性也为同其他文化样态的融合创新发展提供了新的契机，换言之，手机文化就如同一个框架与基座，能够很好地包容其他文化形式，并在不断的交融中创造出新的文化样态，从这一层面而言，手机文化实际上对于文化融合发挥着基础性作用。手机文化的多样性与流动性也是其成为激活当前社会文化重要动力的一种重要原因，其多元丰富的内涵使其成为社会文化的重要参考标准与借鉴对象，而其流动性所带来的渗透力使其成为黏合不同社会文化的重要纽带。总之，手机文化所具有的种种特性已经使其成为当前社会文化的重要表征，也使其在社会文化的丰富与发展中扮演越来越重要的角色。这便是当前研究手机这一媒介载体所不能也无法忽视的文化背景。

第三节 "手机控"产生的客观条件

前文就中国当前社会和手机媒介的特性两个层面分别进行了梳理，但在媒介化社会已成事实的今天，"社会—媒介"作为一个整体的视角已经是不可避免的了。

思想家杜威早就指出："社会不仅通过传递、通过沟通继续生存，而且简直可以说，社会在传递中、在沟通中生存。"[1] 其原文为"Society not only continues to exist by transmission, by communication, but it may fairly be said to exist in transmission, in communication."值得注意的至少有两个方面：第一是所谓的"传递"和"沟通"，也即 transmission 和 communication；第二是从"通过"到"在"的递进，也即从 by 到 in。不难看出，无论是传递还是传播，在杜威看来都是社会赖以生存的前提条件，而且这样一种条件不是作为外在添加的东西，而是社会本身的构成要素。在这句话的出处文献中，杜威试图阐明的其实是教育的重要性，但是不妨碍我们放到一个更广义的视角上来理解。

同样站在社会的角度，仍有待追问的是传播的多种面向是如何可能的？亦即，传播何以既是工具手段，又与社会存在本身融为一体？不同面向的传播又是如何构成社会的？此处的关键或许在于视角的转变，不只站在社会的角度，也站在传播的角度，从不同的媒介出发，便能看到不同的传播，进而看到不同的社会。按克罗兹的说法，媒介就是限定（modify）传播的东西，或者反过来，任何限定了传播的东西就应被理解

---

[1] ［美］约翰·杜威：《民主主义与教育》，王承绪译，人民教育出版社1990年版，第5页。

为媒介。① 毋宁说，社会也在传播媒介中继续生存（continues to exist）。克罗兹更将媒介化视为一个"元过程"，与个人化、商业化乃至全球化衔接，媒介化的过程散布在社会生活的不同领域，并成为一种社会趋势。② 媒介不只是中介了（mediate）传播，它还能被用来控制传播，建构社会关系等。媒介的社会面向不仅通过（by）媒介而存在，更因为传播作为（as）人使用媒介的一个能动过程而存在。有学者指出，克罗兹的"媒介化由原先的描述'媒介做了什么'概念，被进一步转化为诠释'社会如何可能'的前提"③。

事实上，从历史经验来看，人类社会也从未脱离某种意义上的媒介条件。按照媒介不同来为人类社会历史分期的学者可谓是不胜枚举，英尼斯、麦克卢汉、芒福德、德布雷、波斯特、沃尔特·翁等都有各不相同但又彼此相通的划分，在此不一一赘述。总体上，口语传播时代是以身体、语言等为媒介，文字传播时代是以文字和书写为媒介，印刷传播时代是以大众传播工具为媒介，电子传播时代是以模拟信息工具为媒介，网络传播时代是以数字移动技术为媒介，虽然这只是一个笼统的概括，但基本上体现出人类社会历史经由媒介得以划分的意味。

就当今社会的经验来说，"社会—媒介"作为整体视角更是有着不同寻常的意义。即便从最常见的大众文化产品上也能非常容易地体会到媒介与社会的相互构造，比如史蒂文·斯皮尔伯格执导《头号玩家》（Ready Player One），其中展示虚拟现实系列技术、体感技术、无人机、地理定位媒介、遥感装置等等。虽然影片最终落脚到对回归"现实"生活的倡导上，但是其对现实社会和虚拟社会的多重关系的展示已经深入人心。在如此强势的数字媒介面前，已经不是重新理解或界定"真实"意义的问题了，更多的是反思社会的构成究竟为何的问题。孙少晶就认

---

① Krotz F. Mediatization: A concept with which to grasp media and societal change. UK. Lundby (Eds.), *Mediatization: Concept, Changes, Consequences*, 2009.

② Krotz F. The meta-process of 'mediatization' as a conceptual frame. *Global Media & Communication*, 2007 (3).

③ 唐士哲：《重构媒介？"中介"与"媒介化"概念爬梳》，《新闻学研究》2014 年秋季号。

为，媒介化是一个延伸（extension）、替代（substitution）、聚合（amalgamation）、接纳（accommodation）的过程，这个过程带来的是传播媒介与社会的变化。[①]"虽然不同的研究者会采用不同的概念与名词来指称（如信息社会、网络社会、后工业社会等），但都同意这样的社会形态是与传媒的变革紧密联系在一起的。"[②]

如果在理论上和经验上我们都能承认"社会—媒介"的整体视角，那么就不难想象人类在这样一种社会构成中所处的位置了。或许在最初的人类传播活动中，媒介还扮演着工具和载体这样的中介角色，但是到了信息革命之后，媒介逻辑（media logic）已经成为塑造人类社会几乎所有传播活动的起点，所以才有克罗兹所谓的元过程。人类作为生存主体更多是在"社会—媒介"的裹挟之下得以存活的。"手机"作为当前社会具有决定性意义的媒介逻辑的移动借口，当然也就成为表征"社会—媒介"这一整体视角的切入点。下面将从四个方面分别诠释"手机"如何作为映照出"社会—媒介"的整体视角，并构成了"手机控"得以出现的客观条件。

一 "手机"中介传播

电脑中介传播（computer-mediated communication）已经成为一个较为固定的术语，国际上也有重要的学术刊物以此命名，影响因子曾高居 SSCI 前几名。但在今天的我们看来，"电脑"这一现实媒介直接放到学术术语当中去强调真的合理吗？一个直观的经验是当前中国高校新闻传播学科的课程设置和学科点不断调整，但是以"媒介"作为划分依据的做法始终占据一定的地位，例如广播电视新闻学、网络新媒体等专业方向。那么，电脑中介传播究竟是在怎样一个层面上来谈的？有学者曾对此有过考证。电脑中介传播在学术史上的全称应该是"computer network-mediated communication"，而"网络（network）"一词的消失有两个理由，一

[①] 孙少晶：《媒介化社会：概念解析、理论发展与研究议题》，载童兵主编《媒介化社会与当代中国》，复旦大学出版社 2011 年版，第 3 页。

[②] 洪长晖：《混合现代性：媒介化社会的传播图景》，博士学位论文，浙江大学，2013 年。

是创始者认为全称过于冗长,无论是英文还是翻译语种;二是要强调经由"电脑"互联与经由电脑、广播、电视等"传统"媒体互联在媒介特性上的差异,故而将 computer 作为核心概念放到这一术语当中。他还通过内容分析进一步指出:"近二十年来'computer-mediated communication'的内涵确实发生了变化:一是因特网研究在其中所占比例大幅度上升;二是从最初仅指人际传播形态演变为以人际传播为主同时兼含大众传播的形态。"[①]

简言之,电脑中介传播诚然也是将重点放在电脑媒介的特性上,但这一特性是因为其在网络传播革命的浪潮中所具有的融合性、联结性、多元性等多方面的综合体现。如此,对应电脑中介传播这一术语,我们还应该看到"手机"中介传播的情境。这不仅仅是一种语言上的附会,手机中介传播同样凸显的是手机之于电脑的不同的媒介特性。这里并不打算多增加一个术语,只是想要凸显手机的关键性。

经过前面两节的阐述已经可以明晰,当今社会作为信息社会和媒介化生存时代的媒介条件便是手机的出现,手机并非充分条件,却是必要条件。前文中同样着重阐述了手机媒介所具备的黏性。由此,手机在"媒介—社会"交互影响的层面实际上是它的黏性强化了信息社会和媒介化生存的社会形态,而这种社会形态又反过来巩固了手机媒介的黏性。

毫无疑问,手机已经成为目前最重要的自媒体平台,当前我们所有的热门自媒体形式都离不开这一平台,如所谓的两微一端,微博、微信、客户端,这是政治、经济、文化、社会等各个领域的社会机构和单位都必须武装起来的媒介。即便是对个人而言,在自媒体的时代想要发声的话,也往往是通过这样一些媒介渠道,如果往更早去说,博客、论坛、百度贴吧、网络社区、游戏平台等,也都在不同程度上扮演着发声和交流互动的媒介渠道,但是从传播范围和影响力的角度来看,基于手机移动终端的媒介渠道是不容忽视的。还有不少辅助性的应用,如动图制作、短视频剪辑、H5 程序制作等,都受到手机的媒介逻辑的侵入和形塑。这

---

① 张放:《论"computer-mediated communication"的中译定名问题——基于学术史与技术史的考察》,《新闻与传播研究》2016 年第 9 期。

些平台不仅都可以使用手机轻松访问，并且界面友好，在用户体验方面甚至要好于或者不逊色于电脑。诚然，现在也出现了诸如苹果手表、谷歌眼镜、人脸识别装置等试图超越手机的新媒介，但是在产业的层面，手机仍然是最为重要的终端媒介。另外，智能手机所具有的移动性、简易性、便携性、可触性、多功能性、定位性等优势又是电脑等新媒介所不具备或者说不完全具备的。手机在技术上轻松实现了信息社会和媒介化生存时代所需要的功能，而且能够自由切换和融合，这在以前是难以想象的。更为重要的是，手机中介传播所带来的特性和功能在某种程度上也具有"元传播"的性质，它可以激发对于中介传播本身的传播，亦即对于信息社会和媒介化生存时代传播活动本身的反思和推进，进而与全球化、信息化等共同成为新形势下无法跳脱的客观条件。

与此同时，我们也要看到人类在这样一种客观条件下对媒介的使用，或者按照库尔德利的话来说，就是我们围绕着媒介所从事的实践活动。群邑中国互动营销在2013年就做过一项调查，结果显示："80%的受访者在睡觉时会将手机放在伸手可及的范围之内；73%的受访者每天通过手机闹铃起床；95%的受访者在入睡前平均要使用手机一个小时，并因此推迟了入睡时间。"[1] 南京师范大学媒介发展与危机传播研究所进行的调查也得出了同样让人警醒的结论："有62.9%的受访者每天24小时开机，31.5%的受访者仅在睡觉的时候关机，开机时间不固定的受访者只占5.6%的比例。"此外，该研究所还在问卷中提出问题"您是否会把手机经常带在身边"，调查结果显示有58.3%的受访者表示他们会把手机"总是"带在身边，39.5%的受访者表示手机会"经常"带在身边，而手机"偶尔或者不会经常"带在身边的比例只占1.6%和0.6%。[2] 事实上，这样的经验大多数人已经不会陌生，却很少有人将经常带在身上并且保持开机状态的"手机"视为一种传播变革。人们是如此的习以为常，手

---

[1] 姜煜：《调查称许多中国人开始和结束一天时都由手机相伴》，参见 http://finance.chinanews.com/it/2013/07-11/5031825.shtml。

[2] 靖鸣、马丹晨：《移动互联背景下手机媒体对新闻传播的影响》，《新闻爱好者》2013年第10期。

机似乎已经成为人类"在世存有"的某种基础设定①，然而，恰恰是这一参数刷新带来了中介传播的新形态。

"手机控"所谓的"控"并非是作为动词和形容词，而是指极度喜欢某样东西的人，极度喜欢指的又是具有某种特定情结的人，换言之，总是把手机带在身边，并且经常下意识地寻找手机，并不时漫无目的地查看手机；最重要的是当无法接触手机或手机无法连接到网络时，情绪会变得焦躁并产生严重的心理问题。这或许是对"手机控"的一种较为负面的描述，但是在个体经验的层面应该说并无多少夸大的成分。所以有研究者指出："'手机控'现象的产生，可以说是技术异化的产物。人们制造手机，手机只是一个物品，却成了反对异己的力量，反过来奴役人、压迫人。"②

"手机控"在不同的社会领域得到研究者的关注，例如不少学者都谈到大学课堂上"手机控"现象的出现对教育带来的影响，有学者将"手机控"的成因总结为四个方面：一是年轻大学生自身的特征，他们"接受新事物的能力强，对待新事物兴趣高，智能手机中的强大的操作系统，能够给人们带来更多、更强、更具个性的社交化服务，这种设计理念，符合年轻人个性鲜明、思维活跃的性格特征，容易被他们接受"；二是升学过程对当代青年所造成的个人成长心态上的变化，"进入大学，摆脱了中学期间父母和学校双重的束缚，个人自由度大大提高，再加上一些大学生自我控制能力差，在手机使用上缺少有效的控制，最终成为'手机控'"；三是大学教育自身的特征，"大学教育中所倡导的自主性学习特点，完全颠覆了中学阶段的学习习惯，那些依赖老师和家长来制定严格的学习计划和学习目标的有序学习生活一去不返了，取而代之的是我的学习我做主。这种角色的转换使得很多大学生一时难以适应、无所适从，导致学习目标不明确，上进心不足，对未来缺乏有效的规划，处于一种迷茫和懈怠的状态"；四是一部分当代青年的特殊的性格原因，"部分大

---

① 孙玮：《微信：中国人的"在世存有"》，《学术月刊》2015年第12期。
② 王玉立：《"手机控"现象的探析——以马尔库塞的科技异化理论为视角》，《法制与社会》2017年第13期。

学生由于个性等方面的原因,不善与人交流,对大学学习生活中遇到的一些问题无法有效解决,性格变得越来越孤僻,久而久之,手机自然也就成了其最亲密的伙伴"。①

我们当然无法穷举所有社会领域中"手机控"所带来的影响及其成因,但是可以看到在其生成过程中,"社会—媒介"作为一种整体的视角如何起到层层推进的作用。虽然落实到具体的社会领域,研究者也会从青年自身去寻找原因(这在本研究的下一节内容中将继续展开),但这里想要强调的是,正是因为手机媒介带着自身的特性进入社会领域之中,并且在刷新和改变了中介传播形态的基础上,方才带来了"控"这一情结的诞生。

二 "手机"消费景观

前文业已阐明当今作为消费社会的重要语境,而同样立足于"社会—媒介"的整体视角,媒介的便携性和即时性也强化了这样一种消费的社会,而这种消费景观亦促使手机媒介在技术上不断追求便携性、移动性,在设计上不断趋近轻便、简易、职能、即时等。如今的手机媒介相较于几年前都可以说是经历了翻天覆地的变化,过去对于手机是否能够被称为"第五媒体"、什么才是"第五媒体"有过广泛的讨论。但现在在移动互联网背景下看,智能手机与移动互联网相结合,致使手机成为"第五媒体"可谓是无须争辩的事实。学者们通常把报纸称为第一媒体,把广播称为第二媒体,把电视称为第三媒体,把互联网(电脑)称为第四媒体。不同的媒介序列背后是不同的消费习惯,在报纸媒体的时代,印刷术仍然是最重要的媒介,按照德布雷的术语来说,就是"印刷圈",在这一个媒介圈中,传播的重点逐渐从"教义"转移到"知识",手段逐渐从"传道"转移到"出版",传教士的标准年龄也从"长老"转移到资历尚浅的"成年人"。②如果我们放到新闻传播领域来看,报纸显然是

---

① 王能引:《大学课堂"手机控"现象的思考与对策》,《合肥学院学报》(社会科学版)2015 年第 6 期。

② 参见[法]雷吉斯·德布雷《媒介学引论》,刘文玲译,中国传媒大学出版社 2014 年版,第 45—52 页。

初次从口语形式转移到大众传播的历史性转变。而广播作为第二媒体凸显的是声音的特质，以前的印刷品更多是视觉，声音加入之后，自然是充实了彼时的媒介环境。苏珊·道格拉斯（Susan Douglas）遵循麦克卢汉对于媒介的洞见，"媒介即讯息"，"广播是中枢神经系统的延伸"，认为广播彻底改变了人类的感知经验，延伸、深化和放大了人类听觉系统。道格拉斯认为"听"与"看"一样，塑造了我们以及我们身处的文化。[1]而按照理查德·布茨（Richard Butsch）的说法，新媒介塑造新的受众，不同媒介的接受方式不同，其对受众的理解也不同。美国受众从19世纪戏剧到20世纪广播、电视等大众传媒的受众，经历了积极受众与消极受众，以及公众性受众和私人受众之间两种关系的历史性变化。[2] 电视作为第三媒体，它融合了视觉与听觉的元素，将其作为一个整体呈现出来，结合"社会—媒介"交互影响的整体视角，这种视听集合呈现的媒介特性又与消费社会的语境进一步契合，电视直播消费[3]、准社会互动[4]等都是在第三媒体阶段出现的。

  电脑作为第四媒体和手机作为第五媒体的媒介特性的联系和区别已经在前文中有所阐述了。这里需要再向前推进的是，手机区别于电脑的媒介特性与消费社会交互作用形成了更为强化的结局。例如，国内有学者就曾指出，手机重新定义了黄金时间。[5] 时间和空间总是互相嵌合在一起的，经过塔奇曼的研究[6]，我们已然知晓在媒体组织内部，其生产流程与组织结构的划分如何架构了时间和空间，同样，如果手机对时间进行了重新定义，那么实际上也就是对生活在这样一个媒介环境下的时空构

---

[1] Douglas, Susan. *Listening In: Radio and the American Imagination*. London: University of Minnesota, 2004.

[2] 参见［美］理查德·布茨《美国受众成长记》，王瀚东译，华夏出版社2007年版。

[3] Andrejevic M. Watching television without pity: The productivity of online fans. *Television & New Media*, 2008 (1).

[4] Horton D. & Wohl RR. Mass communication and para–social interaction. *Psychiatry-Interpersonal & Biological Processes*, 1956 (3).

[5] 刘德寰、刘向青、崔凯：《正在发生的未来——手机人的群族与趋势》，机械工业出版社2012年版，第30页。

[6] 参见［美］盖伊·塔奇曼《做新闻》，麻争旗、刘笑盈、徐扬译，华夏出版社2008年版，第22—46页。

成都做了改造。在波德里亚的消费社会论述中，他主要是站在批判资本主义社会的恶性增长的立场上来谈的，消费社会本身就含有一种系统的不平等，而且消费社会的结构就是建筑在这种不平等之上的。这种不平等被自由和平等的神话所包裹，其中充满了"物"，而非"人"。

同时，我们也要注意到美国媒介环境学家保罗·莱文森提出的"补救性媒介"理论与媒介演化的"人性化趋势"理论。在他看来，技术的发展会越来越人性化，换言之，任何一种后继的媒介，实际上都可以看作一种补救措施，且都是对过去某一媒介功能的补救与补偿。一言以蔽之，人类的技术越来越完美，越来越"人性化"。[1] 毫无疑问，这当然是一种乐观派的见解。这样一种媒介技术的描绘与波德里亚对消费社会的刻画如何能够达成一致呢？实际上，他们并没有达成一致的必要。一方面，智能手机作为一个多媒体、数字化的移动互联网接入终端，通过硬件系统与软件系统的结合，能够实现各种媒介的功能。简言之，从媒介使用的层面上看，手机可以是一张报纸，可以是一台广播，也可以是一台电视，观看网络视频不在话下，还可以享受互联网的各种服务，可以说手机就等于各种媒体的总和。另一方面，如果手机能够纳入"各种媒体"，是否也可以认为"社会—媒介"不再是一个包围的概念，而是联结为一体，或者是共存的概念。正如反复被征引的麦克卢汉名言，"媒介即人的延伸"，手机就像人类的器官一样，延伸了我们的视觉、听觉、触觉系统。在移动互联网的背景之下，我们不用到一个固定场景去调用互联网，有了智能手机之后，手机和使用者就已经是在塑造场景本身了。就像保罗·莱文森所说的："移动媒介会使每个地方都更加有用。"[2] 既然如此，消费社会也就不再是被物所包围，而是物与人联结，这里尤其指的是社会与媒介联结，成为全新的手机消费景观。

三 "手机"多元互动

正如前文所述，手机媒介是一种以现代化的技术及网络技术为传播

---

[1] 参见［美］保罗·莱文森《软利器：信息革命的自然历史与未来》，何道宽译，复旦大学出版社2011年版，第90—96页。

[2] ［美］保罗·莱文森：《新新媒介》，何道宽译，复旦大学出版社2011年版，第190页。

条件，并将人体的视觉、听觉、触觉及相应的行为动作予以融合而展开传播的媒体手段。① 从交往互动的角度来看，手机媒介打破了时间和空间的限制，缩短了心理距离，是人际交往的纽带和桥梁。诚然，大众传播媒介同样改变了时空限制，但是手机媒介所具有的价格低廉、个性化设计明显、可保存性强、随身性、实时性等优点，造就了这一独特媒介的核心价值所在。同传统媒介相比，手机媒介在交往互动的层面上极大地扩充了其内涵。按照延森在丹麦的经验性研究，他对媒介类型做出如下划分，首先在互动类型上分为两类，一是交往双方的不同，如一对一、一对多、多对多，二是交往过程的不同，如同步、异步。② 因此，或许不能简单地说，手机媒介是双向互动，既是信源也是信宿，最起码按照延森的互动，手机媒介能够带来的互动类型就有六种。

一对一的互动类型往往被认为是面对面的沟通，显然这在手机实时视频通话等功能中已经得到近乎完美的腾挪。一对多的互动类型往往被认为是大众传播媒介的基本参数，但是这一产业领地已经大举进入手机平台了。多对多的互动类型虽然并不常见，但诸如QQ群、微信群聊等媒介场景也大致呈现出相应的传播形态。再匹配上同步和异步的区分，同步的一对一和异步的一对一在手机媒介中俯拾即是，几乎所有沟通软件都能够对号入座，比如微信既可以是前者也可以是后者。而同步的一对多和异步的一对多更是耐人寻味，同步的一对多在当前的线上直播平台上可以得到很好的印证，而异步的一对多在以往通常被认为是训话式的，或者宣传性的传播活动，但是这一互动类型恰恰是最为常见的。由此也可以看到，异步的一对多的互动方式仍然是最能够满足当前多元化社会背景的时代诉求的。而这种灵活性只有在手机媒介上才能找到。最后，同步的多对多和异步的多对多互动类型都是最"罕见"的两种。这也不难想象，多对多看似多元，但是如果难以辨识出"谁"与"谁"在交谈，而只是一个泛称的群体呼号，那么这样的互动当然无法满足多元化诉求。

---

① 参见童晓渝、蔡佶、张磊《第五媒体原理》，人民邮电出版社2006年版，第71—112页。

② 参见［丹］克劳斯·布鲁恩·延森等《媒介融合：网络传播、大众传播和人际传播的三重维度》，刘君译，复旦大学出版社2012年版，第74—79页。

手机的独特性在于它的媒介特性使得上述的多元化的互动类型可以灵活切换，甚至是同时出现，这无疑有赖于手机媒介本身的功能设置。有调查显示，手机功能的增加对个人手机使用的影响很大，手机功能越多样，大学生越容易产生对手机的依赖。手机功能如今多种多样，例如 GPS 导航、掌上游戏、电影电视、即时聊天等，对当代青年来说，手机已成为一种日常生活的构成要素。一些针对个别高校的调查发现，"手机的普及率已达 100%，而智能手机的普及率已达到 99.5%"[1]。这当然还不具有普遍意义，但是 100% 这一数字的出现具有充分的典型性。这也就意味着手机媒介对于当代青年的交往互动来说不是多一种工具、添一种手段那么简单，而是成为必不可少的要件。大学生可以随时随地地发短信、打电话、发微博、打游戏、看视频等，手机娱乐已经成为他们生活的一部分。如果年轻的大学生不能正确使用手机，而是过度沉迷于手机各项新奇功能、沉迷于手机营造的虚拟世界不能自拔，就很容易成为"手机控"。多元化的社会背景需要足够包容性的媒介，手机几乎是在特定的社会条件之下被"架构"出来的产物，正是在这个意义上说，"社会—媒介"的整体视角再次凸显出来，手机作为多元互动的重要保障，或者说就是存在前提，它构成了"手机控"发源的客观条件。

四 "手机"融合界面

当前对于媒介融合谈得比较多，但是从"社会—媒介"交互影响的角度来看社会融合的趋势与媒介融合的发展如何相互作用和影响谈得比较少。事实上，媒介融合并非孤立地发挥作用，它也并非只是在政策引导下的某种产业集合。更值得讨论的是在社会层面，媒介融合是如何与特定的社会发展趋势相结合，并且催生出一种影响人类传播活动的客观条件的？

"社会融合"作为一个社会政策概念与"社会排斥"相伴而生，并且该术语属于社会排斥的对立面。应该说，当法国学者最早提出"社会排

---

[1] 吕晔、陈思、孙悦等：《对大学生"手机控"现象的反思与建议——以山西农业大学为例》，《太原大学学报》2015 年第 3 期。

斥"这一概念时,"社会融合"的内涵也就应运而生了。早在20世纪80年代晚期,法国就推出并实施了第一个社会融合政策,即一个通过劳动和培训来支持接受者在法国社会获得一席之地的收入支持计划。与此同时,欧洲共同体也试图制定能够涵盖所有欧洲成员国的社会政策,于是,"社会融合"这一概念又成为不可或缺的政策指向性概念。有学者指出,"社会融合是一个引起人们强烈兴趣的而且复杂的并争议激烈的概念。但是人们普遍认同社会融合是一件好事(a good thing),而社会排斥是一件坏事(a bad thing),因为它毁坏了社会凝聚"[1]。那么"社会融合"究竟具有哪些内涵呢？总体而言,关于社会融合的界定莫衷一是,但基本上得到多数研究者认同的观点有:第一,社会融合虽然指向政策制定,但并非是一个静态的政策描述,而是具有挑战性的动态过程；第二,社会融合既是工具和手段,也是目的；第三,社会融合这一目的不倡导强力意志的介入,它一方面是制度性的,另一方面是主观性的；第四,社会融合指涉多个维度,包括政治、经济、社会、文化以及社会心理等层面；第五,社会融合包含不同的尺度,跨越国别、民族或者地方、区域的融合,简言之,囊括了宏观、中观、微观层面的社会融合。

尽管社会融合更多还只是一个社会愿景,并非实际的社会发展现实,但是它作为政策层面的应然指向,仍然对媒介融合具有一定的呼应,毕竟后者在很大程度上也有赖于政策的推动。相关政策层面并非本研究的重点,但二者具有共通之处,即社会融合与媒介融合都朝向"人性化"迈进。历次信息技术革命都会带来传媒产业的巨大变革和大发展。西式活字印刷术的进步促进了出版业和报刊业的兴起,无线电报技术的发明和推广使得现代广播业欣欣向荣,光电发射管等影像技术的产生使得电视普及开来并带动电视传媒产业的蓬勃发展,互联网技术的勃兴则使得网络媒体走向繁荣,甚至改变了传媒产业的整体格局。当前,数字技术的迅猛发展又带给媒体产业新一轮冲击。正是技术进步,不断改变着人类传播形态,传播方式、手段、内容与形式不断更新,传媒产业虽然更

---

[1] 嘎日达、黄匡时:《西方社会融合概念探析及其启发》,《国外社会科学》2009年第2期。

新换代但总是向前发展。所以，无论是"社会融合"还是"媒介融合"，都朝着以人为本，以人类传播需求为中心，造就了特定的"社会—媒介"条件。如果简要回顾一下手机媒介的技术发展史则更能说明问题。

手机一直处于不断演变的动态过程中。最初的手机只具备单一的语音通话功能，随着1G、2G到2.5G和3G的快速进步，以及与数字技术、互联网技术、计算机技术的不断融合发展，乃至数据实时处理技术、终端系统处理能力和存储技术、手机软件开发技术等不断的升级，手机演变成为一种集声音、文字、图片、影像及即时视音频等多种数据传输处理能力于一体的综合性媒介化平台。1G时代的手机主要采用的是模拟蜂窝移动通信技术。2G时代的手机开始采用GSM和CDMA等数字技术[①]，手机传输从模拟信号走向数字信号。在由2G向3G发展的进程中，则经历了GPRS技术发展的阶段。[②] 这一技术使手机数据通信速率获得大幅提高，致使手机开始逐步智能化，从单一文本信息传播跨越到多媒体信息传播和综合处理能力。另外，同时期手机WAP的出现[③]，使部分手机可以接入互联网、置换铃声、下载音乐和线上联机游戏、程序下载，以及实现消费新闻、天气状况、体育实况、交通等资讯的传递，浏览网页、邮件收发、线上聊天、商旅预订等功能滚滚而来，手机报、手机杂志、手机广播、手机电视、手机阅读等手机媒介与其他媒介的融合发展也渐成趋势。3G时代的到来则彻底刷新了手机的性质和含义，蜂窝移动通信技术与数字技术和互联网技术的深度融合，催生了手机搜索、手机博客等更多新型手机媒体的出现，由此引发了更大范围的媒介融合和传媒产业革命。与此同时，手机作为终端的集合处理能力也逐渐凸显出来，众所周知，手机现在已经可以囊括照相机、摄像机、游戏机、音乐播放器、音乐制作机、扫描仪、收音机、电视机、计算机，以及移动支付、移动网盘等众多实用功能。

以上立足于手机媒介技术史的粗略回顾并不是梳理技术本身的嬗变

---

① Venkatesan KGS. Comparison of CDMA and GSM mobile technology. *Middle East Journal of Scientific Research*, 2013（12）.

② Lin P. Channel allocation for GPRS with buffering mechanisms. *Wireless Networks*, 2003（5）.

③ Com W. What is WAP？. *Mobile Networking with WAP*, 2000（4）.

规律，而是试图通过这样一种功能的变化，窥探社会生活在其中是如何被形塑的。在手机媒介技术的早期，可以说社会与手机是一种反映和被反映的关系，而在模拟技术出现之后，手机媒介开始发挥融合的潜能，逐步而迅速地侵入视觉、听觉、触觉等多个领地，而到了数字技术阶段，娱乐、消遣、生活、政治、商务等日常生活实际上是被手机媒介技术的发展所架构了。因此有学者指出，手机媒介创造了传播新理念，"通过随时随地的互动式的信息传播与参与，使信息传递形成了'以用户为核心、即时、多维、交互'的流动"。手机媒介也创造和满足了"动众"新需求，"动众会随着对手机传媒日益增多的使用、了解、熟悉、习惯，以及手机媒体自身不断创新推出产品和服务，加速扩大规模"。①

在这样的传播新观念和受众新需求之下，一种客观的"社会—媒介"现实也就应运而生了。手机媒介在功能上的汇聚，提供了不同感官界面的需求，手机的人性化发展也为媒介技术的演进指明了一种应然的参照坐标。

第四节 "手机控"产生的主体性条件

随着计算机硬件、软件、互联网、大数据、人工智能等技术的迅猛发展和广泛应用，亦即数字化的技术框架的基本成型，一个全新的基础环境和技术生态圈正在形成。在此背景下展开的技术革命，不仅会对单纯的科技、产业或经济意义上的变革带来影响，同时也将深刻改变人们的生存环境、生产形态、生活方式以及人文心理等。

根据中国互联网络信息中心（CNNIC）发布的《第41次中国互联网络发展状况统计报告》，截至2017年12月，我国网民规模达7.72亿，而我国手机网民规模达7.53亿，网民中使用手机上网人群的占比由2016年的95.1%提升至97.5%。台式电脑、笔记本电脑、平板电脑的使用率均出现下降，手机不断挤占其他个人上网设备的使用空间。以手机为中心

---

① 魏丽宏：《关于我国手机传媒产业发展的研究》，博士学位论文，中国社会科学院研究生院，2012年。

的智能设备，成为"万物互联"的基础，车联网、智能家电促进"住行"体验升级，构筑个性化、智能化应用场景。移动互联网服务场景不断丰富、移动终端规模加速提升、移动数据量持续扩大，为移动互联网产业创造更多价值挖掘空间。①

报告展示了手机如何影响了手机使用者的日常生活，而且更重要的是进一步形塑了一种全新的媒介环境。这种媒介环境的基本特征从报告中的描述来看主要是"个性化"和"智能化"。按照麦克卢汉的观点，任何媒介（即人的任何延伸）对个人和社会的任何影响，都是由于新的尺度产生的；我们的任何一种延伸（或曰任何一种新的技术），都要在我们的事务中引进一种新的尺度。②这就是说，手机所形塑的"个性化"和"智能化"是一种新的尺度，而这种尺度又对应了某种人体感官的变化。在此理论预设下，我们可以进一步讨论"手机控"产生的主体性条件。

所谓"主体性条件"当然一方面包括主观性的条件，正如新媒介技术作为人体的延伸也会归结到某种主观性上，另一方面，更重要的是当代青年的个体和群体特征之形成和嬗变，其实恰恰是作为当前主导型媒介的手机和以此为尺度的媒介环境共同造就的。简言之，如果我们将"个性化"和"智能化"视为"手机控"赖以产生的条件，那么它们定然是在手机媒介这一新尺度下的主体和环境共同参与所达成的某种状态。澳大利亚新南威尔士大学新闻与媒介研究中心教授盖纳德·高金就指出："随着过去二十余年间各类便携式手机与无线技术的兴起，以移动装置应用为核心、有别于以往的重要参与过程，已然构建出全新类型的受众。这对手机受众以及移动媒介使用者来说意义非同小可，且必将引发媒介及其受众生态环境的变化。"③他所指的受众生态环境的变化正是在此意

---

① 中国互联网信息中心：《第41次中国互联网络发展状况统计报告》，中国互联网信息中心，2018-03-05. 参见 http://www.cnnic.net.cn/hlwfzyj/hlwxzbg/hlwtjbg/201803/t20180305_70249.htm。

② 参见[加]马歇尔·麦克卢汉《理解媒介：论人的延伸》，何道宽译，商务印书馆2000年版。

③ [澳]盖纳德·高金：《移动媒介语境中的受众生态问题》，任增强译，《江西社会科学》2011年第4期。

义上来探讨的,即主体与媒介环境共同造成的某种趋势,高金教授进一步指出:"手机的出现,其对日常生活每一角落的悄然潜入,以零碎式、程序化、不经意的方式吸附到其他媒介形式之上,意味着'移动'俨然已成为当前受众参与过程的核心问题。"① 不难看出,高金教授在描述建立在全新尺度的媒介环境的特征之时所采用的核心概念是"移动化",这是贯穿他整篇文章的线索,具体而言他还分辨了"便携式(portability)"和"个人化(personalization)"两个鲜明的特征。无论如何,这里所试图申论的是手机使用者与手机媒介环境的相互交织造成了"手机控"产生的主体性条件。正是建立在这一理论预设的妥当性之上,前面所分析的社会文化背景、手机的媒介特征、社会—媒介的交互影响等才不至于和本节所讨论的主体性条件脱节。一言以蔽之,在媒介理论的意义上,外在的社会、媒介、客观条件与主体性条件共同促成了相应的媒介效应,在本书看来,这种效应就是"手机控"的诞生。

当然我们也要看到"手机控"产生的主体性条件并非止步于个性化、智能化、移动化,本书还将从个体化、圈子化、世俗化等方面进一步阐述"手机控"的主体性条件。

一 个体化

个体化(individualization)是后现代社会的基本表征之一,也是对后现代社会个体生存状态的一种典型描述。德国社会学家乌尔里希·贝克在其代表作《风险社会》一书中较早地对个体化这一概念做出界定。在贝克看来,现代社会的存在是以自然资源与文化意义资源为前提的,但在后现代社会中,自然资源不断被消耗,同时文化意义资源也日益萎缩。这些都改变了原有人际关系的社会关系模式,使人感觉自身生活在一个一切事物都变得不确定、不安全的社会环境中,因而变得无所适从。而面对社会中各种各样的问题,个人只能单凭自己做出判断与决定,并且也只能由个人去承担其后果。由此,一个崭新的社会结构,即"个体化

---

① [澳]盖纳德·高金:《移动媒介语境中的受众生态问题》,任增强译,《江西社会科学》2011年第4期。

社会"开始浮现,"正在变成第二现代社会自身的社会结构"①。

个体化社会的到来,对青年人群而言,带来了几个方面的社会后果。首先,个体化带来了青年群体自我意识的增强。瑞士学者卡尔·荣格是心理学领域较早提出个体化概念的学者,并将个体化这一概念用于研究个体人格的转化与发展。依照荣格的论述,"个体化"的历程是一种"自发性"的驱力,其目的是促使个体的人格和自我意识获得更宽广的发展,获取更大的完整性。其次,自我意识的增强直接导致青年人群群体观念的弱化。过去,在以群体、集体为主的传统社会结构中,个体往往会被全体的行为意识和目标所控制,失去大部分的自我意识和评价,难以意识到自我的价值。个体化社会到来,群体的观念日益淡化,使得强调群体、集体概念的传统社会结构与意义也随之逐渐崩毁,比如信仰、理想、阶级意识以及集体意识等观念的丧失、家庭的瓦解等。最后,在个体化社会中,人们对于群体、集体的依赖不断降低,突出表现在个体拥有了更大的自主性。正如有学者指出,"在个体化时代,人们更多地从自我出发,关注的是自我需求,由此大大降低了组织的凝聚力和号召力"②。

手机媒介与人的联结既可以是群体的,也可以是个体的。但通常来讲,前者比较好理解,正如前一节中反复申论的内容,信息社会和媒介化生存时代的到来,消费社会和手机消费景观的构成,乃至多元社会和手机多元互动的呼应,以及社会融合与媒介融合的应然指向,这些都构成了"手机控"赖以生存的客观条件,同时也都是站在"社会"的角度来谈的。但站在"个体"的角度又如何?这里所指的个体当然与个人、私人有关,但又不完全等同。首先,个体化的特征并非是个人主义,或者个性化,个体化是包含但不局限于后者的一种指涉当代青年在自我认同等精神层面所遭遇的一种特征,在本书中被视为"手机控"这种极端现象得以成型的主体性条件之一。

---

① [德]乌尔里希·贝克等:《个体化》,李荣山等译,北京大学出版社 2011 年版,第 31 页。

② 王阳、张攀:《个体化存在与圈群化生活:青年群体的网络社交与圈群现象研究》,《中国青年研究》2018 年第 2 期。

无论从宏观的层面如社会环境、文化资源等，还是从个体微观的层面，如青年的成长之类，都摆脱不了"个体化"这一时代主题。"个体化"是指在现代化进程中，社会成员逐渐脱离传统的和由集体控制的生活，转向一种立足于个体意志，并更具流动性、易变性和风险性的人生。这一趋势在西方社会理论中有着悠久的学术史，例如对"原子社会"的刻画。① 所谓社会原子化指的是由于人类社会最重要的社会联结机制——中间组织（intermediate group）的解体或缺失而产生的个体孤独、无序互动状态和道德解组、人际疏离、社会失范的社会危机。一般而言，社会原子化危机产生于剧烈的社会变迁时期。这当然带有西方社会学家批判资本主义恶性发展的意味在里面，但是今天的资本流动是全球性的，消费主义横行世界，对于人口基数更为庞大，流动人口更为众多，移民代际差异更加复杂的中国社会来说，社会原子化或许也有本土化的基础。与"乡土中国"不同，汹涌而至的个体化浪潮把青年从血缘、阶级、地域等传统牵绊中解放出来，同时也改变了个体发展和生活的本质。

在个体化浪潮下当代青年被从传统中解放，指的是新媒介对于移动人群的效应，这方面的论述已经非常多，包括新媒介赋权、媒介使用与城市融入、不同阶层的媒介实践等，但这些工具性的媒介也会使当代青年在精神层面流离失所，看似拥有很多自由却又转向制度性依赖而失去自主权、日渐孤立。众所周知，新媒介对于取得"有保证的自由"并没有那么简单。首先，它是需要习得的媒介技术；其次，这一技术对于社会阶层和性别划分都是具有区分性的；最后，这种媒介在不同的时间和空间也具有截然不同的可见性。由此，即便普及如手机，也并非是一个不言而喻的自由保证。有学者指出："在没有他人能对个体苦难负责的情境里，自我认同的重要性更加被凸现出来，但从现实来看，当代青年人正在陷入一种对自我认同的焦虑，脆弱而敏感的心理状态，在独立与依赖之间的辗转徘徊，追求独特却又沉溺于消费主义进而转向陷入

---

① 田毅鹏、吕方：《社会原子化：理论谱系及其问题表达》，《天津社会科学》2010 年第 5 期。

自我的消解等等。这些问题既是青年人在构建自我认同途中必须突破的困境,也是中国个体化进程中需要交上的答卷。"① 从代际的角度来看,所谓的"80 后""90 后"青年人所生长的时代,总体而言是物质丰沛、信息泛滥、新事物层出不穷的时代,同时也是机遇与风险并存的时代,"经济稳定的增长似乎并不能缓解它所展示出来的社会痛苦或者改善那些人们反复呼吁的境况"②。正是"因为文化积淀的不足、社会机制的不充分以及个人的心理需求等因素,青年群体开始通过'熟人的联合'、'陌生人的联合'、'群体的联合'以及'个体的内卷化'等方式来抵制或平衡'个体化'所带来的对他们生存和发展的威胁"③。毋宁说,所谓的个体的结合也需要在相当程度上依赖诸如手机的媒介的使用。但问题正在于此,力求"结合"的行为凸显了个体化趋势的吊诡之处。恰如前文的分析,一般认为"社会融合"是"好的事情",而社会疏离感、排斥感绝非社会发展的应然指向。如果这里呈现出来的是应然层面和实然层面的落差,那么"手机控"得以持续存在的主体性条件或许就可以略窥一二了。

二 圈子化

正如前文所述,手机媒介与人的联结可以是群体的也可以是个体的,但这并不是手机媒介出现之后才有的情景。事实上,自从有人类交往互动以来,借助任何传播媒介的沟通都可以说既有群体的层面也有个体的层面,但手机媒介仍然不同于其他"传统媒介",除了前文已经讨论过多次的手机媒介特征之外,还在于它是对应着所谓的"圈子文化"而诞生的。当然,圈子文化并不是一个新的现象,但是在以往的研究中,圈子文化是作为一种社会阶层的聚集,它有着明显的社会划分倾向。而这里

---

① 吕梦醒:《论当代青年自我认同的发展困境与应对策略——基于个体化理论的研究视角》,《甘肃社会科学》2015 年第 4 期。

② [加]查尔斯·泰勒:《现代认同:在自我中寻找人的本性》,陶庆译,《求是学刊》2005 年第 5 期。

③ 冯莉:《个体化条件下当代青年"个体的结合"现象分析》,《中国青年研究》2017 年第 10 期。

的圈子文化则并非这一层面，而是依托着不断更新的互联网技术，在公共领域与私人空间的界限愈加模糊，互联网空间涌现出大量的虚拟社群的基础上，并且在所谓的 WEB2.0 网络技术的普及在某种程度上实现了麦克卢汉所谓的"重归部落化"的预言之后，主体被媒介技术"再度"圈子化。这些社群因其独特性质得到了学术界的广泛关注，并被称为"网络圈群"。网络圈群可以说是伴随互联网社交而产生的一个新兴概念，它通常指的是线上群体因某种特定原因集结而成的网络聚合空间。段洪涛指出，按照圈群的载体，网络圈群可分为即时通信工具附带的群、论坛部落和讨论组、社交网站群、博客圈等。当然也可按照组建基础划分为关系型群、兴趣型群、地理位置型群和临时事务型群；按照关系紧密程度，高校网络圈群还可分为紧密关系群、自选关系群、认证关系群等。[1]

在个体化时代，我们不难发现当代青年的自由选择的空间和程度都获得了空前的增加，但与此同时，他们也要承担起伴随而来的生理、心理等多方面的挑战，选择多有时候并不见得是一种提高生活满足程度的方法，稍有不慎个体化时代的自我认同危机便会产生。毋宁说，个体化的特征越明显，人们的社会性需求就越突出。这本就是一体两面的，正如前面提到的不同个体借助手机媒介展开"个体结合"，但这种结合恰恰反证了个体化的深层次存在。对于追求个性、"去组织化"以及"社会交往泛化"的当代青年而言，他们建立社会关系网络和展开交往沟通活动的方式已经与前人截然不同，所以他们急需的不是延续某种固有的结合路径，而是新的组织形式来承担个人与社会联结的功能。"网络圈群"正是在这一语境下产生的，可以说网络圈群既是成长于中国初步实现现代化时期年轻一代的一种生活方式，也同样承担了个体与社会联结的功能。"网络圈群在塑造联结的同时，也在'创造性毁灭'原有的组织形态，是一种'去组织化'的个体形成的新组织。青年个体在网络圈群中的生活

---

[1] 段洪涛、赵欣：《高校网络圈群的特征及其舆情治理研究》，《思想理论教育》2015 年第 3 期。

呈现出新的特点。"① 访谈显示,在当前的手机依赖行为中,圈子化起着重要的作用。"如果同伴玩手机的话,我可能会跟着同伴一块玩,这会形成一种氛围,大家都在玩,自己使用手机的时间也会增加。"(大学生11,女,23岁,山东)

  网络圈群的一个更重要的特征便是"趣缘文化"的凸显。尤其在当今消费娱乐文化都高度与手机媒介咬合的前提之下,趣缘文化的生成也就相应地更具备移动性、易变性、便携性。要知道,共同的兴趣构成了网络圈群/社群的核心要素,或者成为主体之间沟通交往的纽带,同时,它们也决定了该社群的边界位置。因此,围绕着趣缘也就如同一个个基于兴趣而形成的圈子,这样的圈子划分可以有无限多种,它的重点不在于类型,而在于生成的流动性和易变性,最重要的是这种兴趣随着手机媒介附着的交往形态而达至某种便携性。你的兴趣可以通过手机媒介传递给他人,陌生人的兴趣同样可以经由手机在不同的时空条件之下传递到你这里。也就是说,兴趣本身可以是便携的和移动的。当然,这样立足于兴趣的圈子并不是一蹴而就的,它的形成肯定也经历了一定数量的个体从搜寻团体到逐渐融入团体的一个过程。

  在WEB2.0时代,移动互联网不仅仅是传播渠道,在数字媒介技术的革命之下,显然已经超出了模拟技术中的固着性,移动互联网成为进行信息生产、互动传播和社会交往的枢纽,人与人的交集界面和行动空间,人类传播活动穿梭于网络空间之中,这种穿梭的过程编织起了若干个或松散或紧密,或大或小的圈子。有学者考察了这样一个圈子化的传播机制,研究指出,在宏观层面,"各类网络虚拟社区的形态结构呈现出不同的偏向,这直接导致了其信息扩散路径的差异"。而其虚拟社区中的信息扩散主要呈现为两种常见模式:"一是以话题为核心,以群组为主要形式的信息传播模式,呈现出相对封闭的圈子化路径。""二是以人为核心、以个体的社会关系网络为路径的信息传播模式,呈现为相对开放的社会化网络路径。"在微观层面,基于议题的不同类型,圈子中的传播互

---

① 王阳、张攀:《个体化存在与圈群化生活:青年群体的网络社交与圈群现象研究》,《中国青年研究》2018年第2期。

动结构大体呈现为两种不同的倾向：一是"以碎片化聚合机制为主，呈现出扁平化的传播互动结构"，二是"节点主导式的互动机制，反映出圈子内部的层阶化"。① 这些传播机制与移动互联网，尤其是手机媒介，存在着互相构成的关系，青年群体的日常生活亦嵌入其中，由此也就成为"手机控"滋生的主体性条件之一。

三　世俗化

当代中国人的精神状况历来受到重视，可以说是社会各个领域都关注的话题。2012年中央电视台走基层的记者一句"你幸福吗"都能引起轩然大波，可以看到这一问题不仅本身具有一定的敏感性，而且在当下恐怕正发生着重大的变革。

事实上，这方面的调查层出不穷。北京零点调查公司在1998年就进行过一次青年人生观调查，结果显示20世纪90年代末青年关注的主要问题是工作和事业环境，发展前途，经济状况，生活问题。同年，中国青少年研究中心也调查了城市青年的精神状况，结果显示青年对知识的追求主要也是突出实用性和实效性。同年还有中国青年报社和全国青联的大型读者调查，结果显示青年愿意自费学习的技能主要是计算机、外语、驾驶和法律等。② 此外也有一些针对地方高校的大学生精神和思想状况的调查，如2005年有一份针对洛阳高校的在校大学生的问卷调查，问及对个人幸福的理解，大部分青年选择的是财富、权力和宽敞舒适的住宅。③ 又如2011年出现一份针对河南省高校的《当代大学生精神状况调查问卷》，其中有关于人生目的的调查，过半受访者都回答的是"获取财富"和"得到尊重"。④ 也有学者在专题研究中系统考察了"当代中国主要阶层精神生活质量"，主要涉及农民群体、工人群体、知识分子群体、民营企业家和管理者中的高收入群体、公务员群体、大学生群体等。这

---

① 蔡骐：《网络虚拟社区中的趣缘文化传播》，《新闻与传播研究》2014年第9期。
② 李玉琦：《关于当代城市青年的世俗化倾向问题》，载《"面向新世纪的青年与青年工作"征文研讨会论文集》，北京市青年研究会，2001年。
③ 贾小明：《大学生思想状况调查分析》，《当代青年研究》2005年第12期。
④ 陈春雷：《当代大学生精神生活的调查分析》，《中国统计》2012年第8期。

项研究的独特之处在于研究者汇集了近十年来的较为重要的调查，并且基本上是一个鸟瞰式的中国青年群体的精神状况分析。本研究尤其关注其关于大学生群体的部分，作者指出贫富差距在高校中已有相当体现，而大学生的交往目的也渐趋"庸俗化"，校园中充斥着对社会保障和社会秩序持存疑态度的不确定感，且往往在"自我实现安全感"的层面表现出较强的不确定感。而在休闲与精神文化产品的供给方面，大学生虽然绝大多数拥有至少 3 至 5 小时的课余时间，但是花费时间最多的休闲活动则是上网。①

上面比较粗略地勾勒了从世纪之交一直到今天的青年群体思想层面的实证调查。首先需要澄清的是，这些调查当然不能完全相信，一方面很多调查是由商业机构执行的，或者由地方政府作为调查的主导方，因此在结论方面可能有一些是经过修饰的，而且调查方法上也会存在或多或少的不科学之处。另一方面，这些调查有相当部分是在高校展开的，众所周知这种大学生调查作为一种高校思想政治工作的机制化举措是较为普遍的，而受访者的汇报质量也是难以保证的。当然，这些原因在其他情况之下也不见得会更好。我们仍然需要看到其中的典型意义。首先，这样的调查几乎每年都在进行，并且每年都有很多相似的调查，所以调查结果在某种意义上说也是一种稳定指标，调查本身构成了精神状况的组成部分。其次，这些数据也具有一定的代表性，所以不用穷举所有调查也能在相当层面获悉当代青年群体的精神状况。最后，尤其需要注意的是，这些调查的一些结论已经直接与手机相关了，比如将上网作为主要的休闲活动，又如将使用计算机作为最受欢迎的技能，这些都是手机被当代青年群体愈发重视的土壤。而与此紧密相关的另一面向则是在网络新媒体甚嚣尘上的同时，当代青年群体精神状况的不断世俗化。

有学者指出："从其初始含义来看，世俗化的对立面是宗教化，世俗化意味着宗教信仰的瓦解；但在后来的历程中，'世俗化'一词的概念发

---

① 王玉如：《当代中国人的精神生活质量研究》，博士学位论文，东北师范大学，2012年。

生了拓展。按照马克斯·韦伯的话说,世俗化就是一个'除魅'的时代,即现代人在用自己的方式生活,世俗化的进程即为自我被发现的进程。"[①]这与前面的调查形成某种呼应,当代青年群体通过手机首先完成了对自我意识的彰显。如果工作和个人发展是当代城市青年主要关心的问题,那么同时也可以看到用人单位对于应聘者的社交网络的重视,这甚至是全球化的现象,如对微信朋友圈、脸书等社交平台的审查等。而如果财富成为当代青年对个人幸福和人生目的的重要界定要素之一,那么这也首先体现在手机硬件本身,其次,朋友圈的晒文化和秀文化,网络直播和围观文化,网络语言和融合文化,乃至宅文化,这些都在手机媒介的形塑下发挥了更为深远的文化影响。

继自我意识的彰显之后,当代青年群体借由手机媒介还实现了对生活价值的更新。这在上述实证调查中也同样能够得到呼应。青年群体的休闲活动中,精神性的活动明显减少,对知识的获取突出其实效性,人际交往也越来越庸俗化,但这往往也成为特立独行的当代青年的人格多面性的另一种表达。国家、集体、单位在当代青年的思想观念中萎缩得较为厉害,自由弹性的生活方式得到更多的认可。朋友圈、直播、弹幕成为日常生活的构成要件,娱乐、明星、游戏、网购、时尚等成为注意力市场的香饽饽。访谈结果显示,休闲娱乐信息已经成为受访者通过手机获取的主要信息之一。"主要关注休闲娱乐类信息和美感艺术类信息,以及通过公众号获取专业相关的前沿信息。"(大学生7,女,26岁,甘肃)95%的受访者使用手机接收和发送个人情感类信息,受访群体表示手机使用时长的80%是为了消遣娱乐。大学生普遍对于政治信仰类信息关注较少,对休闲娱乐类信息关注最多。并且他们一致认为手机最主要的功能是消遣娱乐。

最后,青年群体也正是借助手机媒介宣告了自己的文化话语权。网红、直播、科技宅、手游等新风潮改变的不仅是审美观念,还有当代青年对流行文化的态度和身份的认同。

---

① 闫方洁:《"世俗化"与"崇高之殇":从自媒体景观看当代青年的双重精神图景》,《中国青年研究》2018 年第 3 期。

第四章

"手机控"的个体生成和影响机制

第一节 "手机控"形成机制的逻辑层次

由于智能手机在现代人的工作与生活里扮演的角色愈发突出,"手机控"作为一种症候频频凸显于日常之中。移动互联网使得人们无时无刻不沉浸在媒介的使用过程里,智能手机不仅仅占据着人们的物理时空,同时还挺进了人们的精神世界。曾几何时,经济水平与消费能力的提振给人们操纵新技术、使用新媒介带来了物质前提,对智能手机的拥有并物尽其用成为一件轻而易举的事情。值得留意的是,媒介依赖的现象加剧,智能手机的使用者被技术异化的问题变得令人难以回避,这种被定义为"控"的形态令许多现实中的新状况应运而生。

"手机控"的形成机制在逻辑上可以分为个体发生与群体社会发生两个层次,两者分别体现了前文所述的客观因素对个体和群体的不同作用机制。相较于过去传统的传播介质而言,智能手机的使用者对媒介的依附程度更加紧密。过往媒介形式的单一化以及使用者作为受众接受信息的被动性,使得传统的传播介质难以满足使用者的心理需要;而在当下,智能手机所蕴含的纷繁复杂的媒体形式能够满足不同层次使用者的各种诉求。个体的使用者会因其需求、目标、个性特点甚至遗传条件的差异,以及作为群体中的一分子所处的社会地位、成长环境等不同而体现为智能手机影响效果的差异,不过对于"手机控"这一现象来说,又存在着大致统一的影响路径,即由线下的"培养—涵化"机制发展到线上的"使用—满足"机制。最终造成的"手机控"的个体生成表现为不同程度的心理生成与生理生成的双重机制。

第二节　个体和群体的不同作用机制

　　心理学研究领域对智能手机使用习惯的研究侧重于将其作为一种心理障碍。国外的研究者参照医学和心理学对精神疾病、物质依赖性使用行为和其他需戒断行为的研究框架，将"手机控"当作一个心理及病理层面的问题行为来进行探讨，还发展出诸如手机依赖量表等测量样式来判断继而诊断智能手机依赖的程度，并从行为心理耐受、戒断、社会功能及生理反应等若干方面来解析"手机控"的现象。[1] 心理学家将既有的物质依赖性使用行为的研究基础作为出发点，不仅关注到"手机控"的依赖使用行为，并且关注到这种行为背后的心理生理并行原因，不论是考察框架还是思路与方法都为后来的理论分析提供了极强的参考价值。然而需要指出的是，"手机控"与物质依赖性使用行为在形成原因、行为表现与生理征兆上并不全然一致，国际电信联盟发布的报告也认为所谓"手机控"尚无法被视为心理或生理上的病症，因而以物质依赖与上瘾行为作为"手机控"的研究框架固然可供借鉴，但同时也要留意其是否带有研究立场上的偏倚。

一　个体层面的作用机制

　　相较于传统的媒介环境，新兴的移动互联网媒介环境为用户提供了一个辽远广阔、纷繁复杂的信息世界。作为个体的用户身处这种环境之中是再渺小不过了，而用户自身无法以外视角审视这一切，能力是有限的，却依然在追求无边无际的信息，仅能依靠自己的脚步与眼界丈量与获知。在信息膨胀的时代，用户只能借助媒介工具来接触信息，试图缓解心理焦虑。智能手机作为一种不难获得的中介工具，在日新月异的媒介技术的支撑下，尤其是在以移动互联网为主的新型媒介技术的平台上，

---

[1] 王珺珂：《大学生人格特质、应对方式与智能手机依赖的关系研究》，硕士学位论文，上海师范大学，2014年。

用户的有限性得到了释放,不用强行诉诸理性就可以放眼了解与彼此交流。智能手机作为一种新媒介解放了用户的身体局限性,并赋予他们交流与获取新知的无限可能。正如李普曼所说的:"人们直截面临的实际处境的确是过于错综复杂、过于海量浩大,也过于转瞬即逝了,我们并未准备充分去应对如此神妙莫测、如此多种多样、存在着如此频仍组合与变化的环境。"① 智能手机的横空出世缓解了用户作为受众对庞杂世界的焦虑心理,现代社会中的人们亦借由频繁接触智能手机而获得心理上的满足,这可以被看作媒介依赖的一个关键的心理基础,同样也为新兴技术所导致的人的异化提供了可能。

现代社会是一个高度分工的精密社会,人们作为群体又被分离为多个小众化的个体集合,与此同时现实环境带来的挫折与困难是过去的人难以想象的。在复杂的现代社会中,人们可以选择前进或是逃避,而与传统的社会殊异的是,逃避的途径方式都发生了改变。以智能手机为代表的新型媒介技术所呈现的世界便成为逃避现实的桃花源,现实世界中的秩序与排列正在逐步消解,各种框架与体系也可以被忽略,当沉浸在手机世界之中时,用户能够自主进行角色定位,不论是匿名化地分享信息,还是沉迷于游戏世界里消磨时光,或者在交流过程中制造话题引领讨论、收获自我成就。在智能手机的屏幕上,用户在界面切换中收获满足。在某种程度上而言,智能手机为使用者提供了一个感性宣泄的场所,用户也甘于将心理情感寄托在智能手机的使用之中。

作为个体的"手机控"并不是孤立的存在,也要面临自身的社会性。社会性与互动性是个体存在的基本属性;在社会关系中,个体会根据外部环境的变动来调适自己的认知与行为取向。在新阶段的媒体使用环境之中,智能手机与移动互联网所提供的丰富的信息用来满足用户对信息的需求,用户还借由智能手机在与他人的交往行为中收获对自我的认知。正如主我与客我的关系,人的自我形成于主我同客我的互动,智能手机作为新兴媒介为大众提供了与过去不同的交际平台,也就是所谓的虚拟

---

① 转引自成升《虚拟现实何以超越拟态环境》,http://media.people.com.cn/n/2014/1203/c382352-26141124.html。

交往，人们借助智能手机及相应模式展开对话交流，颠覆了过去面对面的人际互动。经过一系列的社会交往，用户通过他人对自己的评价，调适自己的行为偏向。在这个过程中，智能手机具有一种强势的权威性，其作为工具而超越工具性质所传达的价值理念等受到使用者的认同与追捧，最终甚至成为一种颇具威信的价值观念与意识形态，用户为了从中获得安全感而逐渐产生了对智能手机及其使用的认可。

美国的传播学者鲍尔·洛基奇（Ball Rokeach）最早总结出媒介依赖理论（media dependency theory），在他看来，有三个动念促使个人依托媒介，那便是理解、定向及娱乐。[1] 当作为个体的用户借由媒介工具与讯息资本来认识与释读当下、过往与未来的文明与事件的时候，便容易生发出有关社会理解的依存关联；而当某种媒介工具被高程度高频应用，愈发庞杂的需求获得填补时，媒介也赢得了更多的依赖，由此，此类媒介对人的作用也就愈发突出。[2] 用户对媒介的依赖体现在不同方面，即使用诉求与感情诉求。使用诉求意即通过媒介获取讯息资本，并且持续增进利用此类媒介的频率，继而对此类媒介产生依赖；而感情诉求则体现为某种心理层面的满足，即用户通过媒介工具获得情感上的共识，心理上获得慰藉，由此形成依赖。

从智能手机所具备的特征来说，智能手机被称为"第五媒介"，而智能手机的普及率高、双向交互、多功能和不局限于时空界定的传播等特性则使其更像是多种媒介的组合。[3] 智能手机几乎能够满足当代人工作、生活与娱乐的全部需要。眼前我国处于社会转型阶段，经济发展势头迅猛，与之对应的是人们所承受的负担也有增无减。这带来了某种心理层面的驱策：当真实的社会交往不如在移动网络环境的虚拟交往那般简单自在的时候，人们就很有可能利用移动互联网来缓解现实世界带来的苦闷。智能手机所营造的区别于实际的虚拟环境恰好充任了现实的替代品。从个体使用者的猎奇求新心态来说，人们愈发主动地获知这个世界发生

---

[1] 参见刘超宇《从传播学视角探究手机依赖症》，《新闻研究导刊》2016 年第 15 期。
[2] 周鸿铎主编：《应用传播学史纲》，中国纺织出版社 2005 年版，第 13 页。
[3] 刘超宇：《从传播学视角探究手机依赖症》，《新闻研究导刊》2016 年第 15 期。

的事，以最便捷的方式实现对信息的寻求与安慰的满足。

另外，社交焦虑的个体使用者对人际关系的体察越来越敏感，他们很难直接去面对面地与人交往。饱受社交焦虑之苦的使用者借助使用智能手机来减少人际交往的焦虑，例如发送微信可以让使用者有时间去考虑他们想说的话，甚至在发送后可以选择撤回，这能够给他们提供更好的交往控制感，然而过度使用智能手机的个体也有更高的社交焦虑与人际孤立感。在对大学生群体的访谈中可以发现，有手机依赖行为的大学生拥有更高的社交焦虑感，该群体中的一类人因性格内向、缺乏自信成为"感染""手机控"的高发人群，拥有这些特征的人往往交际圈小，朋友较少，想与外界联系又采取被动姿态，只好通过使用智能手机来排解孤独感和体现存在感。比如有大学生受访者表示：

> 与班级同学接触较少，性格比较内向不愿与人沟通，在人际交往方面不那么积极，也有比较严重的社交障碍和焦虑，因此我个人更愿意在手机中寻找自我。（大学生8，男，19岁，江西）

> 小时候家庭氛围不是很好，父母常常吵架，导致我的性格和其他孩子有点不一样，算是比较孤僻吧。在家不愿与父母进行交流，在学校也不太喜欢人多的地方，更多时候是投入到手机中，渴望在手机中寻求一些情感寄托。（大学生2，男，22岁，云南）

由此可以看出，人格特质与社交焦虑程度是影响个体使用者成为"手机控"的重要变量，一些研究表明，存在着感性化、易遁藏退却等行为特性的个体，在日常中表现出社交障碍的概率更高[1]，而智能手机使用者的社交焦虑的易感性与人格特质与神经质、内外向等因素显著相关[2]。

---

[1] 贾淑斌：《大学生人格特征与社交焦虑的相关研究》，《现代生物医学进展》2008年第1期。

[2] 李波、钟杰、钱铭怡：《大学生社交焦虑易感性的回归分析》，《中国心理卫生杂志》2003年第2期。

二 群体层面的作用机制

在社会转型的过程中,大环境的变迁是造成大众对新兴事物盲目狂热追求的外部条件。随着市场经济的持续发展,经济理性越来越在社会思潮中得到强调,而技术是经济获得利益最大化的有效手段,因而在现实社会中,人们对各种新型媒介技术秉持了一味接受的心态。在计算机发展的初始阶段,新式的产品广受欢迎,而随着计算机日益普及,使用它的人数激增,人们对于计算机设备与技术的依赖问题也不断凸显,异化人群的数量也渐升。这个过程开始于每一次新产品的问世,在这种周而复始的循环变化之中,社会因素的变化成为人类被技术异化的必要条件。与此同时,对于经济理性的追求使得商家利用尽可能多的技术手段来追逐最大化的经济利益,智能手机所带来的点击率与流量成为商家竞相追逐的对象。

鲍尔·洛基奇所指出的媒介依赖理论阐述了群体与媒介依赖关系形成的原因。[①] 一方面,现代社会是一个复杂的广阔环境,凭借群体的感性经验已然不足以满足人们对于现代环境的认知,并且生活在现代社会中的群体仅凭所谓"一手资料"已无法把握自己所处的生存环境;媒介是群体与外部环境联系的中介,必须依靠大规模的社会媒介系统即大众传播系统所提供的信息拟态环境来实现对社会环境的认知。另一方面,群体与媒介依赖呈现一种非对称的关系,理解周围环境的需求使得当我们发现自己处在一种新的情境下时,也就是说处在一个认知的真空中时,就会有一种不安的感觉。如果我们将这种真空比作对新闻信息或者相关知识的认识,处在当今时代的人们比起查阅书籍、期刊、报纸等传统模式,通常都会转向大众媒介来寻求指导,或者直接援引大众媒介上的观点。从信息经济学的角度来说,面对信息不对称时,人们对相关信息的真实水平无从考证,只能选择无条件地去接受该信息。然而在这种情况下,人们长期通过某一渠道获得信息,就会对该媒介产生依赖。人们与大众媒介的接触越多,就会越离不开媒介传播。大众传播是一个社会过

[①] 参见王怀春《新媒介时代受众对媒介依赖的变化》,《当代传播》2009年第2期。

程，在这个过程中，相同的信息通过网络、印刷品、音频或视频方式被散播到广泛的人群中。这些方式的不同特点会影响到人们对信息内容的关注，至少会影响他们理解信息的部分内容。

从技术层面讲，智能手机作为通信工具与网络终端，其具备了交流沟通与信息获取这两个社会功能。与此同时，群体使用手机还有文化层面的功能，即群体性质的身份认同。从青年群体的日常实践来看，使用智能手机沟通或获取信息是他们作为"数字原生代"的共同特征，如果不具备相应的行为方式，则很容易被孤立或边缘化。有的受访者表示："我最早用手机是在高中，当时很多同学都开始使用手机，甚至在一些课程学习方面，也会用到手机。如果其他同学都在使用手机，而我不用的话，我会觉得我不是他们中的一员。"（大学生2，男，22岁，云南）

在研究中需要特别注意的一个背景条件是，当前的社会是个移动互联的信息社会，人们沉浸在数字环境里，其成长与生活经历决定了智能手机在日常扮演的关键角色与功能，他们也习惯在日常生活中与智能手机形影不离。"数字原生代"普遍具有信心与勇气去挑战与质疑权威，并且拥有更具全球视野的消费主义精神，还更有意愿对新兴技术手段进行摸索与探求。

智能手机所带来的革命与日常生活的变化也可以看作在当代社会网络基础上沟通模式转型的结果。并且智能手机技术的使用和社会变迁还是双向作用的关系，即人们生产生活的需要决定了对智能手机的依赖，而移动通信技术的应用又促使他们改善生产生活。智能手机的使用亦是群体"主动"选择的结果，其背后的动因是网络文化的新兴行为规范与价值观念。此外，群体对智能手机的使用还与社会主体（包括个人、群体、社会甚至国家）间紧密联系的状态及其特征、基于"网络"（节点之间的相互连接）而非"群体"（明确的边界和秩序）的社会组织形式存在着紧密的联系。智能手机使用所引发的焦虑或手机依赖背后的原因是极为复杂的，因此还需要借助较为合理的抽样方案设计与科学的实证研究方法来探寻群体使用智能手机的心理机制，以及不同因素在智能手机依赖问题上发挥的作用。

从代际的角度来看，作为主导社会主流价值观的"数字移民"们，也许可以站在"数字原生代"的角度来重新考察青年群体的"手机控"问题。基于信息社会里的使用者对资讯的需求与利用，作为获取内容、维系关系与扩展社会交往的工具，智能手机已然成为日常生活的必需品。由智能手机延伸的科技公司研制的其他电子穿戴设备可能会让使用者产生新的依赖。观察群体的"手机控"应从社会文化视角把不同代际对智能手机的习惯性使用视作正常的社会性需求，而非社会问题或是病态的社会现象。"手机控"也带来了"数字移民"与"数字原生代"之间的"代际数字鸿沟"，群体文化背后的生存方式的微妙特征由此体现出来。

所谓隶属需要（need for affiliation），是指个人认同于他人或群体的行为方式，并以相同方式行为，以获得安全感的需要。生活中每一个人都需要有一个对自己进行评判的参照基点，否则就难于自我确认，就不能有足够的安全感。因此，人需要将自己归于一个自己认同的群体。这就是隶属需要。心理学家沙赫特进行的一项著名研究，很好地证明了以上的理论，即一个人越是缺乏安全感，他的隶属需要就越强烈。沙赫特用不同的实验操作引发被试不同水平的恐惧，然后考察恐惧水平与人们希望与别人在一起的要求是否有关。研究的结果证明了原初的假设：恐惧水平越高，合群倾向也越强。并且，兴趣的一致是现实生活中群体形成的重要原因之一。兴趣的不同，直接导致了人们在群体归属上的分化。心理学家蒂博特的研究证明，一个群体的吸引力，与其所开展的活动是否具有吸引力直接相关。活动越是可以激发人们的兴趣，越易于吸引人们参与。

工具作用与情境压力的因素体现在，人们加入某一群体有时是为了达到某种功利目的，或实现与群体无关的期待。此时，人们加入群体成了实现其他目的的手段。大量社会心理学研究的结果都显示，高压力的情境会直接推动人们形成群体或加入群体。前述沙赫特的研究已经证明了这一点。其他心理学家对现实生活开展的研究也证实了这一结论。心理学家夸伦泰利等人通过研究发现，灾祸的受害者会自动与邻里和朋友组成群体去寻找庇护或救援其他受害者。佩皮通等人的研究则表明，高恐惧诱发情境会明显提升个人参与群体的倾向；显然，当人们的安全感受到威胁时，组成群体或加入群体，是人们获得安全感支持的最佳途径。

被凯文·凯利称为技术领域的"弗洛伊德",人与技术关系领域首屈一指的社会心理学家雪莉·特克尔(Sherry Turkle)将这些现象命名为"群体性孤独"——我们似乎在一起,但实际上活在自己的"气泡"中。我们期待他人的少,期待技术的多。不间断的联系,是否让人类陷入了更深的孤独?2012年2月,雪莉·特克尔在演讲中总结了让人们痴迷于手机或者其他电子产品的三大错觉:一、我们可以把精力分配到任何我们想关注的地方;二、总会有人倾听我们;三、我们永远都不用独自一人。

三 个体与群体共有的作用机制

行为的交互决定论(reciprocal determinism)认为,行为、个人因素与环境因素是相互连锁的关键因素,在相互作用的过程中共同起作用。个人与群体的内部因素与环境是交互作用的,例如人们的期望影响着他们将会如何行动,而他们的行为结果又反过来对他们的期望产生影响。环境改变着行为,人选择怎样去做取决于外部环境与许多个人因素的相互作用。其中个人因素包括禀赋的个性特征、习得的能力、沉思性思维,以及高度创造力。"手机控"的行为也是交互作用的结果,个人的病理性智能手机使用行为、人格特性,与现实生活中家庭、学校、社区等社会环境以及移动互联网的虚拟环境之间的交互作用导致了"手机控"的产生。对于存在差异的"手机控"来说,这些要素在其智能手机依赖行为中所施展的交互效应的比例亦有差别[1],也就是说,有可能是群体与环境对其智能手机依赖起着主导性的作用,也有可能是个人因素诸如好奇心、退却或是抑郁水平对其手机依赖的行为发挥了支配作用。

人类的思维活动与自然界的生物运动的相似之处在于惰性规律的存在,其主要体现在对事物的钝感,喜欢求同而不擅立异,并且偏好运用惯有的思维模式不断重复。惰性思维是人类自身所具有的本性,人类对

---

[1] 杨容、阮昆良、郑涌:《行为主义理论在中学生网络成瘾行为中的应用探析》,《中国学校卫生》2005年第11期。

于某些事物的过度依赖使得积极主动的思维方式渐行渐远,从而导致思维方式的被动消极。在传统社会中,人们的思维方式建立在缜密的逻辑能力之上,而在现代社会,以智能手机为代表的新媒介的知识生产能力超越了人类本身所具备的知识能力范畴,大众对新型媒介技术所供应的信息与知识保持固有的态度。

智能手机使用者在思维活动中不自觉地形成了某种思维习惯,使得人们按照固有程式进行思维,好的思维习惯会带来积极影响,而不良的思维习惯对人的发展产生的影响无疑是消极的。惰性思维主要包括两个方面,一方面,缺乏主动的思维意识,这体现在意识对人的能动性产生反效应。当人们沉浸在马不停蹄的信息高速生产的世界时,他们一味地被动接纳信息,思维意识也处于被动接受的状态,并且庞杂的信息被灌输在大脑之中还使得辨别能力与分析能力受阻,信息超载的影响替代了人主动思维的能力与意识。正如有受访者表示:"我对手机的依赖很严重,手机影响了我的生活习惯,与碎片化生活一样,阻碍了自己的思维能力。"(企事业人员3,男,27岁,湖北)另一方面,缺乏主动的思维心理,这源于媒介化生存时代里手机与移动网络的存在钳制了人的思维习惯。智能手机为人们提供了方便快捷的途径去获取信息,当知识信息缺乏的时候,人们不自觉地通过智能手机的搜索引擎去寻找,长此以往就会被新兴技术腐蚀,主动探索的思维心态便无影无踪,而只能被动依赖智能手机的赋予。

另外,"手机控"的作用机制中蕴含着消费社会中的符号价值观。波德里亚认为:"当下,在我们生活周遭存在着某种持续增益的物、服务与物质财富所组成的令人惊叹的消费与丰盛症候。"[1] 生产与消费是当今社会的重心。在后工业时期,最基本的经济要求是满足人们对生产资料的需要[2];满足基本生活之后,消费便成为目的,过度的消费文化亦成为技术异化的滥觞之处,例如目前人们对高科技产品的狂热追求便是社会经

---

[1] [法]让·波德里亚:《消费社会》,刘成富、全志钢译,南京大学出版社2001年版,第1页。

[2] 王晓升:《略论后现代社会的几个主要特征》,《教学与研究》2014年第6期。

济高度发展进程中过度消费的体现。随着社会不断进步，不合理的制度与文化同样会导致异化，导致社会负效应的发生。物质生活水平的提高使得人们的消费观念发生转变，对于技术和物质产品的过分崇拜也应运而生。正如波德里亚所言，我们在现代社会中所消费的不仅仅是商品，而是一种符号，符号表征的是财富、地位等社会身份。在智能手机盛行的情境下，个体与群体所消费的不单单是对智能手机使用的现实需求，更囊括了某种符号性的价值需求，这种符号代表的是消费背后的意义，同时这种意义还暗含着差异与区隔的需求，在将以智能手机为代表的消费产品作为符号消费的过程中，人们通过持续不断购买新的高端科技产品以消解不同群体的差异性来获取满足感。

以智能手机为主的传播介质的出现代表了符号文化在电子产品中的兴盛，作为一种技术含量很高的产品，智能手机已经超越了自身的使用价值，它所引领的大众产品的振兴为大众带来了一种近似虚假的消费仪式。科学技术不单单作为技术使用，在消费文化中，智能手机变作了虚拟的符号，智能手机成为欲望的体现形式。群体体验到的使用智能手机所带来的快感，是新兴语境下技术带来的异化。消费社会引导的是一种虚假需求，后果不乏群体真实需求的迷失与个体欲望的不断放大。智能手机消费所体现的电子产品消费观仅仅是社会消费文化的一个方面，人们对于物质的欲望往往来自社会地位与角色的差异，利用竞相购买对应的产品以获取意义来消弭差异性，这也常常被看作导致过度消费的前因。通过这种价值导向的影响，"手机控"所折射的非理性消费也将变得令人习以为常，人们的欲望更容易耽溺于对产品的某种意义的追求之中。

第三节 个体线下的"培养—涵化"到线上的"使用—满足"

一 线下的"培养—涵化"

涵化理论（cultivation theory）又叫"培养理论""教养理论"，在格伯纳（George Gerbner）等学者看来，当今社会的传播媒介或明或暗的"象征性现实"对人们了解和领会现实世界造成了复杂的影响。因为传播媒介所具有的某些倾向性特质，人们在印象中描绘的"主观现实"与客观存在的实际现实有着相当大的偏离。同时，这种影响不是短暂的，而是漫长的、潜移默化的，它在人们浑然不觉中牵制着人们对现实的看法。从这个角度上讲，伯格纳等学者把这一研究叫作"培养分析"。①

涵化理论的引出是在 20 世纪 60 年代末期，其研究背景是以电视为主的媒介在当时带来了日益严重的社会影响，特别是负效应②，其时，美国社会的暴力违法行为和其他犯罪对社会构成了相当大的威胁。格伯纳等学者在美国政府有关部门专门创设的"暴力起因与防范委员会"的支持和赞助下开始了"培养分析"的研究。

该理论表明大众传播具备涵化的作用，它是以特定的社会观念和传播理念为启碇的。③ 早期涵化理论的研究者认为，媒介的使用者作为信息的接受者，是单向度的个体。人们常常借助异彩纷呈的大众传播媒介所构筑的虚拟环境来认识周围的现实世界，人们的思想行为亦根植于通过媒介符号传播所建构的世界。然而当下人们对于移动互联网与新媒体的全方位应用已然使得智能手机成为联系虚拟与现实的纽带，早期涵化理论当中的传统媒介主导受众的现象已大大改观，我们看到的是使用者自主性愈发强的传播新兴框架与形式得以确立。在智能手机所营造的新媒体环境下，用户的互动性与参与性大幅提高，传统以媒体为主导所建构的符号现实较为弱化。新兴媒介的蓬勃兴盛致使传统媒体的涵化发生一定程度上的变异，如此一来，致力于传统媒体的涵化理论必然无法适应新兴媒介环境下的涵化意义。④

尽管如此，早期涵化理论在当下依然有一些方面是适用的，毕竟我们生活在一个由媒介所构筑的符号世界之中。智能手机的出现在一定程度上离开了由传统媒体所建构的虚拟环境，但是涵化理论的一些潜在意旨在移动互联时代仍然是匹配的，因为移动互联时代的"手机控"现象

---

① 参见周庆山《传播学概论》，北京大学出版社 2004 年版，第 233—239 页。
② 参见汪淼《传播研究的心理学传统》，广西师范大学出版社 2014 年版，第 66 页。
③ 参见李正良主编《传播学原理》，中国传媒大学出版社 2007 年版，第 393—400 页。
④ 丁怡然：《传统媒体在新媒体平台的传播效果研究——以微博、微信为例》，硕士学位论文，南京理工大学，2015 年。

依然可以呈现所谓的"第二手真实"。对于涵化理论而言，其在智能手机发展时代下的理论框架有待于我们进一步探究与思索，以使其更好地为新媒介环境的传播实践服务。

联系到如今的社会，智能手机在某种程度上代替了当初电视的功能，成为使用率最高的新媒介，智能手机的使用体验一方面扩展了用户获取信息的途径，另一方面也在潜移默化地形塑所谓的"象征性现实"，这对人们认知与理解现实世界，并构筑自身的价值与行为体系起到了非常大的影响。正如麦克卢汉所谈到的"媒介即讯息"，智能手机的使用正是这样一种能够悄然改变大量用户行为方式的技术载体，它通过便携、高速、互动的体验特征实现了个人信息管理与社会信息交流的无限可能，并带来延伸到相关产业的种种变革，目前各大传统媒体纷纷抢占智能手机的客户端市场便是一个很典型的佐证，而这样的现象极大程度上有赖于使用者的持续应用。① 关于媒介改变人的行为认知的表达并不缺乏，例如"容器人""电视人"等，而对于智能手机技术更迭代谢周期并不是特别短暂的进程而言，使用者获得的涵化效果是不是很突出，或者涵化到了什么样的程度，将会是以后研究的重中之重。

"手机控"的"涵化"是一个渐进的过程，而这个过程推动了移动互联网技术的发展。20世纪60年代，美国的传播学者埃弗雷特·罗杰斯（Everett M. Rogers）由媒介劝服人们接纳新的观念与事物的现象创立了创新扩散理论（diffusion of innovation），侧重阐述新型媒介技术对社会与文化的影响，而这里的"接受"需要经历"知晓""劝服""决定""确定"四个环节。② 智能手机的使用在数年以前还是一项创新技术，仅有少部分的早期使用者，而随着各种形式的应用与推广，越来越多的消费者开始为之投入时间与精力，其使用水平迅速攀至高峰。能够预见的是，随着未来5G技术的推广与普及，智能手机的使用还拥有不可估量的可能性，其内容与发展形势都值得期待。这对于"手机控"的行为范式恐怕

---

① 董艳、张大亮、徐伟青：《用户创新的条件和范式研究》，《浙江大学学报》（人文社会科学版）2009年第4期。

② 参见张国良《传播学原理》，复旦大学出版社2009年版，第237—238页。

是一个全新的挑战,也可以将其解读为一个扭曲转变、涵化了的行为方式的机会。归根到底技术是由人决定的,不应该将"手机控"的错误解读与运用完全归咎于技术的进步,积极指引、因势利导才是正确的途径。

(一) 实用性依赖与社会适应

"手机控"这种媒介依赖行为与过去其他传统媒介依赖行为不同,它呈现出的是一种实用性依赖。与贝雷尔森指出"阅读为我们带来什么"以及"没有新闻纸的生活意味着什么",继而开始着手探究纸质媒体对人的涵化作用类似,美国的传播学者尼尔·波兹曼发出"如果一个月不看电视意味着什么"的质疑,来引出关于普罗大众的生活习惯如何被电视媒介所影响的思考,最后冷不丁地总结为"充其量是一种苦行"。[①] 那么一旦生活中少了智能手机、无法联通移动互联网,使用者所表现出来的焦虑与担忧的强度也是可想而知的。智能手机不仅记载了十分宝贵的影像信息,还存有我们所认为的至关重要的通讯录与社会交往资源,它不仅与学习工作的各项事务密切相关,而且绑定了各种移动支付工具……如果说对于纸媒、广播电视等传统的媒介产品的依赖行为基本上是偏重于信息和消遣的精神性依赖行为,"手机控"对智能手机的依赖则不仅延续并强化了这种依赖,伴随着持续不断成长的网络科技与日渐完善的硬件出品与服务,显而易见的实用性依赖由此体现。可以看到的是,智能手机与现实生活联系密切,它的影响力渗透到使用者生活的方方面面:从信息获取到社会交往,从日常工作开展到商业活动,从移动支付到提供科教文卫的生产力工具,这时的智能手机作为媒介不只是娱乐消遣的增补,而是现代化生活中不可或缺的关键元素。

> 手机属于联系工具,从通信需求来看是必需品,是沟通的重要媒介,日常生活吃喝玩乐行住都离不开手机。在身体健康方面,手机上会有健身类的应用软件,方便我关注健身信息。(企事业人员3,男,27岁,湖北)

---

① [美] 尼尔·波兹曼:《娱乐至死》,章艳译,中信出版社2015年版,第107页。

手机为及时获取信息咨询提供了便捷的途径，联系家人朋友更加方便，在手机里传输资料更加快捷。（大学生6，女，20岁，江西）

跟课堂上或下课后的线下交流相比，和老师在线上的交流气氛会更加轻松愉快，关系也会更加亲近和亲密。同样，通过手机和父母的联系也更加紧密。我读的是住宿学校，一周回家一次，因此平时和父母沟通交流的机会较少；通过手机线上聊天，和父母联系更加频繁，关系也更加紧密。（中学生5，女，15岁，重庆）

由于现今各单位都有工作微信群或QQ群，很多通知都是直接在群里发布，还有一些工作上的问题也是通过手机或其他网络平台来完成。毕竟在科技大发展的今天，很多工作都是可以通过手机或电脑来上传下达。（企事业人员4，女，32岁，江西）

"手机控"常常体现于人们对智能手机的过度依赖，并且这已然改变了人们传统的面对面人际交往的方式。对手机的过度依赖使得人们习惯了借助网络与人互动交往，这在某种程度上令人们的社交能力弱化，让手机依赖的用户出现了人际关系不和谐、环境适应困难等诸多障碍。还有调查表明，网络社会支持与现实社会支持对于疏离感各个维度有着显著的负向预测的意义[1]，这也表明了网络社会支持与现实社会支持作为个体的线上线下社会支持系统共同对使用者的疏离感产生影响，即当个体获得了比较少的网络社会支持与现实支持时，个体便容易产生社会、人际与环境的疏离感。在智能手机盛行的当下，人们的社会交往行为以线下的现实社会交往与线上网络交往相结合为主，智能手机所催生的交往形态日益受到越来越多的人的喜爱，那些不刷微博、不聊微信以及不发状态就难以入眠的人们，他们获得社会认可与归属感的方式也正从现实转入移动互联网与智能手机所建构的环境之中。

---

[1] 张晓童：《中学生社会支持、疏离感与病理性互联网使用的关系研究》，硕士学位论文，天津师范大学，2015年。

社会适应的能力基本上指对学习、工作、人际、情绪等方面的适应，表现为适应社会过程中的自制力、自信心以及人际交往的处置能力与情感的调控能力等。使用者如果能够有效地驾驭外部情况与处境，如将自己的工作与业余生活合理安排，那么对于智能手机的依赖水平也不至于特别高。与此同时，如果能够按照自己的意愿与想法行事，能够良好地调适生活以及处理各种人际交往的变数，并且可以对自己在适应社会过程中的经历持有积极的心态，那么他们所体会到的那种消沉与失败的不适感便将相对减少，也便愈发不可能利用智能手机来填充生活中的无聊与心里的空洞寂寞。而与之相对应的社会适应能力偏低的人则愈发有可能借由智能手机这项事物来弥补孤单。除此以外，在实际生活中不懂得处置人际联系，转而使用智能手机来树立与他人的联系从而减轻与他人直面接触时的种种无法适从，也是由于社会适应能力缺乏而造成的对手机过分依赖的因素的一部分。①

智能手机是人们开展交际的言语或非言语中介，是社会发展过程经常更新的产物，"手机控"这种依赖性质的使用行为是如哈贝马斯所说的自主化的工具理性的扩张所导致的"生活世界殖民化"（colonization of life world），是由用户对智能手机的过分重视与缺少对于工具理性的判断，并且对交往理性的认识模糊导致的。从哈贝马斯的观点来看，交往是类于主体间性的行为体现，交往行为主体与行为主体之间具有平等的地位，智能手机的使用者运用智能手机作为中介互相理解彼此的状态与动作。②智能手机还是一个可以迅速满足交往诉求的手段，这反映了显而易见的目的性质。使用者能够借助智能手机跨越距离与时间的限制，从而同其他人进行沟通与互助。使用者通过智能手机展开交往，实际上也是通过工具在熟识者或陌生人那里袒露自己的情感、态度与价值观等形而上的要素。然而这种行为并非是面对面的，恰恰是具备一定程度的隐蔽性的，"观众"无法看到"演员"的真实情绪、态度等元素，仅能臆测猜度其心

---

① 金荣、闻雪、姜永志：《大学生社会支持与手机依赖的关系：社会适应的中介作用》，《广州大学学报》（社会科学版）2015 年第 10 期。

② 代艳丽、奉苏妹：《哈贝马斯交往行为理论对大学生"低头族"的启示》，《学术探索》2016 年第 1 期。

里的想法，这让使用者在进行自我表达的时候愈发青睐自己的虚构角色而忽略实际情境中人际互动的真诚与真实。除此以外，"手机控"在规范调节上的缺失体现于"隐性逃逸"：虽然该上课的上课，该上班的上班，但是工作学习中情不自禁的手机使用呈现的是"身在曹营心在汉"的状态。即使这样并未违反关于工作学习的制度规程，却容易导致使用者自身规范的欠缺。"手机控"使用者将日渐认可"工作学习过程中使用手机不碍事"的非制度化的集体共识。并且，即使使用者在智能手机交往里的身份是等同的，然而他们的交往信息掌握水平却是不对称的，这必然会导致新的不对称状态。智能手机的使用者的成长环境、文化资本、社会资源都存在差异，尤其是文化资本存在严重的不对称，非常可能造成使用者利用智能手机交往的时候的信息差别增加，每个行为主体都自以为自己掌控的信息是不容置喙的，是全方位的，然而实际上并非如此。如果其中某一方一直处在信息不对等的劣势地位，则极有可能致使其人际关系变得紧绷乃至异化。如果借由智能手机交流沟通的双方可以对交往本身达致某种规范性的价值共鸣，将既存的差异作为可以用来观照与学习的对象，那么人际关系将愈发协调。

哈贝马斯所讲的"生活世界殖民化"在"手机控"的依赖使用行为上得到了集中展现，"手机控"不啻为工具理性在生活世界无限度拓展的后果。[1] 处理智能手机使用依赖的难题，事实上也是处理"生活世界殖民化"的问题，终归需要解决的便是所谓"系统"与"生活世界"脱节的困难。为使这一问题得到解决，"交往理性"即规范人的交往行为的基础原则的概念被提出，行为主体的交往行为在道德实践的层次得到理性化[2]，当然其是否行之有效，还有赖于公正、真实与真诚的是否存在以及存在的比重，而发展交往理性也是"手机控"克服人际关系障碍的必由之路。

（二）媒介环境学角度下的智能手机涵化

媒介环境学开创于20世纪30年代，于20世纪50年代茁壮发展，代

---

[1] 万勇华：《哈贝马斯"生活世界"理论述评》，《兰州学刊》2006年第3期。
[2] 傅永军：《哈贝马斯交往行为合理化理论述评》，《山东大学学报》（哲学社会科学版）2003年第3期。

表学者有伊尼斯、麦克卢汉、波兹曼、梅洛维茨和莱文森等。1970年媒介环境学派的代表人物尼尔·波兹曼确立了学科研究方向，即将媒介当作环境来进行研究。① 媒介是个庞杂的信息体系，当中蕴含的与固存的结构都对使用者、参与者的认知、理解与情感产生了不小的作用。② 从这个角度来看，媒介环境学派的研究至少包含了三个层次，即感知环境、符号环境与社会环境。其中媒介环境与人们自身感知系统切实建立起的关系无疑引起了研究者们更多的关注。③

从感知环境的角度而言，智能手机使得使用者的多种感官同时卷入。麦克卢汉最为人所知的观点是"媒介即人的延伸"，即传播媒介是使用者官能的延展与拉伸，每种媒介皆可以被解释为一系列感官性状，对于每种媒介的操作与使用皆暗含着用户借由特定形式连接自己的感官的需求。由此推导出的是，每一种传播媒介也都可以被理解为一种感知环境，以移动互联网为承载平台的智能手机硬件及其中的软件所构成的生态几乎是以往所有媒介形态的杂烩与集合：不管是以文本信息为主的微博与公众号承担了过去书本的功能并延伸着人们的视觉，还是酷狗、虾米等音乐分享应用使得听觉领域获得拓展，或是各种视频APP让人们有了置身于影院剧场或是街头窥探猎奇的错觉，还是各种尽可能达到逼真效果的游戏使人身临其境……更为实际的情况是，使用者们常常在浏览新闻时还一边享受音乐，一边与朋友交流互动，这种多感官并置交错的应用使得参与者卷入一场愈发完美的感官盛宴，人们享受着这种被挑逗、被调动的全身心体验，感受着虚拟世界提供的种种满足。

除此以外，智能手机所具备的参与性还突出地对使用者的感知环境产生了影响。智能手机使用门槛越来越低，并且赋予了每位用户创造并传播内容的权利，每位使用者无论性别、年龄、身份、地位或趣味等差异，都能在使用智能手机的过程中获得体验机会。比如有受访者表示："手机改变了我的购物习惯，例如线上支付、出门不用带钱包。另外，通

---

① 胡易容：《媒介环境学派的理论困境与符号学取向》，《编辑之友》2015年第2期。
② 金雷磊：《中国当代媒介生态理论研究述评》，硕士学位论文，华中师范大学，2009年。
③ 黄东亮：《手机传播现象初探——一个媒介环境学的视角》，硕士学位论文，复旦大学，2008年。

过浏览手机中的休闲娱乐类信息可以缓解自己上班时疲劳和负面的情绪。"（企事业人员8，女，22岁，河南）也有受访者认为："因为手机的功能十分强大，使生活更加简化，如找零钱、定闹钟、排队买票等。甚至可以直接在手机银行办理业务，在三甲医院预约挂号，它令我们的生活变得越来越智能。"（企事业人员7，女，30岁，湖北）此外，参与权与话语权的下移使得原来沉默的大多数留下自己的痕迹，表达自己的声音，张扬的个性与迥异的观念，或是不着边际的设想都有机会淋漓尽致地展现，而现实生活中的诸多秩序与规则的束缚在智能手机的依赖性使用之中得以解除，这个过程也体现为一场规模盛大的庶民狂欢，各种忘情的演绎充斥其中，还伴随着颠覆精英话语所带来的快感，使得人们能够暂时摆脱现实生活中的种种压力，沉溺在智能手机的培养基之中难以自拔。

从符号环境的角度而言，表征性符号占据主导，以迎合受众的快节奏生活。在符号方面可以看出，每种传播介质都是具备自身特征的符号环境，并且由独特的代码与句法构成。① 当人们利用某种媒介时，会不由自主地将自己置身于这一媒介的符号环境之中，并因循符号环境的内部逻辑与规律去考察体认周围，并形成对世界的态度与观念的表达。② 智能手机所呈现的是一个由多重媒介符号所组成的环境，包括文字、图片、音频、视频等。语言文化研究者苏珊·朗格在符号理论当中将人类符号划分为两个大类：推理性符号（语言）以及表征性符号（除语言以外的其他形式）。③ 依据朗格的划分，在智能手机所体现的多重符号系统之中，表征性符号占据了绝对优势。除了文字以外的包括多媒体在内的其他形式具有强烈的表征性符号的特点，即便是以推理性符号占主要位置的新闻发布、即时聊天当中，表征性符号也愈来愈多地"入侵"，甚至反客为主。新闻与讯息中推送着海量的引人入胜的图片，而即时聊天对话里也夹杂着各式各样的表情包与动态GIF图片。独特别致的具有当下感的表

---

① 杨晓帆：《保罗·莱文森媒介环境理论研究》，硕士学位论文，河南大学，2010年。
② 尚晨光：《技术决定论：浅谈对媒介环境学的认识》，《今传媒》2016年第12期。
③ 参见［美］苏珊·朗格《艺术问题》，滕守尧译，南京出版社2006年版，第84—85页。

征信息迎合呼应了现代都市人马不停蹄的快节奏生活,令那些以"刷"为行为模式的浅层浏览成为人们获取信息的常态。如此一来,人们迅速直接接纳各种信息时,体会到的是视听觉快感与心理愉悦的多重沉醉。与此同时,智能手机所体现的信息的碎片化也在无形之中使得人们对信息生态的依赖加剧,以微博为例证,140个字为上限的符号所传达的以脱离语境且逻辑割裂的信息居多,就如同随意切换的镜头带领人们的目光在热点的网格中跳跃,人们也无暇去沉思,只能在滑动屏幕的时候让自己沉溺于一种游戏上瘾式的感受当中。当"随时随地分享新鲜事"成为某种生活习惯时,"手机控"所折射的这种面对文本的方式所带来的是更加频繁的信息更新欲望。

  从社会环境的角度而言,智能手机多种媒介形式的融合促进了信息的流通,其便捷性加深了使用者的依赖。日常生活中的人们使用智能手机获取信息、进行休闲娱乐与聊天交流都总是在多种多样的媒介环境之中进行。媒介环境学派所关心的也不单单是某一种媒介,而是对综合多种媒介的共存状态进行考察,并且关注他们的互动是怎样产生一个共同的感知,即前面所谈到的符号环境。我们从社会环境的层面来研究智能手机的依赖性使用,就是为了关注多重的媒介环境中智能手机的社会涵化作用的发生。智能手机提供了一个融合的环境,一方面主要体现在智能手机与移动互联网的融合。① 随着移动互联网的日臻完善,智能手机不断升级换代着自己的终端,给用户带来日新月异的使用体验。不论是在乘车、旅行还是开会等不同场合的时间利用上,人们可以利用智能手机进行无所不能的操作。在一切碎片化的时间都被拿来快捷利用的同时,使用者投入在智能手机上的非碎片化时间也大大增加。人们把更多的时间与精力耗费在智能手机的使用上,智能手机在填充碎片化时间的同时也将我们的时间碎片化了。此外,智能手机与其他网络媒体的结合以及不同社交、娱乐与生产力平台的接入使得人们能更加便捷地达到他们想要达到的目的。保罗·莱文森曾这样描述过网络生活:"思维在无穷无尽

---

  ① 李亚玲:《我国智能手机媒体内容规制探究:变革、继承与实践》,博士学位论文,华中科技大学,2015年。

中徘徊，身子倚靠在椅背上，手指尖轻触键盘与鼠标便可以跻身辽阔的网络宇宙，简直比从冰柜里拿出一盘甜点还要简单。"[1] 智能手机无疑把移动互联网生活的便捷性施展得淋漓尽致。轻触图标便能与他人协作或分享所思所想与所见所得，无论是文字、图片还是音视频及其他多媒体形式，智能手机已然渗透于使用者生活的方方面面，而智能手机的较易获得性亦深化了使用者对其的迷恋。

  媒介是人的延展，印刷品延展了人的视觉，广播延展了人的听觉，而智能手机的出现全方位满足了人的听说读写看想。智能手机还干预了使用者的认同需求，用户对其产生依赖使得作为主体的用户丧失了主体性，开始沉浸其中，而沉浸其中的过程亦是被智能手机支配并异化的过程。[2] 信息需要的异化在于使用媒介的主体缺失对自身需要的清晰认知以及对媒介讯息的批判性解读，从而使得自身处于被控制的位置[3]；媒介的异化意味着媒介本身逾越了其作为人的延展的中介角色，继而对人的精神与行为造成某种逆反支配与驾驭[4]。这种异化的演绎在于，智能手机是为人们服务的，正常的表现是用户出于一定的动机去使用它，然而现状是用户对智能手机上瘾，时不时地在没有任何确切目的的情况下点开手机，刷刷微博、点点赞、发发评论或者表情包。原本是为使用者服务的智能手机反客为主控制了使用者，表面上是使用者积极主动使用智能手机，实际上却是由于依赖与上瘾被智能手机强迫与干扰。正如鲍尔·洛基奇提出的媒介依赖理论所述，新兴的媒介产品出现并被逐步接受以后，使用者与媒介之间将会生发出某种依赖关系，这是种双向互动的关系，但是在这种关系之中占据强势地位的是媒介而不是使用者，它以传播内容来约束使用者，"在人们非常希望获取到有效信息的情况下，只要愿望尚未落空，他们对该媒介的依赖程度便愈发强烈"[5]。在这个崭新的世界

---

[1] 樊葵：《传媒崇拜：现代人与传媒的异态关系》，博士学位论文，浙江大学，2006 年。
[2] 张允玲：《微信的媒介批评研究——基于用户异化的视角》，《东南传播》2015 年第 9 期。
[3] 王倩：《信息时代的媒介依赖与媒介识读》，《青年记者》2005 年第 1 期。
[4] 王怀春：《新媒介时代受众对媒介依赖的变化》，《当代传播》2009 年第 2 期。
[5] 黄丽媛：《互联网 + 背景下"人的媒介化"探究》，《社会科学家》2016 年第 3 期。

当中，使得使用者产生阵痛的并不是用欢声笑语替代了思索，而是使用者对自己为什么笑以及是否在思索全然不知。至于使用者为什么不再思索，恐怕是因为惰性与依赖相伴生：惰性令使用者产生依赖，依赖又令使用者忘却了思索。不思索的人是沦丧了主动意识的人，缺乏了主动意识的使用者只能让渡主体的桂冠，化为被设备所控的客体存在。赫伯特·马尔库塞（Herbert Marcuse）指出，在发达的工业文明时代里，社会控制的现行样式在新兴意义上是技术的形式。[①] 使用者原本是可以多向度发展的，并且是具备抵御外部控制的能力的，然而在技术的强势影响之下，私密与独有的空间被智能手机使用所侵占，并且使用者原先具备的理性批判能力日渐瓦解，伴随着思索能力的缺失，使用者的内心向度消失殆尽，从而丢却了对技术的理智审视，放弃了对外部控制的抵御，屈服于技术的发展而沦为单向度的使用者。沉浸于智能手机使用的自我在判断能力、自控能力与思考能力等诸多方面愈发地不完善，变成马尔库塞所描述的那种"单向度的人"的状态。

正如人对时间做出了界定，而时间又反过头来使得人们的生活作息被制约，又如人发明了货币与贸易，而这些经济与商业却反过头来对人们的生活与精神状态产生了巨大的影响一般，人们开发了智能手机，而智能手机却使得人们的自由受到了干预。爱因斯坦曾给出这样的暗示："科学势必是一种强劲有力的工具，然而怎样使用它，到底是给人们带来幸福亦或是厄运，则完全有赖于人们自己而非工具。"[②] 同样，智能手机与使用者的关系问题归根结底还是使用者的问题，使用者不应一味追求媒介的进步与发展，并执着于媒介所带来的便捷福利，而是应该持续不断地对智能手机的影响力，以及智能手机与使用者之间的关系进行反思。这种反思并不全然指向批判，而更应该抱持一种发展的思维及眼光，凭借一种理性的视角来审视智能手机的技术力量以及其与使用者的互动。刘易斯·芒福德认为心灵决定了技术。[③] 使用者能否摆脱智能手机的技术

[①] 吕秀梅、周启杰：《马尔库塞技术理性批判浅析》，《理论观察》2012 年第 1 期。

[②] 转引自刘大椿等《在真与善之间：科技时代的伦理问题与道德抉择》，中国社会科学出版社 2000 年版，第 143 页。

[③] 吴国盛：《芒福德的技术哲学》，《北京大学学报》（哲学社会科学版）2007 年第 6 期。

控制并摆脱自身被异化的命运，主要在于使用者能否在使用的过程中得到全面的发展，并且主体意识可不可以获得觉醒。总之，使用者要把握住自己的主动性与判断力，要理性利用智能手机所涵盖的技术要素，只有这样才不至于沉溺于美丽的新世界而无法抽身，不至于被异化为智能手机的奴隶而浑然不觉。

二 线上的"使用—满足"

使用与满足理论（Use and Gratification）是传播学研究领域的经典理论之一，它是从受众的视角出发，去探究其媒介接触的动机与需要被满足的情况。通常认为伊莱休·卡茨是这一理论的提出者，他在1959年正式提出这个概念，并且在1974年问世的专著《个人对大众传播的使用》中对这个理论做出了归纳与深化，他将之阐释为受众基于社会与心理因素而产生了一定的需求，继而激发出对媒介的期望，然后主动地进行媒介接触，这个过程中需求的满足度会对下一次的媒介接触行为产生作用。[1] 使用与满足理论同样能够解释人们对智能手机与移动互联网的使用与满足。卡茨与格里维奇对大众媒介的社会与心理功能研究的文献开展分析，选取了35种媒介使用需要并将其分成五个类别：一是收获信息、知识与理解的认知需求；二是基于情绪、美感愉悦体验的情感需求；三是增强可信程度、信心与安定地位的个人整合需求；四是增强与亲属、朋友接触的社会整合需求；五是能够规避与转移注意力的压力缓解需求。[2]

从进化心理学的理论观之，个体在进化过程中首先会将对于自身生存最具价值的生理与心理机能予以保留，继而个体为了获得更多的生存机会便会积极寻求来自外部的社会支持，只有可以持续获得社会支持的个体才能够维持生存。因此，当个体无法从既有的环境得到足够的满足与安全感时，个体便会借由其他途径得到生理与心理上的双重满足与安

---

[1] 参见[美]伊莱休·卡茨、[美]保罗·F. 拉扎斯菲尔德《人际影响：个人在大众传播中的作用》，张宁译，刘海龙校，中国人民大学出版社2016年版，第22—25页。

[2] 参见[美]沃纳·赛佛林、[美]小詹姆斯·坦卡德《传播理论：起源、方法与应用（第五版）》，郭镇之等译，中国传媒大学出版社2006年版，第255页。

全感；假若此时环境可以为之提供这样的满足感与安全感，个体的主动寻求便会被克制。智能手机作为社会发展中产生的新兴事物，在全新时代背景之下所具备的属性可以在某种程度上满足个体对安全感的需要，这也便成为个体频繁使用智能手机的原因之一。由此，当使用者在实际生活中难以获得人际支持且难以获得及时的安慰时，便非常有可能依靠智能手机来扩大其社会支持的来源，去寻求一些虚拟的支撑与慰藉。① 所以，智能手机的依赖性使用可能隐藏着使用者的心理需求。

(一) 刺激—反应与正负强化满足机制

刺激—反应（S-R）的理论认为行为学习受到了内驱力、线索、反应与强化等多重因素的影响。依赖性使用行为者为了使猎奇心理得到满足、打发闲暇时光、排遣郁郁寡欢的情绪，在诸如此类的心理需求驱力下②，加之无意间或经朋友引荐接触了智能手机及其应用程序，此时，智能手机与移动互联网自身的依赖性使用行为特性，例如游戏的惊险刺激或是在线聊天的情感互通，以及各类信息平台上图文并茂呈现的象征性现实都在极大程度上满足了"手机控"们心理与生理、现实与虚构的需求。例如，手机游戏里虚拟的过关斩将、社交平台上意见领袖角色的获得、各种积分奖励的积累满足了使用者们寻求刺激、历险、进攻、成就感、自信、自尊等心理需要；而聊天中的情感倾诉、陌生朋友的结识、新鲜资讯的掌握等都加深了使用者们的社交人际关系，满足了他们爱和归属等心理需要；奇闻异事、文本与多媒体资源等又满足了使用者强烈的好奇心与求知欲等心理需要。这些层次不同的心理需要的满足恰恰能够增强智能手机的使用依赖，并且时常导致使用者们不由自主地找寻智能手机的行为反应。

正强化指的是行为的结果有着显著的奖励效果，能够增加该行为发生的频率。从智能手机的使用来看，人们目不转睛玩着游戏的时候，可以从角色与情境里获得优异成绩与虚拟的代币奖赏，还有晋升等级与取

---

① 金荣、闻雪、姜永志：《大学生社会支持与手机依赖的关系：社会适应的中介作用》，《广州大学学报》（社会科学版）2015 年第 10 期。

② 杨容：《中学生网络成瘾行为矫治研究》，硕士学位论文，西南师范大学，2004 年。

胜所带来的成就感与自我价值的实现；从聊天对话中可以得到情感互动，比如安慰、鼓励与友善，甚至收获婚姻等；信息推送可能带来海量的新闻、视频与音乐……游戏、聊天与信息处理的形式与内容都以现实或虚拟的物质利益形式得到了体现，并且能够产生积极有效的情绪体验。夺魁体验以及征服敌手的满足感，还有进攻的本能，都以某种象征的形式获得满足。[①] 智能手机成功地令使用者产生了自信以及自我肯定的体会与认知，还使个体的权能获得了象征性的满足。这些物质的、精神的，以及感性情绪上的强化作用进一步增强了智能手机的使用频率，增强了使用者持续追逐这些物质嘉奖与个人体验的冲动，使得花费于智能手机依赖性使用的时间精力以及其他成本陡增。

负强化指的是行为的结果能够回避与减缓某些苦痛不适的感受，继而增进了这些行为在此后的产生。"手机控"造成过度使用者生理机能发生退化，例如视力下降、食欲减退、睡眠状况恶化等，此外还会有时间与金钱的浪费，适应现实的能力也会受到损害。

> 周末放假在家时会使用手机到很晚，经常出现熬夜的情况，有时会熬夜到凌晨一两点。高强度的手机使用导致眼睛疲劳、视力下降，目前已经出现了轻度近视的情况。除此之外，在完成周末作业的时候，也会用手机放歌，边听歌边写作业，容易造成注意力不集中、效率下降、时间延长的后果。（中学生4，女，16岁，四川）

个人状态的下滑也使得"手机控"们愈发地感觉到沮丧与苦闷、无能与自卑，诸如此类的负面情绪，进而让人质疑自己是否丧失了对自己生活的控制力与主动权，然而要摆脱这种境况的最为高效的手段却是返回智能手机的使用之中，智能手机与移动互联网所带来的安慰与刺激、兴奋与成功的体会扫清了一部分失控与无价值感。"手机控"们在这个过程中体会着大脑觉醒水平的显著提升。然而当智能手机的使用日

---

① 罗江洪：《中学生网络成瘾心理机制模型的研究》，硕士学位论文，华中科技大学，2007年。

益发展成"手机控"们应付精神苦痛与彷徨等负面心情的唯一手段的时候，某种病理性的、强迫性的智能手机使用行为便会因为负强化的作用机制而不断增加。因此，正强化使得"手机控"们因为智能手机的使用而着迷，这在依赖性使用行为的起始阶段发挥了非常重要的作用，而负强化令那些使用者们对智能手机的使用从开始的沉迷发展为后来的依赖性使用行为，这在"手机控"的发展与维持阶段起到了很关键的影响。

（二）资讯性补给与自我效能感

满足资讯性的需求毫无疑问是智能手机媒介使用的一个主要动机。当代都市生活的日益丰富使得人们需要了解社会、政治、生活、经济等多领域的新闻信息。智能手机作为这个时代里人们最常接触的移动互联媒介，其使用背景与操作环境的丰富多样、灵活机动的使用时间与交流互动的即时性和多元性，还有智能手机设备本身所具有的便携性与易操作性，都为人们使用智能手机满足资讯性需求奠定了良好的基础。使用与满足的理论建模表明，媒介使用的动机在于满足了用户自己的需要，而需要被满足的类属与水平会影响使用者对媒介所持有的印象，这种媒介印象与媒介需要联袂影响到媒介的接触行为以及使用满意程度。[1]

与此同时，智能手机的使用依赖还对自我效能感的形成有所帮助，继而促进了它所体现的适用于满足结构的合理性。智能手机使用所体现的使用与满足结构模型之中，依赖使用行为与动念目的配合组成了关键的影响元素。智能手机依赖使用行为的强度越大，所唤起的认知诉求和合意水平也就越高，目标与动力是构成依赖关系的重要维度。同时不可忽视的是，人们在智能手机使用依赖的形成过程中也在不同程度上掌握了智能手机操作的技巧，形成了特定的媒介素养，并且加强了使用过程中的全力感和成就感，这都有益于自我效能感的形成。

"自我效能感"（self-efficacy）是美国的著名心理学家班杜拉（Albert

---

[1] 参见［美］詹宁斯·布赖恩特、［美］苏姗·汤普森《传媒效果概论》，陆剑南等译，中国传媒大学出版社2006年版，第106—108页。

Bandura)在 1977 年提出的概念,它指的是人们对于自身可否凭借所掌握的技能去实现完成某项工作事务的自我信念程度,它直接影响到个体在操作或执行某项特定的活动的时候的心理动力。[1] 班杜拉指出,自我效能感的意义包括:一是它支配人们对于活动的选择以及对该活动的坚持程度,二是影响了人们在面临艰难的时候的态度,三是影响了新的行为的习得表现,四是影响了进行活动时的情绪及心理状态。[2] 高自我效能感的人更乐意去尝试具备挑战难度与创新精神的事务,并且更乐意为自己设定较高的预期目标,行动力也更强,遇到困难时更有意愿去竭尽所能排除万难,情绪更为积极向上。

从智能手机的依赖性使用来看,自我效能感体现在与智能手机的使用与满足相关联的自信水平,比较高的使用动机与满意程度对于智能手机使用过程中自我效能感的形成具有正面积极的作用。个体智能手机的使用与满足水平与使用动机呈显著正相关:使用与满足水平越高,个体使用者从智能手机中所获取的自我效能感也就越高。并且,自我效能感高的智能手机使用者还会设置较高的动机程度,动机性的努力程度越高,对智能手机使用行为的自我监控能力也就越强。对自我能力的信念、较为强大的主宰感与目标许诺都能增加手机使用达到较高程度满足的可能性,这也都有助于克服智能手机依赖、信息迷航与沟通焦虑等症候。此外,智能手机的使用时间与动机呈显著负相关:使用时间越长则意味着自我控制的效能感越低,也越容易产生某种程度的使用困难。[3] 因此,把智能手机的使用时间与频率控制在合理的范围,与此同时提高整体的适用与满足程度,促进智能手机使用过程中的自我效能感的塑造,对于使用动机、适用于满足结构的合理化是具有积极意义的。

---

[1] 周文霞、郭桂萍:《自我效能感:概念、理论和应用》,《中国人民大学学报》2006 年第 1 期。

[2] 参见张爱卿《动机论:迈向 21 世纪的动机心理学研究》,华中师范大学出版社 1999 年版,第 139—140 页。

[3] 张琳、张如静:《基于使用与满足理论的大学生手机媒介应用研究》,《聊城大学学报》(自然科学版)2016 年第 4 期。

第四节　个体心理生成与生理生成双重模式

一　心理生成

智能手机毫无疑问是当前社会上重要的社交及生活工具，不管是在与外界交往还是在提高效率与生产力方面都起到了不可替代的作用，这一客观事实形成了智能手机依赖产生的社会背景，而与社会背景因素相比较来说，心理生成的机制是引起"手机控"行为更重要的因素。智能手机依赖的行为部分受到人格特征的影响，诸如特质性的外显因素里，感觉寻求与使用冲动和智能手机依赖呈现显著的正相关关系。大五人格（big five personality）的检验得出，外向性高的使用者更容易形成智能手机依赖，亲和性低的使用者则更容易对手机游戏与聊天交友产生依赖，而精神质得分高的使用者的智能手机依赖程度也偏高。[1] 在一切的人格变量里，自尊是最为核心关键的成分，其与上网依赖性使用行为或病理性赌博等强迫行为都有着密切的联系。低自尊的使用者倾向于在智能手机依赖的测量中得到较高的分数，并且倾向于过度使用智能手机，自尊水平亦可以负向预估智能手机依赖的行为。[2]

（一）疏离感与情感支持

智能手机依赖性使用行为亦受到状态性心理因素的影响。[3] 孤独与无聊的感受等也能够显著预测智能手机依赖，而疏离感也被证实与智能手机依赖性使用行为等问题有关。疏离感主要是指个体与围绕着他的人、社会、自然以及自我等多种交往之间由于正常的关系产生疏远，甚至被控制支配，继而使得个体产生孤立于周围环境的感觉，还有无能为力与无意义的感觉、压迫与羁绊的感觉、自我疏离的感觉等消极负面的情感。

---

[1] 刘鹏：《大学生手机依赖与社会支持及人格特质的关系研究》，硕士学位论文，华中师范大学，2014年。

[2] 李力：《大学生孤独感、人际信任与手机依赖的关系及教育启示》，硕士学位论文，安徽师范大学，2015年。

[3] 王芳莉：《青少年手机沉迷的形成与反转对策研究》，硕士学位论文，湖南大学，2013年。

疏离感高出正常水平的使用者的智能手机病理使用行为的可能性更高。

个体疏离感水平的高低与智能手机依赖性的使用行为关系密切，疏离感水平较高的个体有着较高的手机依赖水平。[①] 孤独感作为疏离感的维度之一，与智能手机依赖的关系已被证实。[②] 高疏离感的个体通常缺乏归属感，在与他人、社会与环境进行互动的过程中更容易体验到离群、被冷落与不和谐的感受，在这种情形下的人们更倾向于选择可以满足自己的需要或是可以达到的适应调整情境。有疏离感存在的个体更倾向于与陌生人进行交流互动，而智能手机与各种社交应用软件恰好满足了疏离感个体对建立虚拟人际关系的诉求。合理稳定选择（Rational Informed Stable Choice）理论指出，依赖智能手机的使用者往往认为，在依赖性的使用行为中，他们能够得到尽可能多的愉悦，或是能够更好地应对现实生活。依赖性使用行为的主要内在动机来自减轻疼痛、焦虑等多种负向情绪的欲望。高疏离感的个体在实际生活中更容易体会到消极信息，并且产生焦虑、孤独等情绪，沉浸于智能手机的使用不单单能够暂时摆脱现实的困扰，还可以在虚拟的环境里获得替代性满足，借此缓解源于现实的不良情绪，所以这些个体更易于产生智能手机依赖。[③]

社会支持（social support）是指个体与社会各个方面包括亲属、伴侣、同事、同侪等社会人以及家族、单位、党团、工会等组织所产生的精神上与物质上的牵连程度。[④] 在应激的专业考察领域，通常认为社会支持具备减缓应激的意义，是应激作用环节当中个体"可把持的外在资源"。社会支持概念所涵盖的内容非常广泛，包含一个人与社会所产生的客观的或现实的关联，例如获得物质上的直接支援和社会网络。这里的社会网络指的是稳定的（如家族、配偶、伙伴、同事等）或不稳定的

[①] 鞠丹丹：《大学生羞怯、疏离感与手机依赖的关系》，硕士学位论文，安徽师范大学，2016年。

[②] 李春生：《大学生手机依赖与孤独感及感觉寻求的关系研究》，硕士学位论文，苏州大学，2015年。

[③] 顾海根、王珺珂：《大学生智能手机依赖及其与人格的关系》，《心理技术与应用》2014年第8期。

[④] 曾慧主编：《心理与精神护理》，高等教育出版社2005年版，第12页。

（非正式团体、临时交际等）社会联系的规模和支援水平。社会支持还包含主观体验到的或情感上的合意与支持，即个体体会到的在社会环境里被尊重、被支持、被理解和满意的水平。许多研究证明，个体感知到的支持程度与社会支持的效果是一致的。[①]

前文已述，社会疏离感主要体现在个体在社会观念、价值、文化、目标，即社会精神文化层面的疏离感，其中涵盖了无意义感、自我疏离感、压迫约束感与难以控制感这四个要素。[②] 通常认为，在人们的行为缺乏信念指引，并且处于较强的压力水平却又自知无能为力的时候，容易对自我产生某种厌恶与排斥的感觉，也更倾向于采取逃避的态度与手段来解决问题，而智能手机的出现恰好给人们提供了一个便捷的释放途径。社会支持程度可以显著预测人际疏离感的情况，人际疏离感高的个体常常是缺少家庭与组织支持的[③]，处于这种情况下的个体更倾向于借助智能手机上的应用软件及各种社交互动平台来寻求特定的情感支持，这在不同程度上导致了智能手机使用的沉溺。当人们无法从亲属、朋友与集体当中得到相对应的归属感的时候，形成智能手机依赖的概率也就更大。环境疏离感则涉及对自然环境与工作生活环境的综合感知，长时间处于封闭的工作生活环境却又无力做出改变时，便会对虚拟的宁静与平和产生幻想，这种环境的相对独立性极有可能导致个体利用智能手机来逃离自己身处的环境，从而使"手机控"的行为得到强化。

（二）疏离感与冒险寻求

实践体验、欲念纵容及不甘寂寞都与智能手机的依赖使用呈正相关，威胁与冒险寻求与智能手机的依赖使用呈负相关的关系。容易受危险吸引的与寻求冒险的高感觉人群，盼望参与激烈的、具有竞技性的、极具挑战性的活动，对智能手机的低冒险系数和比较安全的使用情境并非特

---

① 姜乾金：《心理应激多因素系统（综述）——20 年来对心理应激理论及其应用的探索》，《中华医学会心身医学分会第 12 届年会论文集》，2006 年。
② 徐夫真、张文新：《青少年疏离感的特点及其与家庭功能的关系》，《山东师范大学学报》（人文社会科学版）2008 年第 4 期。
③ 姜永志、白晓丽、刘勇等：《大学生网络社会支持、人际信任对手机依赖的影响》，《集美大学学报》（教育科学版）2016 年第 3 期。

别青睐。他们在思维与行为上与其他人相比更加追求新意且锐意进取，在使用智能手机的时候更倾向于积极探索智能手机所包含的所有功能，尽可能多地利用智能手机信息融合的特性，并且善于操作便捷的搜索功能与各种交互的平台，通过智能手机来改善自己的生活质量与工作学习效率。欲念纵容诉求比较高的群体，更倾向于参与许多令人情绪激昂且不受局限与规约的活动，借由智能手机来接触那些还没被加以管理的信息内容，或是在手机游戏的闯关升级中难以自控，这种包含了大量超链接的文本阅读与节奏紧凑的游戏体验可以使高欲望的使用者获得宣泄并可以满足其生理与心理上的空虚。①

从移动互联网上所获得的社会支持并不能从根本上减缓由于缺失现实社会支持所造成的疏离感，归根结底，疏离感是缺乏现实的社会支持导致的，而智能手机与移动互联网所带来的社会支持并不能为减少疏离感带来实质的帮助。这恐怕是因为现实的人际关系是一种强关系，而智能手机与移动互联网所带来的人际关系是一种弱关系，从后者那里获得的社会支持只能带来暂时的缓解，而无法从根本上减少疏离感，毕竟使用者作为人、作为社会历史文化的产物，终将回到现实生活之中。随着智能手机与移动互联网的普及与使用者的大幅增多，越来越多的人日益改变了从前对移动互联网与智能手机使用的偏见，人们愈发明确地意识到智能手机与移动互联网所构筑的虚拟社区不仅不会取代现实生活环境，只会成为对现实生活的一个补充。

智能手机依赖使用行为的生成存在着复杂的心理基础，疏离感是导致"手机控"出现的重要因素，因此降低个体的疏离感对于智能手机依赖使用行为具有积极的预防与调节的意义。对于具有智能手机依赖使用倾向的个体或群体使用者，家庭与社会要通过恰当的教育手段与方式积极引导其正确使用智能手机，并协助其找寻到自我价值满足感，对存在心理问题的要及时进行干预与疏导，并且促进使用者与其他人的情感交流以便归属感的形成，由此使他们的疏离感水平降低，对智能手机的依

---

① 王小运、伍安春：《大学生手机成瘾和感觉寻求人格特质的关系》，《校园心理》2014年第1期。

赖使用行为形成预防。

（三）生活压力与应对

压力也是智能手机依赖使用行为的心理机制影响要素。[①] 应激是众多学科关注的概念，亦是当前神经科学研究的前沿。临床医学、心理学、社会学、人类学都以它为重要的研究议题。出于研究范畴的不同，以及研究的偏重点和目的的区别，不同时期和不同领域的应激概念有较大差别，不同学科出于其不同的研究和应用目的，对应激和心理应激理论的认识和关注程度也各异。心理学界聚焦于社会生活中的紧张事件对人的影响。学科的特征决定了这方面研究的重点常常放在社会生活和心理因素方面，而鲜有深切钻研紧张刺激的机体生理机制的议题。也就是说，最初心理学界对应激的研究侧重于应激的刺激层面，尤其是心理的刺激。随着研究的深入，心理学家愈发意识到许多与应激有关的中介心理社会元素如个人认知判断、应对方式等在应激中的意义。20世纪60年代，有学者指出了认知评价在应激中的重要作用，即应激的产生并不一定伴随特定的刺激或者特定的反应，而是产生于个体对某种有威胁的情景产生预估的时候。此后学界进一步探讨应对方式在应激过程中的关键意义，形成了认知应激作用过程理论。所谓作用过程，即是在应激刺激的情况下，其中许多因素的中介影响，最终决定了应激反应的过程。应激概念的提出和心理应激（psychological stress）的研究历经了相当长的历史阶段。当下，心理应激有关因素涉及应激刺激（即应激原及生活事件）、应激反应、认知评价、应对方式，以及社会支持和个性特征等诸多方面。

应对（coping）又称应付。应对能够被直接解读为个体解决生活事件与减轻事件对自身影响的诸种策略，因此又称为应对策略（coping strategies）。通常认为，应对是个体对生活事件以及因生活事件而产生的自身不平稳状态所采取的认知与行为措施。[②] 应对概念存在一个发展的过程。

[①] 梅松丽、柴晶鑫、李娇朦等：《冲动性、自我调节与手机依赖的关系研究：手机使用的中介作用》，《心理与行为研究》2017年第1期。

[②] 刘丽：《中学生对应激事件的应对方式及影响因素研究》，硕士学位论文，郑州大学，2007年。

"应对"一词起先由精神分析学派引入，被解读为解决心理冲突的自我防御机制。20世纪60年代应对曾被视作一种适应的过程，到了70年代被认为是一种行为，80年代的时候被当作人的认知活动和行为的综合体。应对概念的发展和演绎折射了人们对应对认识的持续深入。应对概念的内涵及外延，还有性质与种类，以及同其他心理社会因素之间的关系，还有在应激过程中的角色等问题到如今依然没有达成共识，在具体讨论的过程中容易引出歧义和不同的声音，这无疑是应激研究中极具争议性的问题。若从应对的主体角度观之，应对活动涉及个体的心理活动（如再评价）、行为操作（如回避）和躯体变化（如放松）。从应对的指向性观之，有的应对策略是针对事件或问题的，有的则是针对个体的情绪反应的，前者曾被称为问题关注应对（problem-focused coping），后者为情绪关注应对（emotion-focused coping），现在多数应对量表兼具这两方面的应对条目内容。从应对策略与个性的关系来说，可能存在一些与个性特质（trait）有关联的、相对稳定的和习惯化了的应对风格（coping styles）或应对特质。例如，日常生活中有些人习惯于使用幽默，而有些人习惯于回避（借酒消愁）。与前述的过程研究相对应，以特质应对理念进行的应对研究曾被称为特质研究（trait-oriented approach）。[1]

压力—应对模型的提出，为依赖性使用行为过程的研究带来了广泛深远的意义，这个理论认为物质的依赖性使用常常被视为一种应对生活压力的反应，它能够减轻压力给个体造成的负面影响。在依赖性使用行为研究当中，压力—应对模型依然在调节人们压力以进行有效反应方面体现出其独有的关键意义。一般情况下，采取解决问题的应对策略与手段，诸如实施行动规划或是搜集有效信息，能够减轻生活压力给研究对象造成的负面心理影响。[2] 相反，如若采取以逃离躲避为主导的应对态度与手段，例如白日梦与空想，则个体会执着于问题所影响到的情绪而非解决办法，这时常会导致抑郁症、问题性饮酒与药物滥用，包括本书所

---

[1] 刘西芳：《抑郁症患者应对方式与家庭环境的研究》，硕士学位论文，南京医科大学，2008年。

[2] 牟英：《应对方式对青少年生活压力与生活满意度的中介作用研究》，硕士学位论文，东北师范大学，2011年。

提到的智能手机依赖使用行为等负性效应。①

　　生活压力的诱因也可以从社会学习模型当中寻得。美国心理学家阿尔伯特·班杜拉于1952年提出的社会学习理论聚焦于观察学习和自我调适在激发人的行为中的影响，关注人的行为和环境的相互作用。依照班杜拉的看法，过去的学习理论研究者往往忽视了社会变量对人类行为的制约影响。他们一般是用物理的手段在动物身上进行实验，并以此来构建他们的学说系统，这对于研究社会生活中的人的行为来讲，并不具备科学的信服力。因为人总要生活在特定的社会条件之下，故此班杜拉认为要在自然的社会情境中而不是在实验室里研究人的行为。②

　　班杜拉主张，行为主义所提出的刺激—反应理论难以解释人类的观察学习征象，因为刺激—反应理论难以解释为什么个体会显现出新的行为，以及为什么个体在观察榜样行为后，这种已然获得的行为可能在数天、数周甚至数月以后才呈现出来。③ 所以，如果社会学习全然建立在嘉勉与惩处的结果的基础上的话，那么绝大多数的人都难以在社会化过程中生存下来。为了方便证实自己的观点，班杜拉设计了一系列实验，并在科学考察的基础上建立起了他的社会学习理论。社会学习模型主张，某些个体在受到压力困扰的情境之下所表现出来的物质依赖性使用的行为，会给那些遭遇同样或类似境遇的人带来负面的参考。这种模型提出的建议是，遭遇压力侵袭的个体使用者应借助广泛而有效的社交网络来收获人际互动与社会支持，以减少冲突与问题解决过程当中存在的紧张与焦虑感，与此同时促进物质的依赖性使用的戒断。生活压力对智能手机的依赖性使用者的不良使用习惯构成显著的刺激，与智能手机使用依赖的行为有关的刺激形成的习惯性反应，在维系这种依赖性使用的"手机控"行为与导致复发过程中起到了重要作用。

　　前文所提到的负强化的概念恐怕是研究依赖性使用行为的影响最为

---

　　① 王芳莉：《青少年手机沉迷的形成与反转对策研究》，硕士学位论文，湖南大学，2013年。

　　② 参见［美］阿尔伯特·班杜拉《社会学习理论》，陈欣银、李伯黍译，中国人民大学出版社2015年版，第9—10页。

　　③ 参见张西方等《学习理论与方法》，河南大学出版社2006年版，第74—81页。

深远的模型之一,其主张如果使用者发展出了物质依赖的现象,那么这种成瘾与滥用的动机就主要是出于回避消极的情绪状况与戒断反应的目的。由于负强化机制产生的作用,使用者因智能手机使用依赖所导致的消极的情感状态促进了使用者对智能手机的渴求,相应的大脑应激系统也因此被激活。实际上生活压力所导致的负面情绪很有可能会提升使用者获取智能手机相关线索的注意力,因为在生活压力情境之下的使用者常常会偏向于摆脱产生消极情绪的那些信号。

认知—情感模型有助于我们进一步分析。认知—情感模型往往认为,那些体验过相对较多低强度压力事件的使用者,同样地会泛起对依赖性使用行为的渴望,由于他们会高度关注这些压力事件,这进一步影响到他们寻求依赖行为的体验的程度。不过相对而言更高频率的低强度生活压力事件并不是解释渴求依赖行为的经历的唯一要素,即便将小的生活压力事件综合纳入总模型当中,也仅有那些将小压力事件感知为更大压力的使用者才更加偏向于寻求依赖行为。情绪与情感因素在这种对依赖性使用行为体验的渴求当中无疑是起到非常大的作用的,这也就是说,某些共通共有的情感情绪因素或是认知层面的偏差将会让使用者把细微的压力察觉为更大的压力,这就会提升他们对智能手机依赖性使用行为出现的可能性。

二 生理生成

在诸多情况下,人们在使用尚未被正式定义的术语"成瘾"时会产生一些曲解。所以首先需要确认的是何为"依赖性使用行为"。从本质上讲,这样的行为是指人们将精力全然投入某个活动之中,罔顾其对于生活所产生的消极影响而坚持继续为之。其次,再来看看何种行为可界定为依赖性使用行为,在精神病学的标准中,根据 DSM-IV-TR,作为正式分类里的冲动控制障碍曾被归为依赖性使用行为,包括病理性赌博、偷窃癖、冲动性购物、拔毛癖、精神性剥皮及网络成瘾等。[①]

---

① 谢斌、程文红、杜亚松:《青少年网络使用行为问题的危险因素》,《神经疾病与精神卫生》2011年第2期。

从临床上讲,"手机控"即智能手机的使用依赖行为是指由于某种原因过度地滥用智能手机而致使智能手机的使用者出现生理或心理上不适应的一种症候,主要表现为认知、行为和生理症状群,进而导致其生理、心理社会功能明显受损。[1] 智能手机的依赖性使用行为与化学物质无关,属于现代社会新型行为。随着智能手机与移动互联网的广泛使用,越来越多的人对智能手机形成依赖,并因此影响到自身的身体和心理健康。[2] 长时间使用智能手机可能引发睡眠问题,并使个体疏远现实生活,引起更大的焦虑、抑郁。因此,研究智能手机的依赖性使用行为的生理生成影响因素及其作用机制,具有较高的科学价值,对于预防、干预智能手机使用依赖具有重要的临床医学意义。

(一)压力影响依赖性使用行为的生理机制

神经生物学的研究表明,压力和消极情绪会对前额叶的儿茶酚胺调制环路产生消极影响,从而损害执行功能的抑制过程。在实验室中,人为的个性化压力情境诱发的急性应激会使依赖性使用行为病患发出消极情绪,产生对依赖性使用行为的渴望以及压力反应。由于受损的应对机能以及负性情绪敏感性的增长,压力所导致的个体物质依赖性使用的危害性提高,无论是生理上的(例如慢性应激会导致多巴胺神经系统异常)还是心理上的。

从依赖性使用行为的脑机制来看,动物研究揭示了依赖性使用行为药物强有力的化学强化特征后,生物医学取向研究的重点是探讨依赖性使用行为药物强化作用的脑机制。[3] 主要有几种相互联系的观点:大脑的奖赏回路,相关的神经递质和神经细胞的顺应性理论。

(二)依赖性使用行为的奖赏回路

动物实验研究已发现脑内存在一个调节药物强化作用的奖赏回路,即依赖性使用行为的奖赏回路(reward circuit of addiction)。近年来,在应用于人类被试的脑成像技术的有力支持下,有充分的证据证明药物的

---

[1] 颜利飞、王积超:《"低头族"手机依赖的现状及原因分析》,《华北理工大学学报》(社会科学版)2017年第1期。
[2] 孙慧英:《手机媒介文化的研究现状及路径探析》,《东南传播》2013年第2期。
[3] 杨波、秦启文:《成瘾的生物心理社会模型》,《心理科学》2005年第1期。

强化作用与具体的脑区及神经细胞的生化改变有关。[1] 大脑的奖赏中枢最早是由两位麦吉尔大学的心理学家（J. Olds & P. Milner）意外发现的，他们在用电极刺激方法使大鼠建立操作条件反射的实验中，本想把电极植入脑干网状区，却因脑部坐标测定仪的计算出了点差错，误将电极插入了隔区，致使大鼠疯狂压杆以对自己施加刺激，其反应率可高达每分钟压杆100次，与食物强化的反应率相比，大鼠似乎对这种奖赏性的自我刺激永不满足。随后，这两位心理学家与其他学者在不同情况下重复证明了这一实验结果，而与奖赏刺激相关的脑区即是所谓的奖赏系统，或者称为"大脑的欣快中枢"（pleasure center in the brain）。

研究发现，脑内最重要的欣快中枢是边缘中脑多巴胺系统（mesolimbic dopamine system）。[2] 该系统植于复杂的网络中，负责加工与依赖性使用行为相关的信息，如情绪状态、环境刺激、过去经验及许多其他的关键变量。大多数依赖性使用行为药物，如海洛因、吗啡、可卡因、安非他明、尼古丁和酒精等，尽管它们的作用机制不同，但都能激活边缘中脑多巴胺系统及其他的相关脑区，刺激多巴胺释放、抑制多巴胺摄取或直接兴奋多巴胺受体而使多巴胺含量增加，功能增强，产生积极的强化作用，使个体获得愉悦、兴奋的情绪体验。边缘中脑多巴胺系统最主要的区域是边缘中脑腹侧被盖区（ventral tegmental area）和伏隔核（nucleus accumbens），依赖性使用行为药物能大大提高这两个区域的多巴胺水平，使药物产生强化作用。[3] 除了边缘中脑多巴胺系统以外，还有一些与依赖性使用行为药物的强化作用相关的脑区。这些脑区主要有前额叶皮层（prefrontal cortex）、外侧下丘脑（lateral hypothalamus）、泛杏仁核结构、海马体等[4]，这些脑区可通过其药物靶受体的激活发挥强化作用，也可通过跨突触作用间接作用于边缘中脑多巴胺系统产生强化效应。在大脑中，合成多巴胺的主要区域位于中脑的腹侧被盖区和伏隔核，神经元会投射到额叶皮层和部分边缘系统，这被称为中脑—皮层—边缘多巴胺

---

[1] 参见陶然等《网络成瘾探析与干预》，上海人民出版社2007年版，第164—172页。
[2] 闫宏微：《大学生网络游戏成瘾问题研究》，博士学位论文，南京理工大学，2013年。
[3] Chou I, Narasimhan K. Neurobiology of addiction. *Current Opinion in Neurobiology*, 1996 (2).
[4] 隋南、陈晶：《药物成瘾行为的脑机制及其研究进展》，《心理学报》2000年第2期。

系统，也称作奖赏系统。关于奖赏系统的发现，在20世纪的50年代早期进行了一项实验，人们将电极植入大鼠的脑部，发现大鼠会主动寻求脑部的刺激，甚至对食物、饮水都不感兴趣，直至精疲力竭，这种行为被称作自我电刺激。通过进一步提取分析，这一脑区受到刺激时所释放出来的化学物质即为多巴胺，而这一脑区就是腹侧被盖区。之后，在大鼠脑的其他区域也发现了许多自我电刺激的点位，包括伏隔核、下丘脑外侧、内侧前脑束及脑桥背部。这些不同的点位通过一条共同的通路相互连接，参与正常的奖赏行为，在与黑质紧密相邻的腹侧被盖区，多巴胺神经元的轴突通过内侧前脑束到达大脑的广泛区域（纹状体、额叶皮质和边缘系统）。一些研究表明，个体奖赏系统中的多巴胺活性低下，可能导致了人们通过各种超出正常水平的活动来努力补偿这种活性的减少，而其依赖性使用行为也可能是保持多巴胺活性在体内达到平衡的一种活动。以病理性赌博为例，在进行猜测任务中，通过MRI扫描被试的中脑和边缘系统，可见负责奖赏、决策与冲动控制的前部纹状区与腹内侧前额叶皮层的活性低下；在认知任务中，脑前叶下腹中轴皮层的活性减少；而当个体边缘系统和感觉活动增强时，伴随着情绪高涨，被试愿意尝试冒险行为，如眶额叶皮质受损，通常的后果是判断能力下降。总之，边缘中脑多巴胺系统及以外的功能回路可能都与依赖性使用行为的表现和机制有关。

多巴胺是边缘中脑多巴胺系统及相关脑区某些神经元轴突末梢所释放的神经传导物质，它在所有的动机行为中都起着关键的作用。它对依赖性使用行为能产生强化作用，还能调节其他递质的功能。其他与依赖性使用行为有关的神经递质还有5-羟色胺、γ-氨基丁酸（GABA）、乙酰胆碱、去甲肾上腺素、μ-内啡肽等。依赖性使用行为药物的作用就是增加或降低一定数量的神经递质的有效性。基于5-羟色胺、去甲肾上腺素和多巴胺这三种主要的神经递质在关键行为过程中的相互联结，研究认为这三种神经递质与依赖性使用行为的发病机制相关。因此，降低5-羟色胺浓度（5-羟色胺与行为触发、行为去抑制有关）、增加肾上腺素（肾上腺素可以调节机体的觉醒性，并识别出新的刺激）和多巴胺（多巴胺与奖赏和强化机制有关），能够强化依赖性使用行为。其中，作为最关键的神经递质的多巴胺，在一般成瘾与物质成瘾的过程中负责生物传导的强化加工。

有研究者把大脑犒赏中枢及多巴胺释放的研究证据整合起来，提出了依赖性使用行为的精神运动刺激理论（the psycho motor stimulant theory），该理论推测所有的依赖性使用行为物质均有精神激动剂的作用，能激活一种共同的奖赏机制，这种内部的奖赏机制比任何环境刺激更有力地影响和控制着依赖性使用行为。

依赖性使用行为的奖赏回路及相关的神经递质只能部分解释依赖性使用行为，事实上，强迫性药物滥用不仅仅是受到愉悦奖赏的驱使，许多依赖性使用行为者在长时间的药物使用后失去了愉悦感，但其依赖性使用行为习惯仍在继续。所以，依赖性使用行为的神经适应性学说认为药物依赖性使用行为是慢性反复给药后，脑内多种核团，特别是边缘中脑多巴胺系统的相关核团和神经元为对抗药物急性强化作用而发生适应性变化的过程。包括多巴胺受体和阿片类受体活性的改变，神经元内环磷酸腺苷（cAMP）通路功能上调，多种神经元之间递质活动的相应变化，以及基因表达的改变等。

例如，多巴胺受体可聚合成 D_1 和 D_2 家族，两者都能导致细胞内代谢作用的改变以调节膜的兴奋性和基因的表达。D_2 家族与正常的运动行为有关，而 D_1 家族则在慢性给药所导致的神经适应性变化中起着很大的作用。D_1 家族在受到刺激后不仅自身活性发生了复杂的变化，还能导致基因表达的改变并产生细胞蛋白质，最终引起神经元的结构性变化。因此，这些受体的上调不仅意味着增加了突触传递，还意味着导致了长期的结构变化，即依赖性使用行为的神经适应性变化。

（三）遗传基因观

遗传基因对依赖性使用行为的影响是另一种生物医学观点，认为依赖性使用行为的原因蕴含在遗传密码中，依赖性使用行为具有家族的延续性[1]，即遗传基因观（theory of genetic factors）。关于依赖性使用行为的

---

[1] Mcauliffe WE, Gordon RA. A test of Lindesmith's theory of addiction: The frequency of euphoria among long-term addicts. *American Journal of Sociology*, 1974（4）.

分子遗传研究初步发现，5-羟色胺、肾上腺素、多巴胺的受体存在变异。个体的遗传易感性，也可能使其后代处于依赖性使用行为的风险之中。同时，依赖性使用行为者的家族史可能也受到其家庭环境因素的影响。研究者运用行为遗传学中的孪生子法开展了许多遗传与依赖性使用行为的相关研究，结果表明遗传对依赖性使用行为的影响很大，它影响了个体对药物的敏感性、耐受性及相关反应。有研究表明，无论孪生子是在亲生父母家还是在寄养父母家长大，单卵双生酗酒的同病率几乎是双卵双生的两倍。

第 五 章

"手机控"的社会生成和"逆影响"机制

第一节　共时性生成

"手机控"的生成具有"共时性"与"历时性"相结合的机制。从共时性而言,主要包括以下几种因素。

一　"媒介化生存":"手机控"生成的社会性因素

毫无疑问,传媒技术的发展已经将人类社会带入"媒介化生存"时代。所谓"媒介化生存"简言之是一种以现代媒介,尤其是大众传播媒介为基础环境,并对人类社会造成支配性影响的一种生存样态。在"媒介化生存"时代,媒介技术深刻渗入人类社会的方方面面。正如塞伦·麦克莱所言,"传媒充斥在我们生活的每个角落,大众传媒已经成为当今世界的'文化中心'"[①]。实际上,这一以大众传媒为中心的社会现象不仅改变着人类社会的结构组成与表现形式,同时也重塑着人们的生存环境与交往模式。

其一,从人类社会结构组成与表现形式来看,20世纪以来,电影、广播、电视等媒介形式相继诞生,大大改变了传统的传播样态。传媒产业由此进入飞速发展的黄金时期,并带动了整个社会的文化传播,打通了全球性的信息传播脉络,使得"地球村"初具雏形。尤其是伴随着大

---

① [美]塞伦·麦克莱:《传媒社会学》,曾静平译,中国传媒大学出版社2005年版,第1页。

数据、人工智能等技术的发展，虚拟与现实之间的边界被打破，人类社会正在向更深的层次迈进。受技术发展的影响，传播权经历了一个自上而下的转移过程，传统的主导霸权式的传播形式逐渐退出历史舞台，转而被"人人都有麦克风"的时代代替。传播权力的下移在某种程度上促进了整个社会阶层的调整与重组，在一定程度上缩小了不同阶层之间的话语权差距，使得整个社会趋于扁平化。尤其是伴随着微博、微信等社会化媒体的出现，话语权进一步下放。媒介尤其是以手机为代表的移动媒介，不仅是一种信息传播的媒介，更是打通社会各阶层区隔的有力工具与渠道，甚至成为社会生产与再生产的重要平台。以网络直播、知识付费等为代表的新兴事物所生发的巨大文化与经济潜力，不仅为社会运转注入了强大活力，更成为社会舆论生成、权力监督的肥沃土壤，在很大程度上为社会的良性运转提供了自下而上的保护。这种草根与精英阶层的联动效应已经在潜移默化地影响着整个社会的走向。麦克卢汉曾有言，"媒介是人体的延伸"，可以说，当前媒介技术的发展，其意义已经突破了"人体"这一范畴，而成为整个社会运转乃至全球发展的一种强大动力。这也已经成为当前人类社会生存发展的基本现状，并将在今后很长一段时间内继续塑造全球生态。

其二，从生存环境与交往模式重塑来看，如前文所述，媒介技术的发展已经在很大程度上重塑了社会样态。人类这一社会化存在，在这一改变面前自然首当其冲。从历史的角度而言，人类社会的发展正是伴随着技术革新一路向前，技术的每一次巨大变革都会在人类社会的长河中留下印记，深刻改变人类的生存环境。当前的人类社会正在进入文明发展的高级阶段。从马斯洛需求层次理论来看，当前的人类社会已经迈过了生理需求与安全需求的基本层次，而进入社交需求、尊重需求与自我实现需求等更为高级的社会层次，精神追求与自我发展成为首要课题。而这种更高层次的需求表现在人际交往模式层面则是人与人之间互动的增强以及社交功能的凸显。通过媒介，个人与他者之间可以实现随时随地的情感交流和信息分享，而这种交流和分享又进一步促进了社交活动的繁荣。B. R. 贝雷尔森曾对人们使用报纸的形态进行总结，将其归纳为六种，即获得外界消息的信息来源、日常生活的工具、休憩的手段、获得社会威信的手段、社会交往手段和读报本身的目的化。[①] 在社会环境与媒体环境的双重作用下，人们极易对媒介产生"伪需求认知"，即无法辨认信息或媒介是否真正为自身所需，而是为了使用媒介而使用媒介，将媒介接触作为一种生活习惯与日常仪式。一个鲜明的例子便是微信的应用与普及。通过微信，个体得以建构以自我为中心节点的关系脉络，将社会关系纳入这一社交化平台中，建构起属于自己的社交圈。在这一个性化社交圈中，人们通过微信这一媒介平台实现了即时沟通、实时动态发布。微信不仅可以生产信息，还可以对信息进行传播与再生产，从而形成了一个集工作、学习、娱乐休闲、情感联络、信息获取于一体的生态系统。人们在媒介使用过程中不仅得到身体上的放松，更获得了情感上的满足，并在潜移默化中形成一种生活习惯，从而使"刷朋友圈"成为一种日常生活中的仪式性行为。可以说，得益于技术的发展与新媒介的不断更迭，人类社会当前的交往模式已经实现了史无前例的便捷化，身处于信息化时代中的人，无论是谁都无法做到真正的离群索居。而手机，无论作为通信工具还是作为娱乐工具、办公工具、学习工具、摄影工具、录音工具、购物工具，当其配合着软件、网络等出现在人类社会中时，都直接或间接地增强了人的社会性，即增强了人与人之间的密切程度。在维系社会交往的同时也在某种程度上实现了主体的驯化，并最终形成一个螺旋化上升与递进的生存系统。

"手机控"正是"媒介化生存"时代背景下的产物。进一步而言，传媒技术的发展是"手机控"得以形成的技术基础，"媒介化生存"是"手机控"得以形成的物质环境。而技术与物质环境二者共同构成了"手机控"形成的社会性因素。换言之，"手机控"正是在技术的助推下，在社会整体环境的影响下形成的一种社会现象。任何对这一现象的研究都无法脱离其所产生的广阔的社会土壤。

[①] Shearon A. Lowery, Melvin L. De Fleur. *Milestones in Mass Communication: Media Effects*, Longon: Longman, 1995.

二 "参照群体"影响:"手机控"生成的群体化因素

依据生态系统理论,网络成瘾的发展与成瘾者所处的周遭环境特征(包括家庭、学校、同伴等)密切相关[①],而人则是这一环境中的一个重要影响因素。在"手机控"这一现象中,"参照群体影响"较为突出,参照群体也被称作重要他人(significant others),是最早出自心理学的一个概念。19世纪末至20世纪初,库利提出"镜中我"理论,认为他人对自己的评价和态度是形成自我观念的一面"镜子"。此后的1942年,海曼首次提出了"参照群体"(reference group)的概念。海曼认为,人们对自己的主观地位的认知实际上是一种与他人对比之后的社会认知,而其中的他人则是所谓的"参照群体"。默顿认为,参照群体理论存在两方面的不足:其一,参照群体的边界不确定,不同案例中,人们的参照对象的类型不同;其二,同一群体也有可能出现参照行为不一致的现象,甚至可能得出互相冲突的结论。由此,默顿对参照群体概念加以修正,将参照群体大致分为三个类别:一是与自己有实际交往,且具有稳定社会联系的人;二是大致处在相同地位或同一社会范畴的人;三是处在不同地位或者不同社会范畴的人。以此为基础,默顿提出可以进一步将参照行为细化为隶属群体参照行为与非隶属群体参照行为两类,并指出非隶属群体参照行为是参照群体理论的主要特色。[②] 古德曼认为,人们参照群体的形成主要取决于两个维度:信息的可获得程度与相关性程度。凯利认为参照群体一般有两种功能:第一种是规范功能,它为个体建立和保持行为标准;第二种是比较功能,它提供了一个个体用来评价自己和他人的比较框架。前者是被个体接受的价值源泉,后者则是为评价自己与他人的相关位置提供参考。而且这两种功能分别与隶属群体参照行为和非隶属群体参照行为相对应。现有研究表明,社会结构、人口学特征、主观意愿、认知因素、社会距离、可观察性等因素都会对参照群体的选

---

① 张燕贞等:《大学生网络成瘾的心理社会影响因素研究综述》,《广东第二师范学院学报》2017年第2期。

② 参见[美]默顿《社会理论和社会结构》,唐少杰、齐心译,译林出版社2006年版,第338—341页。

择产生一定的影响。

在"手机控"的形成过程中，参照群体作为重要的"群体化"因素有着深刻的影响。这种影响表现在媒介认知、媒介接触与媒介使用三个层面。首先，在媒介认知层面。在手机最初出现的时期，社会与个体还未形成有关手机的认知，这一时期恰恰处于中国互联网还未普及之时，甚至电视还未进入每一个家庭，信息渠道的闭塞在很大程度上阻碍了人们通过大众传播渠道来了解手机。而此时，人际传播，尤其是在同一关系圈层的参照群体的传播则对人们最初的手机认知发挥了主导作用。笔者少年时期正是手机初步出现的时期，身边的很多成年人甚至未曾见过手机，他们对手机的认识多来源于身边家庭经济条件较好的亲朋好友，在同他们的聊天中，形成了对手机的初步认识，有些甚至获得了近距离接触手机的机会。这种早期的基于人际传播的认知对于后期手机的普及产生了深刻的影响，为手机从神坛走向普罗大众提供了坚实的基础。其次，在媒介接触层面。从手机这种新的媒介形式出现到智能手机的普及，除了技术的助推作用外，参照群体的影响也功不可没。费斯汀格的社会对比理论认为，个体倾向于同与自己地位、形象等各方面相近的个体进行比较以获得自我的评价，从而调整自我行为。在手机出现初期，不少人对这一新兴事物处于观望状态，而一旦所处群体中，尤其是与自己有实际交往且形成稳定社会关系的人购买了手机，则会在同一群体中造成一定的模仿效应。人们会先通过他人接触这一新的媒介，在交谈中对这一新媒介形成一定的认知，然后出于了解新事物、模仿、攀比或者其他的心态发起购买行为，当购买人数达到一定比例时，参照群体的作用会进一步发挥，并最终波及其所在的群体。当前社会已经形成全民皆有手机的景观，而在此过程中，参照群体作为影响因素在持续发挥着作用。尽管当前手机购买行为已经十分自发与普遍，且基本出于自我需要，但在手机出现与扩散的初期，参照群体的作用不可忽视。最后，在媒介使用层面。不仅在媒介的认知与接触层面，在媒介的使用层面，参照群体仍然发挥着持续的影响。这表现在手机设备的更新，以及使用频次、使用目的、使用习惯等方面。在手机设备的更新方面，一个鲜明的例子便是苹果手机的流行。在苹果手机最初进入中国市场时，并没有形成太大的影响，而当其使用群体不断扩大之后，便逐渐形成了口碑效应，这一口碑效应通过参照群体得以放大，使得苹果迅速成为年轻人争相购买的品牌。不少年轻人省吃俭用也要购买苹果手机，只是为了在同他人接触时"有面子"，还有一些年轻人甚至在每一款苹果手机推出时都会第一时间更换，以显示自己在高科技方面的潮流化等，这些现象背后不乏参照群体的助推作用。在手机设备的使用方面，不少个体从一开始的功能性使用到最终的仪式性使用，也均受到所在群体的影响。以中老年群体为例，这一群体对于手机这一媒介本无太大需求，但由于受到身边朋友、亲人等的影响，逐渐开始接触，并甚至逐渐形成对手机的依赖心理。例如，在访谈中，有受访者便提及参照群体对手机使用的影响："我每天放学都会通过QQ聊天增进和同学的感情，因为大家都是这样。"（中学生5，女，15岁，重庆）

不难看出，参照群体作为群体化因素在"手机控"的形成中起到了十分重要的催化作用。这种作用体现在纵横两个维度，纵向方面体现为对手机这一新媒介由出现到普及的递进式影响，而横向层面则体现为对手机这一媒介使用习惯的深刻影响。可以说，正是在这种纵横交错的影响中，手机作为一种新媒介得以迅速普及，并最终催生出"手机控"这一社会现象。

三 "性格特征与人格特质"："手机控"生成的个体化因素

如果说社会性因素和群体性因素都是导致"手机控"形成的外部因素，那么，人格特质则是"手机控"形成的内部因素。从心理学角度讲，人们的心理承受能力的不同主要取决于行为主体的人格特质的差异。人格发展越完善，自我调控能力就越强，在面对压力和挫折时，就能做出正确的自我评价并采用适当的举措来处理困境，而人格发展有缺陷者则易出现不稳定心理甚至出现心理危机。高尔顿·威拉德·奥尔波特在他的人格特质论中提出了人格的14种共同特质，如外向—内向、自信—自卑、支配—顺从、合群—孤独、理论兴趣高—理论兴趣低等。国内外专家学者结合人格特质理论、卡特尔16种人格因素测验等多种工具，研究人格特质和手机依赖的关系，通过一系列的调查研究和数据分析，发现具有自卑、内向、低自尊、缺少自信、幸福感缺失、敏感、依赖等人格倾向的人群，由于自身人格特质因素的影响，比起普通人更容易出现对移动网络设备的依赖，由此加入"低头族"的行列。[1]

访谈结果亦支持了这一论断。通过访谈发现，心理生成是引发"手机控"行为的重要因素。有手机依赖行为的大学生拥有更高的焦虑感，该群体中的一类人因性格内向、缺乏自信成为"感染""手机控"的高发人群，拥有这些特征的人往往交际圈小，朋友较少，想与外界联系又采取被动姿态，只好转由使用手机来排解孤独感和体现存在感。经过大五类人格（big five personality）的检验得出，外向性高的使用者更容易形成智能手机依赖，亲和性低的使用者则更容易对手机游戏与聊天交友产生依赖，而精神质得分高的使用者的智能手机依赖程度也偏高。[2] 大学生在与群体相处的过程中体验到脱离、被冷落与不和谐的感受时，更倾向选择可以满足自己需要的模式，在使用手机的过程中现实的不快便被抛之脑后，满足了大学生群体对虚拟人际关系的诉求。在访谈中，部分受访者表达了性格、家庭等因素对于"手机控"的影响："与班级同学接触较少，性格比较内向不愿与人沟通，在人际交往方面不那么积极，更愿意在手机中寻找自我。"（大学生8，男，19岁，江西）

社会支持程度可以显著预测人际疏离感的情况，人际疏离感高的个体常常是缺少家庭与组织支持的[3]，11位受访大学生中有8位提到手机依赖与家庭氛围有关。家庭氛围差的个体更倾向于借助智能手机上的应用软件及各种社交互动平台来寻求特定的情感支持，这在不同程度上导致了沉溺智能手机，当大学生的情感无法得到家人回应时手机依赖的程度会加深。例如，有受访者表示："因为父母管教太严格觉得和他们无法沟通，比如说在我高中，家长一般不让玩手机，他们不允许做与学习无关

---

[1] 姜飞：《"低头族"现象的心理学成因及其对策研究》，《江苏教育研究》2015年第27期。

[2] 刘鹏：《大学生手机依赖与社会支持及人格特质的关系研究》，硕士学位论文，华中师范大学，2014年。

[3] 姜永志、白晓丽、刘勇等：《大学生网络社会支持、人际信任对手机依赖的影响》，《集美大学学报》（教育科学版）2016年第3期。

的一切活动。我认为反而会促成逆反心理,当我们长大之后,会更渴求电子产品的慰藉。"(大学生8,男,19岁,江西)"家庭氛围不是很好,父母常常吵架导致我在家不愿与他们交流,转而投入到手机中,渴望在手机中寻求情感寄托。在课堂上如果有其他同伴使用手机,我也会受其影响跟风使用。"(大学生2,男,22岁,云南)另外,受访大学生表示"会跟着同伴一起玩手机",是因为存在从众心理。同伴的影响对大学生群体手机依赖现象作用明显,当大家都在讨论新款游戏或热门节目时,担心被孤立的心态促使该类人群加入其中,这也导致同学之间线上互动频繁,线下交际匮乏。

国内学者梅松丽指出,通常认为"有三种人格缺陷者易产生物质依赖,即变态人格、孤独人格和依赖性人格。这些人格缺陷所表现的共同特征是,易产生焦虑、紧张、欲望不满足、情感易冲动、自制能力差、缺乏独立性、好奇、模仿等"[1]。在青年群体中,由于性格发育的不完全与社会经验的缺乏,往往会遭受失意、挫折及各种压力,不少青年人会选择通过使用手机来缓解压力,这也是当前青年群体成为"手机控"主流群体的重要原因之一。

此外,从个体性格的外显层面而言,著名精神分析专家弗洛伊德认为,本我、自我、超我三部分共同组成了一个人的具体人格,其动力理论还指出此三者各按不同的原则运行。[2] 本我由人类与生俱来的本能冲动组成,是个体人格中隐藏最深、最难接近但又最为原始的本初部分。弗洛伊德认为,本我包括人类本能的性的内驱力和一种被压制的倾向。由于是最原初的状态,本我并不注重逻辑、道德等理性层面,而在很大程度上受到"快乐原则"的驱动,即盲目追求快乐。自我是人格中的意识部分,是本我通过外部世界的影响而形成的一种知觉系统,是个体在现实社会中各种实践作用下从本我中分化而成。自我受事实原则的影响,既要获得满足,又要规避痛苦。自我在某种程度上是统辖本我与超我的

---

[1] 梅松丽:《大学生网络成瘾的心理机制研究》,博士学位论文,吉林大学,2008年。
[2] 成云、伍泽莲:《网络成瘾的心理根源及其干预》,《成都理工大学学报》(社会科学版)2006年第2期。

仲裁者，一方面对本我加以监督，另一方面又能够对超我加以满足。而超我实际上是一种道德化的自我，在三重人格中最后形成，且代表了人格境界的最高层次，是对个体自孩童时期成长起来的社会的道德标准和行为准则的反映。超我从自我中分化而来，并能够对自我进行监督和批判，同时与人类的最初本能存在尖锐的冲突。对于一个个体而言，这三者彼此交互作用的结果是产生行为的内在驱动力，个体的外显行为即是三者相互博弈的结果。在竞争激烈的当前社会，焦虑已经成为社会个体的普遍标签。对于个体而言，每个人都有趋利避害的自然本性，面对工作或生活的压力，人们会产生一种应激反应，表现为三重人格之间的博弈。在三种力量的博弈中，本我的力量逐渐占据上风，人的自我与超我都无法抗拒来自本我的巨大牵引力。而本我的无限膨胀的最终结果将是人们选择沉浸于手机等媒介营造的虚拟世界中寻求片刻的安宁，并通过这种沉浸体验来寻求快乐体验，从而消解现实生活中的焦虑与烦躁。但这种对于本我的无限放大以及对于自我快乐的无限追求又会反过来为个体带来一种沉迷体验，引起个体的成瘾现象。长此以往，则会导致个体失去自我与超我的理性力量的约束，而一味沉浸于虚拟世界中无法自拔。

年龄这一人口学变量对手机使用依赖程度有显著影响，具体而言，在不同年龄段的划分中，19—22 这一年龄段同 23—29 以及 30—35 这两个年龄段之间的手机使用依赖情况有显著差别（sig 值分别为 0.13 与 0.15）。进一步分析数据可知，后两个年龄段呈现更为明显的手机依赖，这主要是由于后两个年龄段中的人多数已经踏入社会，承受来自工作与生活的压力，出于工作需要或解压需求会对手机有较为频繁的使用。《生命时报》的一项调查显示，人们一天要看 150 次手机，按普通人每天清醒 16 个小时计算，平均 6.5 分钟就要看一眼手机。亚洲积极心理研究院首席研究员汪冰分析，从心理学的角度来看，手机依赖的本质是对信息的依赖，通过看手机提高安全感，而安全感本质上是一种本我层面的原始需求。此外，中国科学院心理研究所祝卓宏指出，多数手机依赖者是由于形成了习惯化的行为，掏手机是一种下意识的行为。这也在某种程度上表明，"手机控"的形成实际上是个体依从本我需求而产生的一种脱离自我与超我控制的原始冲动。实际上，在日常实践中，这种由性格差异以及本我支配程度所导致的手机依赖,个体差异也是很明显的。正是性格这一内在因素与人格特质这一外在特质共同作用于个体意识,构成"手机控"现象生成的个体化因素。

四 独立与联合:多因素作用下的时代症候

"症候群"本意是指因某些有病的器官相互关联的变化而同时出现的一系列症状,后也指某些人因相互影响而达成一致的意向。毫无疑问,当前社会,"手机控"已经成为一种症候。这种症候萌芽于人们对手机这一媒介的普遍使用,发展于人们在使用手机的过程中逐渐对这一媒介产生共同的认知与相似的情感依赖,这种共识通过日常的媒介使用习惯不断加深,并最终形成当前社会普遍存在的"手机控"症候群。具体而言,"手机控"症候群属于成瘾症候群中的一种。而具体到成瘾这一症候群,笔者通过既有的研究资料整理得出表 5—1,旨在对"手机控"这一特殊的成瘾症候群进行一个学理上的划分,从而更为清晰地对其进行定位。

表 5—1　　　　　　　　　成瘾症候群

成瘾	药物	乙醇、苯丙胺、尼古丁等
	行为	财务(赌博成瘾等);多媒体(手机成瘾、游戏成瘾等);性爱相关(性成瘾等)
	细胞机制	转录因子、Epigenetic 等

(该表格根据维基百科词条整理得出)

分析上表可知,成瘾症候群大体可分为药物成瘾、行为成瘾与身体机能突变而导致的生物成瘾。"手机控"属于行为成瘾中的多媒体依赖范畴。相较于细胞机制(机转)这一成瘾形式而言,"手机控"与药物成瘾都属于外部因素导致的成瘾行为,这也在一定程度上表明"手机控"这一成瘾症候是后天形成的,因而具有一定的可预防性与可逆转性。

正如前文所述,"手机控"的形成有着多重原因。其中,社会性因素、群体性因素以及个体性因素是"手机控"症候形成的最重要的共时性因素。那么这三重共时性因素之间存在着怎样的相互关系？对于"手机控"又分别有着怎样的影响？为了对"手机控"的共时性生成机制有更为深入的认识，笔者对这三重因素的相互关系进行了深入解析。

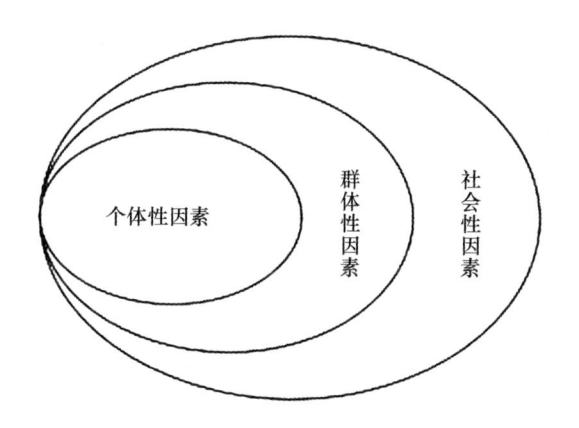

图5—1 "手机控"共时性生成因素之间的关系

总体而言，三重因素之间是从宏观到微观，从外部到内部，从普遍到具体的一种关系。其中，社会性因素是"手机控"形成的背景土壤，是群体与个体行为得以存续的基础。而群体性因素是基于社会性因素的中层因素，是连接社会与个体的中介体，一方面群体依赖于社会而存在，另一方面群体又是个体的集合体，对个体发挥着更为直接和深刻的影响。个体性因素则是最为直接、内核化的，且能直接发挥作用的因素。正是由于作为个体的人的主观能动性和外在行为表现，"手机控"才最终得以形成。因此，总结"手机控"形成的因素，不难发现，它是多重因素联动作用的结果，同时又通过一个个具体的个人而表现出来，并最终成为一种社会症候。

第二节 历时性生成

一 网络社会的发展与媒介依赖现象的产生

媒介依赖理论源于美国著名传播学家桑德拉·鲍尔－洛基奇和梅尔

文·德弗勒1976年发表的论文《大众传播媒介效果的依赖模式》，媒介依赖理论的主要目标是要解释"人们何时和为什么接收媒介信息，以及这种接收对他们的信念和行为有什么效果，关键是要说明人们是如何利用媒介资源以达到个人目标的"[①]。该理论从"受众、媒介、社会"三方面对媒介的传播效果、传播影响以及影响产生的途径加以研究，全面透视媒介与整个社会结构中其他组成部分之间的关系，并被广泛应用于对不同层次的媒介现象的分析之中。从理论上看，媒介与个体之间存在一种双向的依赖关系，但在实践中，这种依赖更多地表现为个体对媒介的单向依赖。

（一）传统媒介依赖

传统媒体时代，媒介依赖极少存在，甚至可以说尚未形成。这是由以下原因导致的：首先，就媒介特征而言，传统媒体如报纸、广播等，此类媒介的内容具有平面性、不可扩充性与不可重复性，即使受众再度打开也无法获取更多的信息。换言之，这种媒介形式只能为受众提供有限的信息内容，在表现形式方面也较为单一，充其量只是获取信息与消磨时间的工具，当人们放下或关闭这种媒介形式，人们将从其开辟的世界中退出，而不再受其影响。电视与传统手机的出现在一定程度上对报纸与广播的功能进行了拓展和改良。如电视集合了视频、音频等多种形式，画面呈现更为丰富，观看效果大大改善，且可以播放较多频道，受众的选择面大大增强。此外，随着功能的不断改良，电视实现了24小时全天候在场，受众在任意时间打开电视机都可以收看不同的频道。但电视仍然存在固有的缺陷，即受众受信号的影响较大，频道获取受制于信号强弱以及电视机性能的可能性较大，且每个频道节目内容受播放机构的计划影响，受众只能在规定的时间段内收看规定的节目，因此，在信息接收层面仍然未能实现完全意义上的自由。此外，电视的可移动性差，受众只能在固定的地点收看，无法实现移动性收看，从而导致受众的接触体验大打折扣。其次，从媒介易接近性而言，尽管信息需求是人类的

---

① 参见［美］德弗勒、［美］鲍尔-洛基奇《大众传播学诸论》，杜力平译，新华出版社1990年版，第333—362页。

一种基本需求，但在传统媒介时代，由于资源的稀缺性，人们接触媒介的可能性仍很低。以电视为例，尽管1958年我国就已经成功制造第一台电视机，开始播送黑白电视节目，并建立了相应的电视工业，但实际上直至20世纪末，中国仍有许多家庭未购买电视机，且在偏远农村，有些人甚至还未听过或见过电视机。媒介的难以接近性在很大程度上限制了人们对于媒介的使用，媒介依赖也就无从谈起。最后，就传统媒介的人性化程度而言，如前文所述，在传统媒介时代，由于技术发展尚未成熟，且社会需求未被完全激发，因此媒介的设计更多考虑其工具性层面，而对人性化的层面不够重视。这就导致人们媒介使用层面的不便利，从而在一定程度上限制了媒介依赖的形成。仍以电视为例，早期的电视机无论是在功能的设计还是画面的呈现方面都极为粗糙，只能满足人们最基本的使用需求，无法提供个性化的需求。

不难看出，传统媒介时代，受媒介自身特征的影响，受众在媒介使用方面受到诸多限制，大大影响了其媒介使用体验，尽管出现了"容器人"等媒介依赖现象，但整体而言，"手机控"现象相对较少。

（二）新媒介依赖

新媒介，尤其是互联网普及之后，媒介依赖的现象开始出现，并呈迅猛发展之势。1987年9月，CANET在北京计算机应用技术研究所内正式建成中国第一个国际互联网电子邮件节点，并于9月14日发出了中国第一封电子邮件："Across the Great Wall we can reach every corner in the world."（越过长城，走向世界。）揭开了中国人使用互联网的序幕。发展至今，中国互联网已经经历了翻天覆地的变化与跨越式的发展。CNNIC发布的《第40次中国互联网络发展状况统计报告》显示，截至2017年6月，中国网民规模已经达到7.51亿，占全球网民总人数的五分之一，互联网普及率为54.3%，超过全球平均水平4.6个百分点。2017年上半年，国内新增网民1992万人，半年增长率为2.7%。[1] 互联网的出现与普及在很大程度上改变了受众的信息接收习惯。受众的信息接收范围无限扩大，

---

[1] CNNIC：《第40次中国互联网络发展状况统计报告》，http://cnnic.cn/gywm/xwzx/rdxw/201708/t20170804_69449.htm。

获得了极大的媒介接近权与信息自由权。不同于传统媒介，互联网实现了无疆域、无边界的即时性、多样化传播，受众通过互联网进入浩瀚无边的虚拟世界中，尽情遨游在信息的海洋里，从而在很大程度上增强了其媒介使用度与依赖性。可以说，与传统媒介相比，新媒介带给受众的已经不仅仅是虚幻的娱乐与满足，其中存在着更贴近实际生活的精神性满足，这就使得受众对媒介的依赖程度更高。如果说在传统媒介时代受众对接收的信息拥有选择的主动权，在新媒介时代，这种选择权仍然存在，关键是受众能不能自如地使用这种选择权，毕竟媒介似乎控制着我们的身体、大脑，我们越来越身不由己。[1] 2001 年，一个新的概念"互联网行为依赖"问世。该理论认为，病态的互联网使用会削弱一个正常人的认知、行为和感情功能。这从侧面反映了互联网使用对人们媒介依赖的深层影响。

二 "手机"作为媒介的成瘾机制

必须说明和可以肯定的是，我们所谈论的"手机控"实际上指的是以智能手机为媒介所产生的手机依赖。尽管手机早在 20 世纪 80 年代就已出现，且传统手机与智能手机具有很多相似的特征，如便携性、可移动性等，但受技术限制，传统的手机在功能和使用体验方面还存在很大的不足。例如，传统手机尤其是 1G 时代的手机，除了接听、拨打电话，发送、接收讯息，以及另外一些简单的功能之外，几乎没有其他方面的功能。因此，在某种程度上而言，传统手机的自身特征限制了受众的使用范围，其对于受众的吸引力远不及智能手机。因此，"手机控"实际上是在智能手机出现之后的产物。也因此，从很大程度上而言，智能手机不同于传统手机的特征即是"手机控"形成的重要影响因素。

那么，智能手机具有哪些不同于传统手机的媒介特征呢？简要概括，智能手机具有如下特点：具备无线接入互联网的能力，具有 PDA（全称为 Personal Digital Assistant，即个人数字助理）的功能，具有开放性的操作系统，高度人性化，功能强大。这些特点使得智能手机相较于传统手

---

[1] 王怀春：《新媒介时代受众对媒介依赖的变化》，《当代传播》2009 年第 2 期。

机操作性更强、功能更为完整强大，且具有极强的娱乐性。具体而言，表现在如下方面：首先，智能手机具备接入互联网的能力，这就意味着此时的智能手机已经不仅是信息传输的工具，而是具有网络进入功能的媒介平台，成为信息流动的接入口。如今，越来越多的消费者已经将购机目标定位在智能手机身上。与传统功能手机相比，智能手机的便携、智能等特点，使其在娱乐、商务、资讯及服务等应用功能上能更好地满足消费者对移动互联的体验，从而大大扩展了传统手机的功能，为用户提供了更为便捷的信息获取平台，极大地增强了手机的用户黏度。其次，智能手机具有开放性的操作系统。如前文所述，通过智能手机，用户不仅可以进行通话、短信传输等，同时也可以开展视频观看、音乐收听、信息记录、邮件查看、网上购物、浏览社交网站等多样化的活动，极大提高了使用便利性。这种特性使得个体在智能手机使用过程中，付出较少的精力，就能提高工作和学习效率，满足感提高。用户的媒介使用体验进一步提升，使用频次也不断增加。此外，智能手机还是一个功能的集合体，除传统手机的基本功能之外，智能手机还具备各种功能性APP的安装功能，从而实现社交、娱乐、生活、学习等功能的高度整合。智能手机极其贴近用户的日常生活，但也在一定程度上导致个体对其过度使用，乃至形成心理依赖。最后，智能手机还可以实现内容的个性化和定制化，从而极大提高了用户的个性化体验。智能手机能提供社交、贸易、教育、娱乐和游戏等各种应用程序，用户可根据个人喜好下载安装APP，在多个方面实现了内容和功能的个人定制。随着个体能动性得到极大提高，且在使用过程中能体验到较多愉悦感和沉浸感，手机使用行为也变得更多。这种主动定制和个性化的功能组合使个体不断强化某种行为模式，最终形成一定的使用习惯。

（一）智能手机作为"手机控"的媒介支撑

智能手机的以上特征大大影响了用户的手机使用行为，为"手机控"的形成提供了媒介层面的支撑。纵观手机发展历程，不难看出，技术的进步在提升手机性能、提高用户使用体验的同时，也在很大程度上改变了手机对用户的作用力，并促使用户调整手机使用的外在行为与心理依赖的内在情感，从而促成了"手机控"这一现象的逐渐产生。现如今，手机工业已经开始探索将人工智能、VR等技术运用于研发生产的新路子。未来，借助人工智能技术，手机的思维方式、分析能力、感知能力等将进一步增强，从而影响用户与手机之间的交互方式。这些改变有可能为手机催生出更强大的机器学习能力，使手机能够主动感知用户行为、预判用户需求并主动进行知识获取、结合用户反馈不断修正，进而实现人机一体的效果。当前，超多维集团已经开始将VR技术应用于手机的生产之中，未来的手机不仅能够对动作行为和环境进行深度学习分析，而且可以直接通过AR和3D技术进行实物测量，并实现混合真实环境的虚拟购物体验。此外，手机的充电功能也将进一步改善。目前，各个厂家在其旗舰机上基本都配备了快速充电技术，苹果和三星更是配备了无线充电技术。可以预想的是，伴随着技术的不断进步，手机作为一种媒介，其功能还将更加全面，能为用户提供更为人性化的技术体验。在这一背景下，用户的手机使用习惯将得到进一步培养和改变，且这一改变会朝向更加依赖化和具身化的方向发展，届时，"手机控"又将呈现怎样的表征，做出怎样的改变，都是值得思考的问题。

因此，从总体上说，当前智能手机已经走在时代的前端，伴随着移动互联时代的到来，智能手机的流行已成为手机市场的一大趋势。这类移动智能终端的出现改变了很多人的生活方式及对传统通信工具的需求，人们不再满足于手机的外观和基本功能的使用，而开始追求手机强大的操作系统给人们带来更多、更强、更具个性的社交化服务。智能手机也几乎成了这个时代不可或缺的代表配置。而手机由传统走向智能再一步步趋于完备的未来的过程，实际上也正是"手机控"这一社会现象从无到有，不断调整形式，改变表现样态的历史发展过程。

（二）从"沉浸"到"沉迷"："手机控"的阶段性生成

"沉浸"一词的提法古已有之，两千多年前，东方精神传统实践者就开始探索运用沉浸体验作为其发展精神力量的重要技法，如在佛教圈中，沉浸早已成为一个被广泛使用的术语。到了近现代，匈牙利裔美国心理学家米哈里·齐克森米哈里（Mihaly Csikszentmihalyi）和他领导的小组对沉浸现象进行了较为科学和系统的研究。齐克森米哈里等人起初的实验目的是对人的创造力进行研究，然而在研究过程中，他们发现，人们在从事自己所喜爱的工作时，有时会经历一种独特的身心体验，"它常常使人废寝忘食，不计回报地全身心投入工作，并且乐在其中，而人们在具有这种体验的活动中常常会爆发出惊人的创造力"①。齐克森米哈里的研究发现，人们在处于沉浸体验状态时，往往会达到一种"忘我"的精神境界。这种状态会对人们的行为产生控制，导致个体不由自主地想要去做某项事情，或者重复某个动作，从而维持由沉浸体验所带来的精神与身体层面的双重快感。媒介沉迷存在类似的快感，通常而言，这种快感表现为一种媒介沉浸的状态。人们在对以新媒介为代表的媒介加以使用的过程实际上是通过人与机器的互动而达到对虚拟世界的体验。当这种媒介文本或者虚拟体验出现时，将会对个体产生一种刺激作用，从而促使个体不断提升媒介使用能力，不断将意识与行为紧密结合起来，从而获得一种高峰体验。而这种高峰体验反过来又作用于个体本身，促使其不断重复投入到媒介的使用中，从而不断获得这种沉浸行为带来的愉悦感。因此，在"手机控"这一社会行为中，媒介实际上在很大程度上充当了个体获取沉浸体验的一种中介，人们通过这一中介寻求媒介沉浸状态下的心理满足。

但在实践中，这一沉浸状态并不会迅速转化为沉迷状态，换言之，尽管个体通过媒介沉浸可以获得短时间内的高峰体验，但这种沉浸行为并未形成一种上瘾机制，因此尚未达到沉迷阶段。而我们通常所谓的"手机控"实际上是沉迷状态的一种表征。根据定义，手机成瘾是指由于个体过度使用智能手机而产生了心理依赖，进而对智能手机及其相关服务的使用失去控制，导致日常生活被干扰，并出现心理或行为问题的一种状态。② 一些学者对手机成瘾的临床表现做了系统归纳，即耐受性、戒

---

① Mihaly Csikszentmihalyi. Play and intrinsic rewards. *Journal of Humanistic Psychology*, 1975(3).

② Chen C, Zhang ZK, Zhao SJ. "Examining the Effects of Perceived Enjoyment and Habit on Smartphone Addiction: The Role of User Type", *in E - Technologies*, Cham: Springer International Publishing, 2015.

断症状、凸显性、情绪改变、渴望和失控等。[①] 中国学者刘勤学等人将研究者们对手机成瘾的症状归纳为四个方面：一是基于智能手机的使用失去控制，例如使用频率过高或在重要场合无法控制手机使用行为；二是心理上对智能手机产生依赖，过多关注手机与手机空间，忽视周围环境和现实生活；三是出现戒断症状，主要是心理戒断，当个体不能使用智能手机时，会产生焦躁不安、失落、暴躁等负面情绪；四是成瘾后对个体的人际、学习、工作、身心健康等造成不良影响。[②] 就"手机控"而言，它实际上属于手机成瘾的范畴。而通过对比沉浸与沉迷不难发现，"手机控"的产生通常会首先表现为手机沉浸的状态，随着使用习惯的进一步固化和心理依赖的不断加强，这一沉浸状态才会最终转化为沉迷也即成瘾状态。因此，就人们的手机使用现状来看，尽管不少手机使用者表现出沉浸状态，但并未真正达到沉迷状态。但不可否认的是，有部分人群已经处于沉浸与沉迷的临界点（不断增加的有关过度使用手机而导致猝死的新闻就是这一问题的外在表现），如若不加以控制，则会发展为手机成瘾这一病理学问题，因此每一个个体与整个社会都应给予足够的重视。

三 "病毒式传播"与"回弹机制"："手机控"的纵向扩散

"手机控"个体通过逆向模式对其他易传感者发起"病毒式传播"，即沿着个体所属的初级群体到次级群体再到三级群体乃至社会大众的传播路径层层推进，影响效应逐层呈几何级增长，它形成不断强化的"回弹机制"，既造成社会上广泛出现"手机控"这一"流行病"，也反过来加重了个体病症。具体而言，"手机控"的纵向扩散路径表现在如下两个方面。

（一）三级群体传播机制

"初级群体"（也被称为首属群体），是认识观念从媒介到受众流动过

[①] Lee H，Ahn H，Choi S，et al. The SAMS：Smartphone addiction management system and verification. *Journal of Medical Systems*，2014（1）.

[②] 刘勤学等：《智能手机成瘾：概念、测量及影响因素》，《中国临床心理学杂志》2017 年第 1 期。

程的关键，同时也是我们理解意见领袖产生作用的关键。"初级群体"这个概念是 20 世纪初由美国社会学家 C. H. 库利（Charles Horton Cooley）提出的。他在 1909 年出版的《社会组织》（*Social Organization*）一书中提出了大众传媒把整个社会联系在一起的观点，指出"初级群体——它在构成一个人的社会本性方面是面对面的、亲近的和重要的"。他称之为"首属的"，因为它在个性社会化方面的重要意义，也是因为诸如父母、兄弟姐妹、同事和教师等首属团体是最早进入一个人的一生之中的。① 因此，库利所说的初级群体概念主要是指家庭、邻里和儿童游戏群体，具有亲密的、面对面交往的特征。按照库利的解释，"这种'首属群体'随处可见并且随处对个体发生着大致相同的影响。这种本性主要包含着某些基本的社会性情感和态度"②。当前，初级群体正突破当初以血缘和地域为纽带的现实人际关系群体，演进为关注点更广泛、数量更庞大的虚拟网络集群。③ 此外，各种不同的新媒体也在很大程度上满足了初级群体对超越时间、地点的要求，使得初级群体之间有了更加便捷的沟通方式。一些社交软件也能满足初级群体进行面对面交流沟通的需求，虽然存在着一定程度上的缺陷，但是也在最大限度上弥补了时空分割的问题。④

而相较于初级群体，次级群体又叫次属群体或间接群体，指的是其成员为了某种特定的目标集合在一起，通过明确的规章制度结成正规关系的社会群体。次级群体成员间的感情联系相对不如初级群体紧密，面对面的互动有限。初级群体与次级群体共同组成了个体生存发展的人际关系网络，成为个体社会化生存的重要土壤。

作为一种社会化现象，"手机控"尽管表现为个体化现象，但实际上背后有着十分深刻的群体化以及社会性因素的助推。这突出表现为"手

---

① 陈雪奇：《两级传播理论支点解析》，《厦门大学学报》（哲学社会科学版）2013 年第 5 期。
② [美] 查尔斯·霍顿·库利：《人类本性与社会秩序》，包凡一、王湲译，华夏出版社 1989 年版，第 19—20 页。
③ 陈雪奇：《两级传播理论支点解析》，《厦门大学学报》（哲学社会科学版）2013 年第 5 期。
④ 朴光星：《"压缩型城市化"下的民族共同体"离散危机"与"重构运动"——基于对朝鲜族城市化进程的考察》，《中央民族大学学报》（哲学社会科学版）2014 年第 3 期。

机控"个体与其初级群体、次级群体之间的交互，以及不同群体范围之间的进一步互动与传导。换言之，"手机控"的生成是一个以个体为核心，以初级群体、次级群体等社会群体为外围，通过不断互动最终生成的。

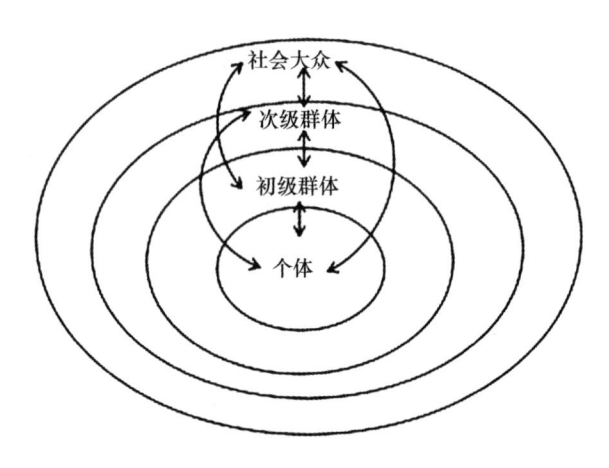

图 5—2　"手机控"三级群体传播机制

如图 5—2 所示，以"手机控"个体为单位，每一个"手机控"个体都以自我为核心，形成了一个"手机控"人群扩散机制。具体而言，作为"手机控"的个体首先会对其所处的初级群体，诸如父母、兄弟姐妹等产生一定的影响，如果初级群体中有对手机抵抗力较差、好奇心较强或者性格内向等人格特质的人存在，"手机控"就极易对其产生作用力，从而促使具有这些特征的初级群体产生同样的手机依赖。就个体与次级群体而言，由于相较于初级群体，次级群体与个体的社会关系较弱，且多数是由共同的目标或者利益而产生关系的人群，因此，相对而言"手机控"个体的作用力不及初级群体明显。但通过工作或学习等方面的接触，"手机控"个体仍然可能通过长时间的潜移默化的影响对次级群体产生作用力，促使次级群体中的"易感染"人群产生手机依赖。而就个体与除初级群体与次级群体之外的社会大众而言，尽管个体与社会大众之间并未产生直接的关系连接，但在一个开放的环境中，"手机控"个体的行为仍然可能对社会大众造成一定的认知和情感影响，从而进一步影响其手机使用习惯。因此，以"手机控"个体为中心，通过对初级群体的直接影响以及对次级群体及社会大众的直接或间接影响，形成了"手机控"的纵向扩散机制。

（二）传播的回弹机制

然而，尽管"手机控"的纵向扩散机制主要是以个体为核心向外层层扩散，但实际上，这种扩散并非简单的单向影响，而是具有十分复杂的多向传播路径。如图5—2所示，在个体通过初级群体、次级群体向外施加影响的同时，初级群体、次级群体以及社会大众之间也存在相互影响关系。换言之，这一影响机制是双向交互性的。具体而言，在"手机控"个体所处的初级群体及次级群体受到个体"手机控"的影响而对手机产生依赖心理后，这种群体手机依赖行为会反过来作用于个体，从而在某种程度上为个体建构一种"手机控"的"拟态环境"。当这一现象逐渐扩大到社会大众也即整个社会群体的时候，这一"手机控"所建构的"拟态环境"范围将进一步扩大，从而蔓延至整个社会，反过来进一步刺激个体及其所属的初级群体与次级群体范畴。这一回弹机制最终将会形成"个体—所属群体—社会"三方之间的联动效应，最终使"手机控"成为一种社会化的行为。尽管这一情形仅仅停留在理论层面，但足以为当前的"手机控"现象敲响警钟，即个体如果不加限制地任由自我沉迷于"手机控"行为之中，那么，随着时间的推移，其对整个社会所带来的影响将会是灾难性的。

四 "手机控"：难以褪色的风景

从前文分析可知，"手机控"的形成具有十分复杂的社会、群体及个体化原因，且这些因素之间相互影响，共同作用于"手机控"的形成过程。由于青年群体在"手机控"群体中占最大比例，当前，如何避免"手机控"已经成为不少家庭担忧的问题。作为一种具有深厚背景的社会现象，"手机控"或者说媒介成瘾在今后相当长的一段时间内并不会消失，甚至将成为一种社会的常态现象。从智能手机的市场与发展阶段来看，一方面，当前智能手机的使用已经十分普遍，且适用人群的年龄层次呈现低龄化倾向，经过长时间的浸淫，整个社会对手机的使用已经成为一种媒介习惯，无法在短时间内有所改变。另一方面，尽管智能手机的发展已经经历了井喷阶段，进入平稳发展的时期，但人们对手机的更新速度却在不断加快，因此智能手机仍然具有巨大的市场空间。伴随着技术的发展，智能手机更新换代的速度不断提升，在未来的发展方面还存在较大的改良和提升空间，这就为智能手机的持续存在提供了市场和技术的双重支撑。此外，从未来媒体的整体发展走向来看，对于人性化的追求已经渐渐成为一种共识，而包括手机在内的媒介的人性化发展将会为用户提供更为舒适、愉悦的情感体验，这些都将进一步加深用户的媒介依赖程度，使得"手机控"从隐到显，获得更大的存在空间。最后，从媒介依赖生成的宏大社会背景来看，媒介依赖的形成是一个持续的过程，由智能手机所引发的"手机控"仅仅是众多媒介依赖现象中的一种。因此，只要有媒介存在，只要人类还存在信息获取的基本生存需求，那么媒介依赖就会持续存在。就手机层面而言，则表现为"手机控"现象与手机发展的相生相依。即使未来手机被其他的媒介形态所替代，仍然会出现类似于"手机控"的"××控"。因此，在当前"媒介化生存"的时代背景下，"媒介依赖"作为一种伴生现象将会持续存在，并随着技术的发展表现出新的形式。

　　这也提醒我们在对"手机控"这一现象进行研究时，应该本着科学、客观的态度加以看待，而不能将其视为洪水猛兽。与此同时，还要将"手机控"置于媒介演进及媒介依赖的层面加以审视，重视其背后的深层社会因素，只有这样才能正确认识问题所在，并对症下药。也因此，就"手机控"的治理而言，应当本着"疏优于堵"的原则，最大限度地通过一系列措施提高主体的警醒度与自控力，而不是试图规避乃至根除。

　　综上所述，"手机控"的历时性生成属于媒介依赖这一大的社会现象，它是伴随着技术的发展以及媒介的不断更迭而产生的。"手机控"的形式在很大程度上是由于手机具有不同于其他媒介的诸多特征，如便捷、易携带、具有开放式操作系统、可接入互联网等。此外，"手机控"的形成经历了一个由个体向初级群体、次级群体及社会大众逐层扩散并反向回弹的过程，这也解释了以个体为单元的"手机控"现象如何在整个社会群体中蔓延。"手机控"的形成并非一蹴而就，而是经历了一个由"沉浸"到"沉迷"的过程。就"手机控"现状来看，多数个体仍处于"沉浸"阶段，但存在由"沉浸"向"沉迷"发展的倾向。"手机控"的形成有着极其复杂的因素，且在未来相当长的一段时间内仍然会持续存在。

第三节 "逆影响"：对社会和媒介的反作用

一 异化：从心理到生理的双重影响

每一次新媒介的出现，都会在人们还没有任何感知和判断的状态下，将无所不在的新环境诱发出来，从而悄悄改变整个人类社会。麦克卢汉说："我们用新媒介和新技术使自己放大和延伸。这些新媒介新技术构成了社会机体的集体大手术"，"用新技术给社会做手术时，受影响最大的不是手术切口。手术的冲击区和切口区是麻木的。被改变的是整个机体。"[1] 在这一过程中，个体在潜移默化中被改变而不自知。作为一种不断更新的媒介样态，手机的出现已经在很大程度上给个体带来了诸多方面的改变。正如弗洛姆所言，人创造了种种新的、更好的方法征服自然，但却陷于这些方法的网罗之中，并最终失去了赋予这些方法以意义的人自己，人征服了自然，却化为自己所创造的机器的奴隶。其中，最为明显的便是个体的"异化"。

"异化"这个概念是马克思在《1844年经济学哲学手稿》中首次提出的，即"异化是人的生产及其产品反过来统治人的一种社会现象"。我国学术界比较有影响力的是王若冰对"异化"概念的解析。他认为，异化是"主体由于自身矛盾的发展而产生自己的对立面，产生客体，而这个客体又作为一种外在的、异己的力量凌驾于主体之上转过来束缚主体，压制主体"[2]。简单来说，就是人类创造出来的东西反而变成了人类的主宰。在马克思的异化理论中，异化有四种表现，分别是劳动者与劳动结果相异化、劳动者与劳动过程相异化、劳动者与他的类本质相异化、人

---

[1] [加]马歇尔·麦克卢汉:《理解媒介：论人的延伸》,何道宽译,商务印书馆2000年版,第100页。

[2] 王若冰:《"异化"这个译名》,《学术界》2000年第3期。

与人之间相异化。

　　当前的技术异化有十分深刻的主体、客体及社会化根源。首先，技术仅是一种工具，作用其上的具有主观能动性的个体才是真正起主导作用的力量。技术本身并无法为使用者设定某种使用目标，并规定主体的活动方向。因此，一切的活动都是作为个体的人的主观思想与能动性所决定的，是受其价值观引导的一种积极的建构性活动。在这一前提下，如若作为主体的个人受到错误的价值与观念引导，则极易导致错误的使用动机与行为，进而导致异化现象的发生，这便是技术异化的主体根源。以手机带来的异化为例，手机作为一种媒介，本身是一种工具，并不具有决定发展方向的主观能动性，因此，人类的使用行为实际上是造成手机异化的重要变量，当个体由于种种因素频繁使用，甚至过度依赖手机时，个体的主观能动性及其选择便导致了"手机控"的产生。其次，尽管技术自主论一直以来都作为一种极具影响力的技术决定论观点被不少技术哲学家推崇，但毋庸置疑的一点是，技术的发展有其内在的逻辑框架，且技术的自主性及其内在演化动力同其完备程度呈正比。换言之，技术越成熟，其内在的种种自主性趋势也就越明显，越不受外力控制。作为一个不断发展的系统，技术具有较为固定的结构与自发展的能力，技术以物质世界作为存在基础，以改造自然、满足人类的需求为演进目标。一旦技术发挥作用，无论是何种性质的作用，都会在很大程度上影响人类。这是由技术的内在逻辑与属性所决定的。因此，在技术的作用中，实际上存在着正向影响与负向影响两种力量的抗争与博弈。当正向影响占据上风时，技术表现出积极建构的一面，而当负向影响占据上风时，技术就表现出消极的，甚至极具破坏力的异化影响。从这一角度而言，手机的发展及其对人的异化实际上是可控的，但又是不可避免的。这是技术异化的客观根源。最后，包括手机在内的技术异化实际上是依存于整个社会大系统的，换言之，社会因素是技术异化形成的不可忽视的重要因素。手机技术的发展对人的异化实际上是整个社会环境各种因素共同作用的结果。

　　"手机控"对个体所造成的异化具体而言体现在对个体的身体与心理的异化，以及对个体与他人之间关系的异化两个层面。从前者来看，由于受"手机控"这一症候的影响，个体在身体层面的异化体现为对手机的严重依赖，将手机视为生活必需品，一刻都无法离开，而一旦离开手机就烦躁不安，身体不受控制地想要找回手机。因此，身体完全被束缚在由手机所营造的方寸空间之中，成为"装在手机里的人"。此外，"手机控"对个体的心理异化表现在个体由于过度依赖手机而导致的性格乃至人格层面的转变。长期沉浸于手机之中，将目光聚焦在屏幕之上，个体便处于高度孤立状态，缺乏与周围世界的互动。长此以往，个体的性格将可能变得孤僻，很少甚至拒绝与他人打交道。不少"手机控"患者呈现出焦躁、歇斯底里甚至暴力倾向，这都是手机对其心理造成的负面影响。就后者来看，实际上，个体的身体、心理双重异化表现在社交层面便是个体与他人之间人际关系的异化。正如前文所言，个体在被手机异化之后呈现出种种人格特质层面的转变，而这些转变将会影响到与他人的交流与相处，久而久之，人际关系就会变得生疏，甚至出现交流冲突或者零交流的现象。最终，每个"手机控"个体都为自己筑起一道"他人勿近"的围墙，成为原子化的存在。正如赫胥黎所说："毁掉我们的不是我们所厌弃的，而是我们所热爱的。"

我们通过访谈发现，中学生群体手机依赖较为严重，主要表现为手机社交依赖。中学生沉迷 QQ 聊天、手机游戏是普遍现象。手机信息的丰富性和便捷性是造成中学生群体"手机控"的主要原因，手机中新颖的内容和形式符合中学生对世界的好奇心，在这一背景下，该群体对事物的怀疑精神和渴望独立自主的反叛需求都可以在手机中得到释放。然而，手机的使用和依赖也导致了中学生群体的异化。如有受访者表示，手机的使用已经让其产生了虚拟与现实的模糊感："我无法想象没有手机的日子，除去睡觉时间手机基本不离手，有时甚至分不清现实世界和虚拟世界的差别。"（中学生3，男，17岁，湖北）还有受访者表示手机已经严重影响了自己的学习与生活，产生了极大的负面作用："使用手机时不知不觉浪费了很多时间。现在毕竟是高三，学习紧、作业量大，玩手机耽误学习时间，令睡眠时间减少，影响第二天的学习状态，形成恶性循环。另外通过手机看到一些负面消极的信息，会影响自己。"（中学生1，男，17岁，湖北）

不难看出，手机的使用已经在很大程度上影响了学生群体的日常生活和精神面貌，促进了其异化的进程。但是正如任何事物都有两面性，技术的异化并不完全是坏事，技术异化的过程同时也是人类对技术进行人文反思的过程，这种反思是给予技术深切的人文理解和人文关怀，它内含着技术人文精神在当代的觉醒，也内含着技术理性在当代的人文重建，当然，这种反思必须建立在人类反省自身的基础上，由此将技术导入人性化的发展轨道。

二　中介化：社会交往中介化趋势的不可逆转性

毫无疑问，"手机控"对整个社会的反作用还鲜明地表现在其对于整个社会与所有个体的更为彻底的中介化。中介可以指符号表示的整体过程，如具有逻辑条理的话语、书写文字、图像符号等；社会交流规范，如交流者或者文学创作者、科研工作者使用的语言等；记录和储存的物理载体如石块、羊皮纸、磁带、胶卷、光盘等。中介不仅包含一般性的物理工具，还包括个人及集体的活动与行为，既包括物质层面，也包括组织层面，所以具有双重属性。因此，中介可以定义为"具有双重性质的连接主体与客体或者两个相互区分的要素之间的介质"。中介反映出介于两者之间的角色，起到了中间载体的作用。

在媒介研究中，中介化同样是一个重要的概念，指的是"通过媒介传递某物的行为"，强调的是传播工具在意义传递中所起到的桥梁作用。具体而言，"中介化"意味着通过一个具有制度性的公众组织或者机构，以受众为目标，传输知识或者文化信息，它被认为是大众媒介的基本作用之一。因此不难看出，媒介意义上的中介化实际上强调的是一种以媒介作为桥梁和纽带而进行信息传播活动，当然，这一中介化既包括不同媒介之间的传播，也包括作为主体的个体与媒介之间的传播。互联网的繁荣一度让"去中介化"成为传媒业津津乐道的未来发展方向之一。然而，随着互联网的进一步普及，人们逐渐发现，互联网技术的发展并不能完全实现"去中介化"，而是继续维持了"中介化"的现状，或是在"去中介化"的基础上"再度中介化"。这是由于，尽管互联网一度拉近了用户与组织机构或者信息发布者的距离，但由于信息量的井喷式发展，个体无法仅凭一己之力进行信息的筛选与辨别工作，因此，以信息整理与再度分发为职业的中介机构与个人依然存在。另一方面，仅从媒介这一客观实体而言，其本身就是一种中介，因此，只要媒体存在，媒介持续发展，这种以其为中介的现状就会持续存在，成为一种现代社会的媒介景观。

网上流传的段子"世界上最远的距离，是我坐在你对面，你却在玩手机"，实际上就是对"手机控"造成的中介行为的生动表达。在当前的手机使用行为中，已经出现即使人们面对面，却仍然使用微信沟通的场景。比如同在一个场所，人们不会像以往一样选择面对面的交流方式，而是会利用各种媒介实现信息的交流，换言之，手机或者依托于手机的各种应用程序已经成为当前人与人交往的中间媒介。人与人的关系已经转变为人与"机"之间的关系。这种中介化行为已经导致每一个个体在自我周围筑起一道防护墙，将自我与他人隔离起来，人与人之间的关系更加疏离，只能通过媒介实现彼此的沟通。

回到"手机控"的逆影响机制来说，如果说中介化在前信息时代就已经存在，那么，信息时代，尤其是以手机为代表的移动通信技术的发展在很大程度上助推了这一现象的深化与固化。之所以这样说，是因为由"手机控"所带来的"中介化"更加严密、无孔不入，对于个人的影响也更加深刻而具体。从影响范围来看，一方面，"手机控"的中介化影响波及社会生活的方方面面，可以说是无孔不入。以日常生活为例，目前手机已经实现了全方位的覆盖，接收信息有数目繁多的新闻资讯类APP，娱乐休闲有各类视频网站和段子APP，购物则有淘宝、京东等购物类APP，外卖方面有美团、大众点评等APP，甚至还可以用京东到家这样的APP实现生鲜蔬菜的即时配送……在这样的背景下，个体与世界的互动完全可以通过手机这一中介实现，而无须采用面对面这种原始的交流方式。毫不夸张地说，当前，不少所谓的"宅"人士已经开始采用这种生活方式，手机俨然成为他们与世界建立联系的唯一工具。另一方面，"手机控"带来的中介化影响正在以不断加快的速度波及更多的社会个体。如前文所述，当前已经有不少"宅"人士通过手机实现了"中介化"的生活，而实际上，这种生活方式伴随着手机日益智能化的发展会逐渐成为一种趋势，从而严重影响个体的正常生活与整个家庭的正常运转。

从影响机制来看，不同于以往的媒介中介化影响，"手机控"带来的影响是更为潜移默化与全方位的。以互联网为例，尽管互联网的发展在某种程度上加深了社会"中介化"的程度，但相对手机而言，互联网所带来的中介化是更为宏观的，主要涉及电商、旅游、房地产等层面，且其中介化具有一定的局限性；由于电脑不便携带，这种中介化行为只有在拥有电脑的情况下才能发挥作用。相较而言，手机带来的中介化则是随时随地、全天候存在的，极少受到外界因素的影响。也因此，我们说"手机控"这一症候的出现在很大程度上加深了媒介的中介化程度，使得中介化成为更为普遍的一种社会现象。从影响效果来看，由于具有上述两方面的特征，"手机控"带来的中介化影响呈现影响面广、影响程度深、推进速度快等特点。这是由于手机作为一个中介，极易受到附载其上的各类应用程序的影响，从创新与扩散的理论来看，当一个应用程序获得部分人的认同，则会在短时间内实现影响范围的不断扩大。而越多的人使用这一程序，则意味着越多的人会频繁使用手机，由此形成一个循环强化的过程，导致中介化现象的不断加剧。此外，就手机使用本身而言，其使用者越普遍，则这一中介化行为也将更为普遍，从而在另一方面加速了中介化的进程。因此，在多重因素的影响下，"手机控"所带来的中介化影响将会是一个持续发展的过程，尽管可以在一定程度上延缓这一过程的发展，却无法从根本上规避。手机本就是整个媒介系统中的有机组成部分，中介化影响在所难免。

三 智能化：手机使用与"智能化"技术驯化

如果说"异化"与"中介化"都是基于"手机控"对个体即人类的社会影响层面进行的探讨的话，那么，"智能化"则是针对"手机控"对其自身发展的影响的讨论。众所周知，人工智能（Artificial Intelligence）早在1956年就已诞生，在美国达特茅斯组织的一个研讨会上，由会议召集者约翰·麦卡锡（John McCarthy）为其命名。[1] 那么，何为"智能"？

---

[1] Russell S, Norvig P. *Artificial Intelligence: A Modern Approach* (*3rd Edition*), Upper Saddle River: Pearson Education, 2009.

人工智能专家尼格尼维斯基将其定义为机器具有"学习和理解事物、处理问题并做出决策的能力"①。"阿尔法狗"能够像人一样决策,与人类顶级棋手对弈,并战胜对手。这是目前人工智能的代表性成果之一。而所谓"智能化",则强调在人机交互过程中,机器逐步具备类似于人类的学习和理解事物、处理问题并做出判断及提出对策的能力。传媒的智能化是互联网智能化发展的重要组成部分。

从技术本身考虑,人工智能界认为,人工智能的发展需要经过三个阶段:一是以运算和存储能力为依托的运算智能,二是以延伸人类感官的感知技术为依托的感知智能,三是以让机器能够进行类人化的理解与思考为目标的认知智能。② 尼克·波斯特洛姆也将人工智能的演化分为三个层次:弱人工智能(擅长单个方面的人工智能),强人工智能(人类级别的人工智能,在各个方面都能和人类比肩的人工智能,人类能干的脑力工作它都能干),超人工智能(在几乎所有领域都比最聪明的人类大脑还要聪明很多,包括科学创新、通识和社交技能)。目前人工智能的发展,大体上处于弱人工智能阶段,但正在向着强人工智能阶段进化。到了超人工智能阶段,则可能形成超级智能。有学者将超级智能分为三种形式:高速超级智能,集体超级智能,素质超级智能。③ "互联网将向着与人类大脑高度相似的方向进化,它将具备自己的视觉、听觉、触觉、运动神经系统,也会拥有自己的记忆神经系统、中枢神经系统、自主神经系统。"④

"手机控"所导致的智能化趋势,可以大致分为两个方面,一方面是作为媒介的手机等工具的智能化,另一方面是作为工具使用者的用户的智能化。在工具的智能化方面,毋庸赘言,技术的发展是一个逐渐递进的过程,而手机的使用或者说"手机控"的形成实际上只是在某种意义

---

① [澳]尼格尼维斯基:《人工智能:智能系统指南》,陈薇等译,机械工业出版社2012年版,第1页。
② 胡正荣:《智能化:未来媒体的发展方向》,《现代传播》2017年第6期。
③ [英]尼克·波斯特洛姆:《超级智能》,张体伟、张玉青译,中信出版社2015年版,第9页。
④ 刘锋:《互联网+脑科学,中国脑计划的机会》,http://liufeng.baijia.baidu.com/article/98062。

上对技术的智能化进程起到了助推作用。但同样无须质疑的是，对于手机尤其是"手机控"这一症候而言，其对于媒介技术的反作用最为鲜明地体现在智能化层面。具体而言，由于手机使用群体的不断扩大，对于手机功能需求的不断提高，为了进一步满足用户需求，保持市场份额，手机制造商将会不断寻求手机的智能化改进与提升。目前，智能手机的发展已经经历了弱人工智能阶段，正向强人工智能迈进。未来，软件智能化还将进一步提升，机器学习技术、数据挖掘技术、高性能计算技术、实时计算技术等不断进步，日益提升着手机的智能化水准。特别是语言工程方法（例如语法分析、词条语义网络、句法规则系统等）、图像识别、语音分析和视频分析、情感分析、网络与内容结合的图谱分析、自然语言生成等文本、语义、社交分析技术的不断进步和应用于手机研发之中，极大地促进了手机的智能化发展。此外，未来的手机还将逐步实现"大脑化"。所谓"大脑化"，即手机逐渐模仿人类大脑，获得深度学习的能力。众所周知，从20世纪计算机诞生以来，对于"人工仿脑"的探索就在逐步推进。2006年神经元网络得以创生，从而打开了机器深度学习的大门。目前，互联网大脑化的探索与升级已经成为互联网进化的主要趋势之一。无论是美国的谷歌、IBM、微软、Facebook、苹果等公司，还是中国的百度、京东等机构，都竞相开启对神经网络技术的探索，发力互联网神经网络技术，可以预想，未来这一技术将在智能手机领域得到应用，并推动智能手机的换代升级。

在用户的智能化方面，手机在不断自我驯化的同时，也对其使用主体进行了潜移默化的反向驯化，即导致使用主体的智能化趋势。正如吕尚彬等人所言，"伴随着智能手机的普及和技术进步，用户也正在不断进化……进化之后的新型智能化用户的特点也有三点：一是，出生于互联网商用之后（1994年之后），智能化生活是其初始生活方式；二是，手环/智能眼镜/智能头盔等可穿戴设备将成为其传媒生活的标配；三是，他们（典型的95后、00后）擅长于在互联网，尤其是移动互联网上消费比特、创造内容、生活娱乐"[①]。沿着这个逻辑不难发现，包括智能手机

---

① 吕尚彬、刘奕夫：《传媒智能化与智能传媒》，《当代传播》2016年第4期。

在内的智能设备的出现，实际上在很大程度上导致了使用主体的不断智能化，技术使人更加智能，而人反过来又促进了技术的进一步智能化。可以说，用户行为的互联网智能化、核心内容生产智能化、平台智能化等趋势正不断推进着传媒的智能化发展。① 这正是包括"手机控"在内的媒介使用习惯对媒介自身的反作用的鲜明体现。

四 人性化："手机控"与媒介演进的人性化趋势

除了"智能化"之外，"手机控"反作用于媒介自身的另一大趋势便是"人性化"。媒介演进的人性化趋势理论是保罗·莱文森媒介进化理论的重要分支理论，莱文森在《人类历程回放》中首次提出"人性化趋势"这一概念，用来描述媒介技术在进化过程中表现出来的一种越来越符合人类需求和便于人类使用它进行信息交流的倾向。② 保罗·莱文森从单一媒介技术和媒介技术间两个角度，审视了媒介技术演进的历史趋势，他认为技术的每一次发展都是建立在满足人类需求的基础之上，是从便于人类使用的角度进行的进化过程，充分肯定了人在传播行为中的重要地位。③ 媒介的发展必然不断打破时空边界，回归人类原初的感官和谐。在莱文森看来，媒介技术演进的历史趋势是越来越人性化，而决定媒介技术演进的力量则主要是人的理性。人类的理性选择规定了媒介技术的发展方向且决定了媒介技术演进的可能性。④ 在《思想无羁：技术时代的认识论》一书中，莱文森进一步阐释，"技术的人性化即自然化，尤其是传播媒介的人性化即自然化"⑤。

尽管"手机控"被认为是一种负面的社会症候，但从另一角度来看，

---

① 吕尚彬、刘奕夫：《传媒智能化与智能传媒》，《当代传播》2016年第4期。

② 陈功：《保罗·莱文森的人性化趋势媒介进化理论》，《湖南科技大学学报》（社会科学版）2016年第1期。

③ 蒋晓丽、贾瑞琪：《游戏化：正在凸显的传播基因——以媒介演进的人性化趋势理论为视角》，《中国编辑》2017年第8期。

④ 刘晗、龚芳敏：《保罗·莱文森媒介技术演进思想评析》，《贵州大学学报》（社会科学版）2016年第2期。

⑤ [美]保罗·莱文森：《思想无羁：技术时代的认识论》，何道宽译，南京大学出版社2003年版，第233页。

这一现象恰恰体现了人们对手机这一媒介的青睐与使用偏好。换言之，尽管对于个体与家庭而言，"手机控"是一种非正常的状态，但对于手机生产商与销售者而言，这一状况实际上意味着巨大的商机和市场潜力。个体与市场的双重驱动，实际上从外部为手机的发展施加了压力，使其朝着更加有助于满足人类使用需求的方向发展，从而将人与手机的关系由"在手"状态转变为"上手"状态，使得个体沉浸于一种乐在其中、忘乎所以的状态。具体而言，未来手机演进的人性化趋势体现在如下几个方面：一是功能更为强大，更加贴合使用者的需求。作为一个操作平台，手机具有集合多种应用程序的功能，如前文所述，当前的手机已经具备十分强大的操作系统，可以为用户带来不同的使用体验，但就人性化层面而言却尚未达到完美状态。例如安卓手机与苹果手机在软件安装方面的不兼容，不同联网程度的手机在手机卡的运用方面的无法使用，操作界面过于机械，屏幕触感与灵敏度较差等，此外，还有一些手机存在续航能力差，充电速度慢，甚至充电时发生爆炸事故等众多问题，这些都在很大程度上影响着用户的使用体验。而"手机控"的存在以及人们对于手机需求的不断提升将会对这一系列问题形成"倒逼"，促使手机的人性化转向。二是增加个性化配置与提升隐私保护功能。"手机控"的"人性化""倒逼"的另一个结果是手机个性化配置与隐私保护不断完善。当前，尽管手机经历了一个快速更新迭代的过程，但在用户的个性化配置方面仍然存在较大的问题。同一型号的手机拥有同样的外观设计与内在功能设计，无法根据每一用户的具体需求对手机实现外观、尺寸、功能、材质等方面的个性化定制，这也导致部分功能显得多余，而用户需求却未能得到满足的问题，这在一定程度上影响了手机的使用体验。另一个至关重要的问题则是用户的隐私保护问题。隐私保护问题是随着智能手机的诞生而产生的一个与用户利益切身相关的问题。当前的发展趋势表明，隐私保护水平与手机的智能化程度在许多时候呈反比。换言之，智能化的发展在满足用户使用需求的同时，也极有可能造成用户隐私的泄露，而这恰恰是与人性化趋势背道而驰的。另一个影响隐私问题的重要变量是手机使用的时长与频率，也即使用手机时间越长的人就越有可能遭到隐私泄露。就"手机控"个体而言，这就为其手机使用过程带来了极大的隐私泄露风险。也正因如此，在未来的手机发展中，受到"手机控"群体及其他使用者的影响，这两方面的问题会有所改善，手机设计也会更加尊重人性。三是在满足功能需求的前提下，逐步为使用者提供情感层面的满足。如果说前两个方面都是手机自身功能改变带来的人性化趋势，为用户提供情感满足则是基于心理层面的人性化转变。实际上，这方面的实践在目前已经崭露头角，如苹果手机的 siri，vivo 手机的 vivoice 等，都已经实现了手机与用户之间的对话，并且可以帮助用户解决天气查询、道路交通时况播报、美食查找等方面的问题，使得用户的使用更加便捷，用户黏性增强。但就目前的状况来看，这方面的功能还处于探索阶段，有巨大的提升空间，在未来，伴随着智能化的不断推进，相信这一方面也会有较大的改变，从而进一步满足包括"手机控"在内的用户的情感需求。保罗·莱文森认为，媒介技术在其演进进程中同现实世界呈现出三种关系形态：一是二者之间没有关系，此时媒介技术以纯粹的形式存在，活跃性较差；二是媒介技术伴随着自身的发展逐渐成为承载现实内容的重要工具，对我们所存在的现实世界加以反映；三是媒介技术摆脱对现实世界的呈现状态，而积极建构和重塑现实世界。对用户情感需求的满足无疑是积极建构和重塑世界的一种体现。

不难看出，尽管"手机控"一词充满负面色彩，但在某种程度上，其又是一种十分重要的促使媒介不断升级与完善的助推力量。在这一力量的助推下，未来的手机发展将沿着"人性化"这一趋势不断迈进。

在讨论"手机控"的逆影响机制时，我们从作为外部因素的个体及整个社会环境，以及作为内在因素的手机自身的演变趋势两个层面对这一问题做了分析。从对外部的影响层面来看，"手机控"的出现大大改变了当前个体的媒介使用行为，导致了作为客体的媒介与作为主体的人之间关系的颠覆，也即人们对于手机的控制弱化，而手机由受控方转变为施控者，从而导致了主客体关系的反转以及人的"异化"。这一"异化"行为又主要表现在对个体"身体的异化"与"心理的异化"两个层面。身体的异化表现在个体对手机这一媒介的严重依赖，具体表现为手机不离身，一旦找不到手机就会表现出明显的焦躁情绪等。心理的异化则具体反映在对于个体性格的影响，如由外向变为内向，或者变得孤僻、不善社交等。与此同时,"手机控"所带来的人的异化也在一定程度上警示人们注重手机所带来的负面影响,从而有意识地养成正确的使用习惯。对外部因素的影响的另一表现便是整个社会的中介化倾向。尽管中介化在智能手机出现之前就已存在,即并非是由智能手机导致的中介化的出现,但不可否认的是,智能手机的出现,尤其是"手机控"现象的产生,在很大程度上加剧了中介化的倾向和程度。这是由于智能手机所具有的强大功能使得人们可以以其为媒介完成日常生活中几乎所有的事情,这就导致个体尤其是"手机控"症候群个体倾向于通过手机来完成与周围环境的沟通,从而彻底成为"装在手机里的人"。此外,智能手机与其他媒介相比的传播优势也在很大程度上强化了其在中介化过程中扮演的角色。内部因素主要包括"智能化"与"人性化"两个层面。就智能手机而言,"智能化"本就是其十分重要的特征,而随着技术的进步,智能手机要想进一步满足用户需求,就必须在"智能化"方面加大力度。"手机控"的出现已经在某种程度上为其提供了一定的使用群体与市场潜力,因而也必将进一步助推"智能化"的发展。如果说"智能化"是就手机技术功能而言的,那么"人性化"则更加侧重于对人性的考虑,是更为软性的层面。当前的智能手机尽管功能不断完善,用户体验不断提升,但在很多方面仍然存在使用的非流畅性体验。尤其是在个性化设计以及隐私保护方面更是存在很大的漏洞和风险。这必然会给包括"手机控"症候群在内的使用者造成满意度的降低,从而影响智能手机这种媒介的存续能力。因此,无论是从用户角度出发还是从自身发展的角度考虑,手机的"人性化"设计必然成为未来的一个趋势。

既然"手机控"的逆影响有好有坏,有正面有负面,那么,其逆影响机制是如何相互作用的,又如何对"手机控"这一社会现象产生作用力?本研究认为,这种影响机制是一种由内部因素向外部因素不断扩展,同时外部因素渗透于内部因素的一种缓慢的相互作用过程。具体如图5—3所示。

手机自身的改良会在很大程度上改善用户的使用体验,从而强化个体的异化过程,并进一步加深整个社会的中介化程度,而在这一过程中,异化行为与中介化程度又会进一步促进手机性能的改进与提升,从而形

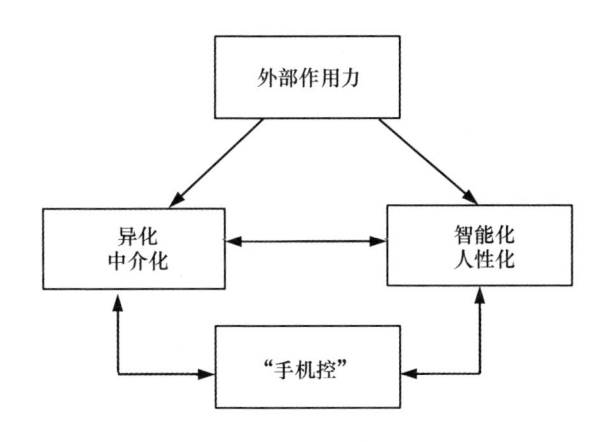

图 5—3 "手机控"逆影响关系示意

成一个循环。尽管外部力量会对这一行为有所干扰,但却无法完全破除这一循环趋势。无论是内部因素还是外部因素的改变及其相互之间的作用都会作用于"手机控"这一症候,从而导致其在一定程度上的强化,这是由于"手机控"的本质便是整个循环系统中的一个作用对象,是其中的一环。

第四节 "手机控"抵制机制及其作用模式

一 "手机控"抵制机制

研究调查显示,尽管被调查者多数已经形成了一定的手机使用习惯,如使用手机接收信息、进行娱乐休闲、获取文化知识等,但多数调查对象并未形成明显的手机依赖。也即对于现实生活中青年群体中的多数个体而言,其对于"手机控"具有一定的抵制能力。进一步分析数据可知,这种抵制能力同个体所处环境以及人格特质所发挥的众多机制有关。

首先,表现在个体赖以生长的原生家庭所带来的影响。调查数据显示,尽管父亲的学历未对子女的手机依赖产生显著差异性影响,但母亲的学历的影响却表现出显著的差异性(详见表5—2)。

表 5—2　　　　　母亲学历与手机依赖情况多重比较

(I) 母亲的学历	(J) 母亲的学历	均值差 (I-J)	标准误	显著性	95% 置信区间 下限	95% 置信区间 上限
小学及以下	初中	-0.431*	0.196	0.028	-0.81	-0.05
	高中/中专/技校	-0.117	0.216	0.590	-0.54	0.31
	大专	-0.035	0.316	0.913	-0.65	0.58
	本科	-0.329	0.323	0.309	-0.96	0.31
	研究生及以上	-0.843	0.632	0.182	-2.08	0.40

如上表所示,"小学及以下"与"初中"文化水平之间存在显著的差异性。这表明母亲的学历对青年个体的手机依赖情况具有一定的影响。母亲作为孩子在启蒙阶段最为亲密的接触对象,其是否使用手机,以及手机使用习惯都会在很大程度上对启蒙阶段的孩童对于手机这一媒介的认识产生巨大的影响。而与通常所设想的母亲学历越高,孩子越不易形成手机依赖的情况相反,研究数据显示,相较于小学及以下、高中/中专/技校、大专等学历,母亲为研究生及以上学历的被调查者,其手机依赖情况的总分的均值更高,换句话说,具有更显著的手机依赖情况(详见图5—4)。

我们认为,这种情况可能是由不同学历的母亲在调查对象幼年时带来的手机接触与使用行为的差异造成的。从调查对象情况来看,其幼年时期多数家庭尚未购买手机,而拥有高学历的家庭,其经济能力相对较好,因此可能较早地购买了手机,从而使得调查对象较早地接触和认识了手机这一媒介,并在接下来的成长中受到了一定的影响。除对手机依赖的总体情况的影响之外,"手机控"依赖的生理反应与父亲的学历、母亲的学历有明显关系。具体而言,父亲的学历为高中与为初中存在显著差异;当母亲的学历为研究生及以上时与其他各学历之间均存在显著差异。这也与上述研究结论一致。

其次,社会成长环境也对其手机使用的具体反应具有显著影响。这表现在,相较于生活在直辖市、一般地级市、县级城镇以及其他地区的被调查者,生活在省会和重点城市的被调查者在手机依赖的心理反应、

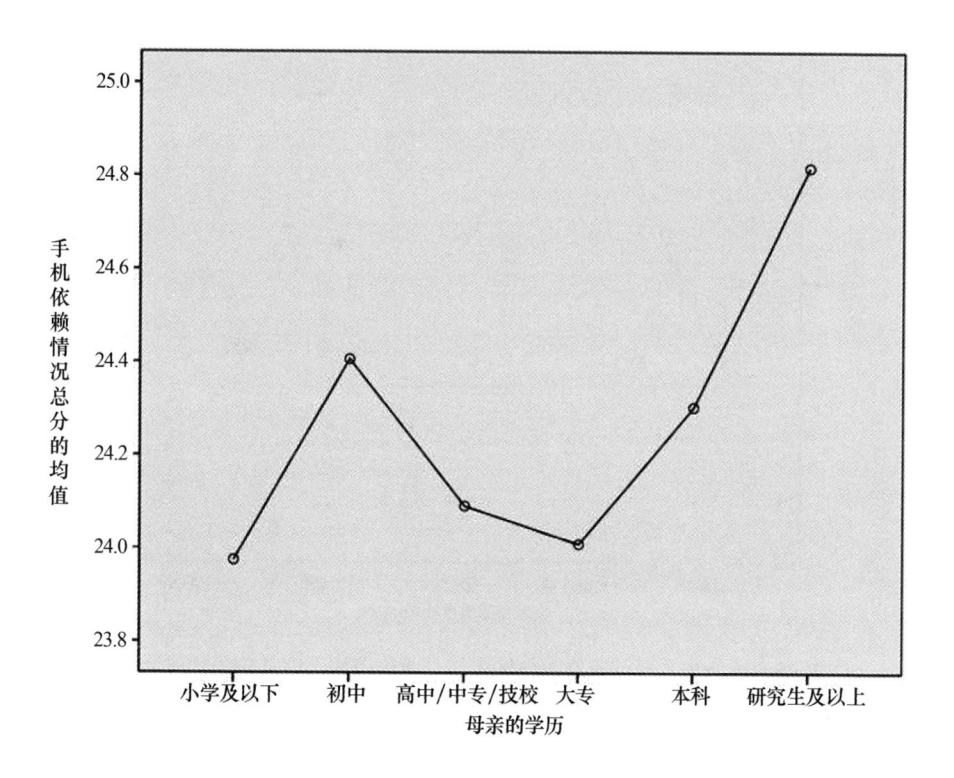

图5—4　母亲学历与手机依赖情况总分的均值关系

生理反应与行为反应上表现出更为明显的差异。究其原因，可能是由于省会与重点城市经济较为发达，居民受教育程度普遍较高，且各类社会活动与社交行为更加活跃，无论是出于工作需求还是日常交往需要，个体都需要借助手机这一媒介，从而导致手机使用频率的增加。而且这种使用行为对其心理、生理与行为层面都产生了深刻的影响（详见图5—5、图5—6、图5—7）。

再次，职业是影响被调查对象手机依赖程度的又一大原因。调查数据显示，职业差异也表现出较为显著的手机依赖差异。其中，企事业人员与农民工、大学生之间存在显著差异；工人与大学生存在显著差异；自由职业者与农民工存在显著差异；大学生与企事业人员、工人、农民工、中学生存在显著差异（详见表5—3）。

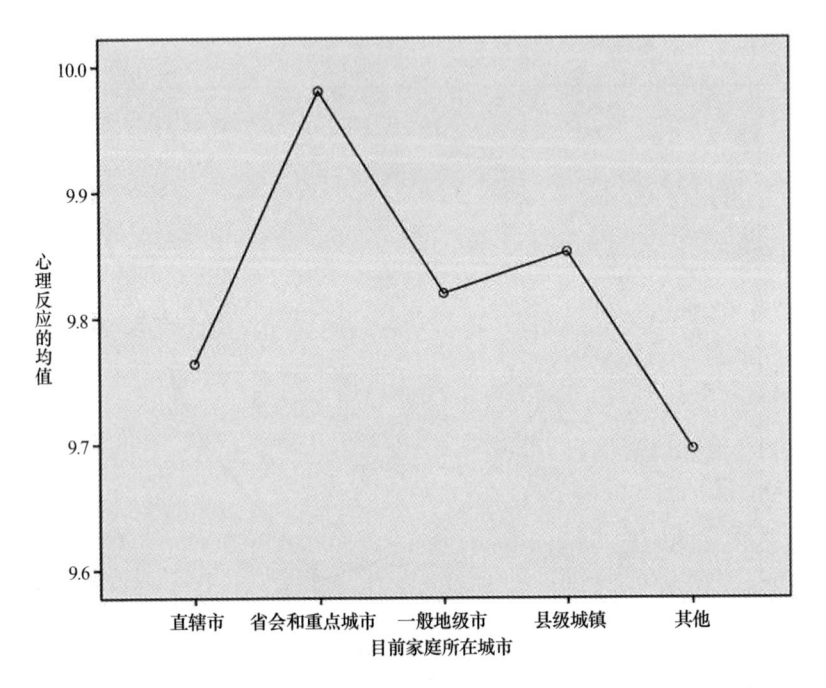

图 5—5　被调查者目前家庭所在城市与其手机使用心理反应的均值关系

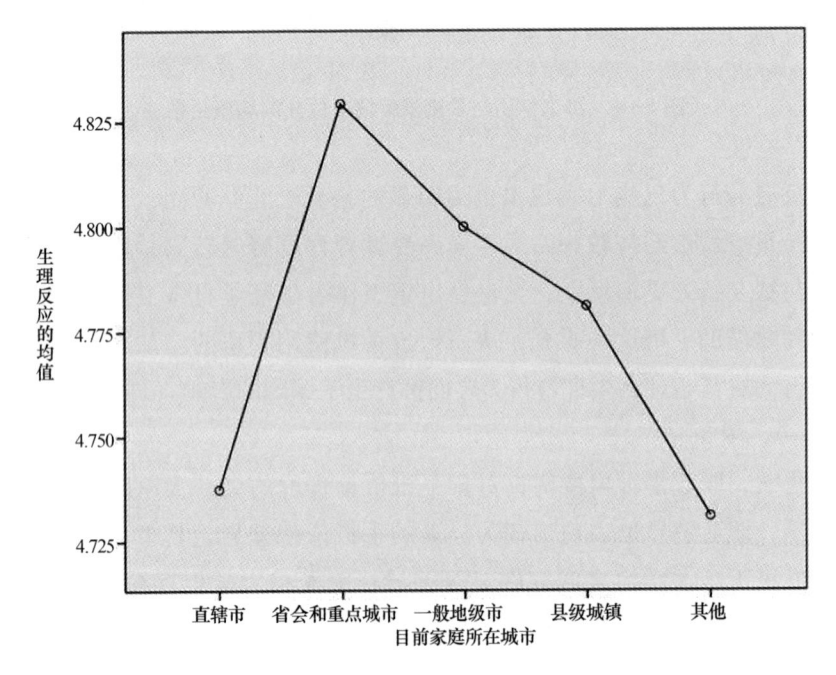

图 5—6　被调查者目前家庭所在城市与其手机使用生理反应的均值关系

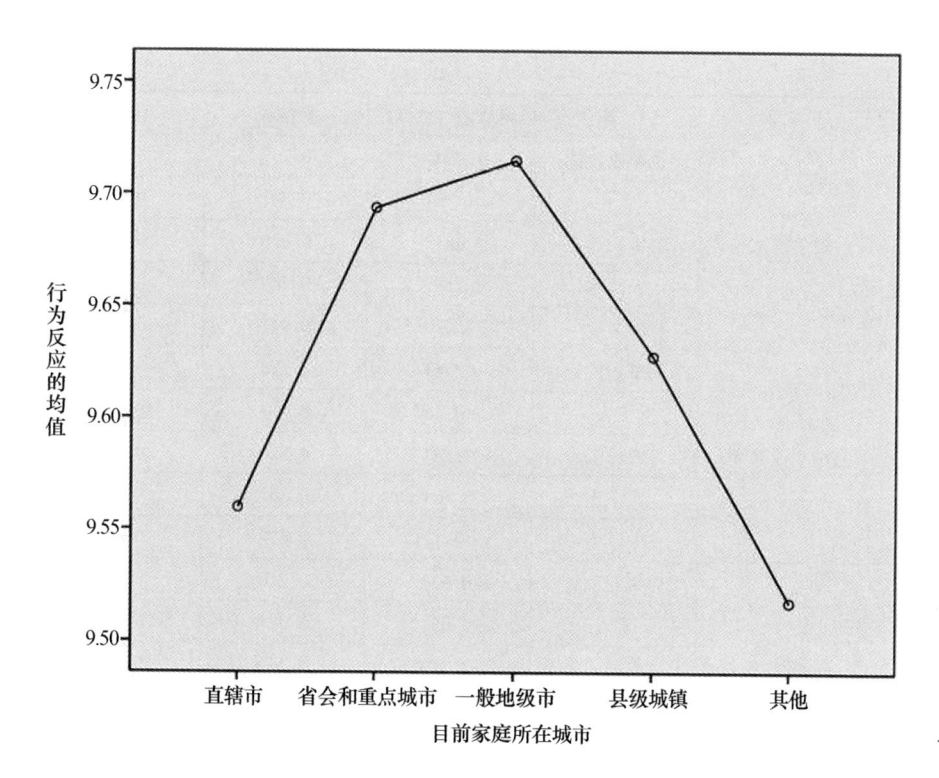

第五章 "手机控"的社会生成和"逆影响"机制 221

图5—7 被调查者目前家庭所在城市与其手机使用行为反应的均值关系

表5—3　　　　　不同职业手机依赖情况的方差分析

（I）职业	（J）职业	均值差（I-J）	标准误	显著性
企事业人员	工人	-0.430	0.352	0.222
	农民工	-1.724*	0.763	0.024
	自由职业者	-0.043	0.394	0.912
	大学生	0.524*	0.210	0.013
	中学生	-0.634	0.607	0.297
工人	企事业人员	0.430	0.352	0.222
	农民工	-1.294	0.801	0.106
	自由职业者	0.387	0.463	0.404
	大学生	0.954*	0.321	0.003
	中学生	-0.204	0.654	0.755

续表

(I) 职业	(J) 职业	均值差 (I-J)	标准误	显著性
农民工	企事业人员	1.724*	0.763	0.024
	工人	1.294	0.801	0.106
	自由职业者	1.681*	0.820	0.040
	大学生	2.249*	0.749	0.003
	中学生	1.090	0.941	0.247
自由职业者	企事业人员	0.043	0.394	0.912
	工人	-0.387	0.463	0.404
	农民工	-1.681*	0.820	0.040
	大学生	0.568	0.367	0.122
	中学生	-0.591	0.678	0.384
大学生	企事业人员	-0.524*	0.210	0.013
	工人	-0.954*	0.321	0.003
	农民工	-2.249*	0.749	0.003
	自由职业者	-0.568	0.367	0.122
	中学生	-1.158*	0.590	0.050
中学生	企事业人员	0.634	0.607	0.297
	工人	0.204	0.654	0.755
	农民工	-1.090	0.941	0.247
	自由职业者	0.591	0.678	0.384
	大学生	1.158*	0.590	0.050

分析表5—3不难看出职业对于被调查者的手机依赖程度具有明显影响，即不同职业的手机使用需求不同会导致手机依赖程度的差异。这种影响上很大程度是由不同职业要求对于手机使用情况的限制所导致的。具体而言，此种限制一方面来源于外部因素，并不能提炼为抑制手机依赖的重要标准；另一方面，有些职业，如公司职员，其工作性质要求有较多的手机运用，并不能仅凭数据判断其是否具有手机依赖。

最后，不同年龄段的被调查者的手机依赖情况存在显著差异。具体而言，在不同年龄段的划分中，19—22岁这一年龄段同23—29岁以及30—35岁这两个年龄段之间的手机使用依赖情况有显著差异（详见表5—4）。

表 5—4　　　　　　　不同年龄手机依赖情况的方差分析

（I）年龄段	（J）年龄段	均值差（I-J）	标准误	显著性
15—18	19—22	0.502	0.301	0.095
	23—29	0.053	0.323	0.869
	30—35	-0.099	0.360	0.783
19—22	15—18	-0.502	0.301	0.095
	23—29	-0.448*	0.184	0.015
	30—35	-0.601*	0.243	0.013
23—29	15—18	-0.053	0.323	0.869
	19—22	0.448*	0.184	0.015
	30—35	-0.153	0.270	0.572
30—35	15—18	0.099	0.360	0.783
	19—22	0.601*	0.243	0.013
	23—29	0.153	0.270	0.572

进一步分析数据可知，在所有的年龄段中，19—22岁这一年龄段的被调查者其手机依赖情况的总体均值最低，而从19—22岁至23—29岁这两个年龄段之间则呈现出一个迅速上升的趋势，此后保持相对均衡的状态。究其原因，这一情况与19—22岁这一年龄段青年群体的"职业"属性有关。此阶段的青年群体多数处于大学阶段，而这一阶段的特征是有一定的学业压力，同时又接触到更多的人与事物，是一个人一生中逐步打开眼界的时期。这一时期个体会接触到大量的社团活动，体验不同的交友经历等。正是由于生活的多姿多彩转移了其大部分的精力和注意力，因此对于手机的依赖相对较小。此后随着毕业逐渐进入社会，踏上工作岗位，个体的身份角色开始发生转变，生活也变得单调化，注意力逐渐回归到手机上。

二　基于"手机控"抵制机制的可能性抗体分析

基于上述对"手机控"影响因素的分析，原生家庭、社会成长环境、职业以及年龄等因素对"手机控"的形成产生了或大或小，或直接或间接的影响。那么，应当如何基于这些因素探寻抵制"手机控"的可能性抗体呢？我们认为可以从如下几方面着手。

一是注重原生家庭在"手机控"形成过程中的早期性与基础性作用，发挥父母在预防"手机控"形成过程中的积极作用。如前文所述，原生家庭在个体"手机控"形成的过程中起着十分重要的作用，这表现在父母直接关系到个体在何时接触手机，以何种方式接触手机，而且父母的引导或者不作为将会影响个体对于手机这一媒介的早期认识。如果个体在较早年龄接触手机，甚至拥有手机，其发展为"手机控"的概率将大大增加。也因此，父母应当给予其科学的引导，使个体形成对于手机的较为理性的认知。此外，在手机的接触方面，应当避免过早的接触与使用，而应当在个体具有一定的自控能力和理性思考能力时再让其使用。应当注意的是，这一措施主要适用于个体在成长的早期，以及尚未形成"手机控"的情况下。对于已经成年或者已经发展为"手机控"的个体而言，这一策略并不适用。实际上，在访谈中，有受访者便指出家庭的重要影响作用："家长在学生青春期这段时间过多的管教会起到反作用，需要适当的沟通。同时，家长也应该以身作则，正确地使用手机。这样，当自己的孩子出现沉迷手机的情况时，能够对其进行更加有效的教育。我们学校会将学生的手机没收，直到放假时候返还。我认为这种方式是最有效的。"（中学生2，女，17岁，湖北）

二是学会合理解压，丰富日常生活，培养兴趣爱好。如上述数据所示，个体的成长环境及其年龄对其手机依赖具有一定的影响。而实际上其背后更为深层的原因是个体所处环境以及压力程度。具体而言，处于省会城市或一线城市的个体之所以表现出较为明显的手机依赖，一个非常重要的影响因素便是其所处环境发达程度更高，个体所承受的生存压力、工作压力相对较大，因此，无论出于工作还是生活需要，个体的手机使用频率都大大高于其他城市。而就年龄而言，正如前文所述，19—22岁这一年龄段青年的生活更为丰富多彩，因此注意力被分散，从而大大降低了其手机使用频率，而此后进入社会时手机依赖便呈现出明显的上升势头。综合二者可以得出，压力会在一定程度上增加手机依赖的风险，而转移注意力则会在一定程度上减轻这一依赖行为。这也就要求个体学会适当减压，培养多样化的兴趣爱好，丰富日常生活，积极融入社交活动之中，与他人和谐相处，从而有效预防"手机控"的形成。正如林升梁等研究者所言，从根本上说，传播的本质在于人，人与人之间的面对面接触是任何技术手段所无法替代的。当新媒体技术运用到极致，不断撩拨"本我"使人们丧失了理性，这时就需要启蒙。只有在现实世界中营造人与人之间的和谐环境，排除人对孤独的恐惧和对被族群排斥的担忧，"手机成瘾症"才能得到根本的治疗。[1] 有受访者说："多发掘自身兴趣爱好来减轻对手机的依赖。通过自我控制，增强自我管理和规划，参加线下的群体交往活动以减少手机的依赖。"（中学生1，男，17岁，湖北）

三是采取一定的媒介隔离措施。但是隔离需要掌握一定的度，否则将会适得其反。

四是寻求内因。并非所有群体都对手机没有抵抗力，"手机控"仅仅发生在部分人群之中，大多数个体均具有抵制"手机控"的内在抗体。因此，从"手机控"个体出发，探寻手机使用与个体性格、行为等特质之间的关系，可以有效认识"手机控"形成的内因逻辑，合理预防"手机控"的发生。与此同时，对比"手机控"人群与"非手机控"人群的人格特质，也有助于探究"手机控"的深层成因，从而做到有的放矢，防患于未然。

需要注意的是，在以往的与"手机控"类似情况的应对中，产生了很多的误解和错误的应对方式，如前几年针对网瘾的"电击疗法"。这些错误观念主要表现在如下两个方面。

一是将这种行为划入精神疾病的范畴。目前不少人将"手机控"等行为视为一种精神疾病，但实际上，包括"手机控"在内的媒介成瘾现象是隶属于心理疾病范畴的一种状况。电击疗法，又被称作"电刺激厌恶治疗"。厌恶疗法是通过惩罚性刺激来消除适应不良行为的方法，当患者出现不良行为时，立即给予一定的刺激，使患者产生痛苦的厌恶反应，如给予电刺激、药物催吐等，在不良行为与厌恶反应之间建立起条件反射，最终使患者放弃原有的行为。针对网瘾的"电击疗法"实际上是将

---

[1] 林升梁、刘婷婷：《手机负面功能防范模型研究》，《徐州工程学院学报》（社会科学版）2017年第4期。

网瘾作为一种精神疾病加以治疗，因此并不能起到治疗效果，甚至还会对被治疗者产生极大的心理和精神伤害。有关这一问题，心理学家冯金彩也有类似论断，她认为将电击治疗应用于网瘾这一心理疾病领域，会给孩子造成极大的心理伤害。网瘾是孩子心理需求缺失的一种表现，比如当他们在现实生活中感觉被父母忽略，缺乏尊重感、归宿感时，往往会在虚拟世界里寻求安慰或者进行发泄。要想戒除网瘾，治疗的根本应该从这些缺失的心理需求入手。这一论断同样适用于"手机控"现象的预防。

　　二是只堵不疏，将外界控制与强制隔离作为重要手段。当前，面对青少年"手机控"现象，不少家庭将其视为洪水猛兽，采用强制性的方式逼迫个体放弃使用手机，但这一方式并未从根本上解决问题，反而极易造成具有手机依赖的个体的强烈抗拒，结果适得其反。在具体实践中，不应采取直接干预使用的方式，而应在为其保留一定使用空间的情况下，逐渐培养其多元化的兴趣爱好，为其提供更为丰富多彩的日常生活，从而逐渐将其从"手机控"的"泥潭"中带离。

第六章

青年人群"手机控"的对策建议

第一节 新传播环境下"手机控"的防治

当前媒介融合化、移动化趋势迅猛发展，以大数据、人工智能、虚拟现实技术为代表的传媒技术深刻改变与重塑着传播环境，在当前这个5G大爆发的前夜，手机的智能化程度不断加强，移动互联网飞速发展，互联网真正做到了无时、无处不在。高速的网页浏览、高清晰度的图片和视频传播、即时的情绪和生活记录、极致完美的虚拟形象包装、随时随地的地理位置播报等，这些新技术的运用无时无刻不在深刻影响和改变着当代青年人的日常心理和行为方式。

美国传播社会学家鲍尔-洛基奇和德福勒提出了著名的"社会—媒介—受众"三元互动的"媒介系统依赖理论"，认为一个人越是依赖于媒介提供给他的信息来满足其需求，媒介对其影响力就越大，而社会冲突带来的不确定感会强化信息需求。当代中国社会呈现出信息社会、媒介化生存时代、消费社会、多元化社会等特征，社会现实面临经济生活状况、利益冲突加剧等现状，青年群体日趋加重的个性化、个体化、世俗化、疏离感、不确定感及生活快节奏化等个体和群体特点，以及手机传播和手机文化具有黏性、便携性、即时性、多元互动性、媒介融合性等特点，青年人群越来越依赖第五媒体手机来实现信息传播的"使用与满足"，举凡课堂上下、办公室、洗手间、红绿灯路口、睡前醒后甚至谈判桌上等一切可以利用的时间空间几乎都可以看见"低头族""手机控"，"手机控"已经成为当代青年人群典型、常见且易于传染的集体性心理行为疾患,由于手机传播属于沉浸式和黏性传播,"手机控"一般都具有易感不易防、易染不易治的特点。

由网络沉溺到今天的低头一族,伴随媒介迭代及信息技术深入发展,"手机控"作为新出现的一种社会现象,已经显现为一种社会问题的"症候",也必将加深其对社会生活的影响程度,从而更明显地呈现为一种引起广泛关注并亟须解决的社会问题,在这样一种新的传播环境下,预防与控制"手机控"已经成为一个紧迫而重要的课题。

一 欲罢不能:上瘾无法避免吗?

行为上瘾是一种额外的超乎寻常的嗜好和习惯,这种嗜好和习惯是通过刺激中枢神经造成兴奋感或愉快感而形成的。行为上瘾,与其他上瘾一样,我们的大脑会发生三种变化:脱敏反应、敏化反应和脑前额叶功能退化,它们的结果是让人控制不住自己。美国著名学者亚当·奥尔特(Adam Alter)在关于行为上瘾的著作《欲罢不能:刷屏时代如何摆脱行为上瘾》中,列举了六项行为上瘾的构成要素:诱人的目标,无法抵挡且无法预知的积极反馈,毫不费力的进步,逐渐升级的挑战,需要解决却暂未解决的紧张感,令人痴迷的社会互动。[①]

《日本经济新闻》网站曾经报道中国青年的手机依赖现象,每天使用手机的频率日益增高,中国年轻一代的"手机依赖症"越来越严重,同时还表达了担忧"这样下去,中国人会不会被吸进手机屏幕里?"软瘾是美国心理学家Judith Wright提出的新名词,它是一种强迫性的习惯、行为或回复性的习惯。不同于酒精、药物、毒品的一种令人无法自拔的沉迷,就称为"软瘾"。Judith Wright表示,生活中的任何行为都有可能转化成软瘾,而我们每个人都患有不同程度的软瘾症,关键在于对程度深浅的把握以及是否得到及时治疗。常见的软瘾有网瘾、手机瘾等。我们需要第一时间摆脱"软瘾"的入侵。[②] 在这样一个信息泛滥的时代,我们都很

[①] [美]亚当·奥尔特:《欲罢不能:刷屏时代如何摆脱行为上瘾》,闾佳译,机械工业出版社2018年版,第7页。

[②] 参见邓明《小心!软瘾》,中国财政经济出版社2014年版,序言第2页、正文第1页。

容易被近在指尖的信息所诱惑和迷惑,美国著名哲学教授迈克尔·帕特里克·林奇指出:"我们当中许多人开始适应数字化的生活形式,数字形式已经无缝整合到了我们的生活当中,在某种象征意义上,我们已经成为数字人类。""当社交网络把数字人类带入一个个彼此隔绝的线上群体中,我们的分辨力与理解力也在日渐衰退。我们清楚地看到,真相与谎言在互联网中交织。知识与观念混为一谈,情绪宣泄掩盖了事实分析,但我们仍然困于互联网中,无力突围。"① 亚当·奥尔特认为,数字时代的环境和氛围比人类历史上的任何时代都更加容易让人上瘾。"智能手机抢夺我们的时间,危害我们与他人的人际关系质量;电子游戏让千万年轻人沉迷其中,失去了正常交流的能力;可穿戴设备让很多人运动上瘾,出现了运动伤害;无处不在的高科技让购物、工作、色情变得难以回避。"②法国著名哲学家米歇尔·塞尔在其著作《拇指一代》中认为人类将面临"新人类"——拇指一代到来。当移动互联网技术改变了时间和空间,这就意味着"恐惧"将无处不在,无时不在。拇指一代必须重新构建一种崭新的社会秩序、生活形态、生存方式以及认知方式,这也标志着一个新纪元的开始。③ 美国儿童数字成瘾专家尼古拉斯·卡达拉斯将电子产品比作数字毒品,他指出:"诸如遗传、心理、环境以及神经生物学等因素,所有这些因素都为上瘾提供了成熟时机。任何形式的上瘾概无例外。""上瘾能让他们逃避自己的感情,麻木自己的感官,把体验上瘾的生活方式作为一个完美人生的替代品。"④ 日本作家藤原智美在其著作《迷失:你是互联网的支配者还是附庸》中谈道:人们就算钻进被窝也会紧握手机。甚至有人会因为"可能随时会有人找我"而 24 小时都守着手机。在网络世界中,深入内心思考极其困难。手机社会正在大量创

---

① [美]迈克尔·帕特里克·林奇:《失控的真相:为什么你知道得很多,智慧却很少》,赵亚男译,中信出版集团 2017 年版,第 14、124 页。

② [美]亚当·奥尔特:《欲罢不能:刷屏时代如何摆脱行为上瘾》,闾佳译,机械工业出版社 2018 年版,封面语。

③ 参见[法]米歇尔·塞尔《拇指一代》,谭华译,华东师范大学出版社 2015 年版。

④ [美]尼古拉斯·卡达拉斯:《屏瘾:当屏幕绑架了孩子怎么办》,常润芳译,江西教育出版社 2018 年版,第 84—85 页。

造一个群体,这个群体的人持续追求别人的认可,缺乏自我思考能力,同时恐惧孤独。① 陈霖在《迷族:被神召唤的尘埃》中认为手机等新技术和新媒介产品传递着自己创造的文化,是一种青年亚文化的实践活动,最终成为一种自我宣泄、自我表现、自我满足的技术方式和文化意义,网络媒介为青年亚文化的生成、发展提供了最为自由、宽松的逃避主流文化压抑的"庇护所"。②

以下是美国科技心理学家拉里·罗森在其著作《i 成瘾:逃离 24 小时×7 天"i 不释手"的生活》中列出克里斯蒂娜博士编制的手机过度使用量表,测量的时候,用以下值进行换算:1 = "从不",2 = "几乎不",3 = "有时",4 = "经常",5 = "几乎总是",6 = "总是",得分越高,被诊断为强迫性手机过度使用者的可能性越大。③

表 6—1　　　　　　　　手机过度使用量表(COS)

问题	选项					
	从不	几乎不	有时	经常	几乎总是	总是
你是否总在想着手机上可能会有短信或电话,即使关机的时候也这样?	1	2	3	4	5	6
通常隔多久你会期待下一次手机使用?	1	2	3	4	5	6
你是否觉得使用手机感到满足需要花的时间越来越多?	1	2	3	4	5	6
你有多经常低估使用手机的时间,即使你已经花了好几个小时在上面?	1	2	3	4	5	6
你会不会因为之前过度使用手机而限制自己使用手机的时间?	1	2	3	4	5	6
你是否尝试过不使用手机但失败了?	1	2	3	4	5	6

---

① [日]藤原智美:《迷失:你是互联网的支配者还是附庸》,王唯斯译,鹭江出版社 2019 年版,第 4—5、14 页。

② 参见陈霖《迷族:被神召唤的尘埃》,苏州大学出版社 2013 年版。

③ 参见[美]拉里·罗森《i 成瘾:逃离 24 小时×7 天"i 不释手"的生活》,方晓义等译,机械工业出版社 2013 年版,第 56—57 页。

续表

问题	选项					
	从不	几乎不	有时	经常	几乎总是	总是
如果当你使用手机时有人试图打断你，你会生气或冲他吼叫吗？	1	2	3	4	5	6
你会通过玩手机来逃避自己的问题吗？	1	2	3	4	5	6
你会对你的亲戚朋友隐瞒玩手机的频率和时间吗？	1	2	3	4	5	6
你曾因为过度使用手机而威胁到你的重要人际关系、工作、学习机会或事业的升迁机会吗？	1	2	3	4	5	6
你曾为了有更多的时间玩手机而拒绝和朋友外出吗？	1	2	3	4	5	6

在本访谈中，有一位受访者说："吃饭、睡觉我都机不离手，它就是我的毒品，没有它，我就会迷失"（农民工2，男，18岁，重庆）；另一位受访者说："让我一天不用手机的话，我会疯的"（大学生4，女，24岁，甘肃）；还有受访者说："只要我的手离开了手机，我就感觉它在震动，尽管其实没有任何的信息和电话"（企事业人员4，女，32岁，江西）。我们身边的人越来越感觉到已经离不开手机等电子设备，并且因为经常沉迷于此而感到恐惧和焦虑。害怕错过社交信息、工作信息以及可以满足我们需求的其他信息，经常陷入焦虑甚至恐慌的情绪中。并且激动、抑郁、愤怒和焦虑等心理症状有可能转换为生理症状，如心跳加速、肩膀紧张和呼吸困难等。现代医学认定上瘾（成瘾）是一种慢性复杂性的脑部疾病，上瘾的物质和行为，能给人带来两种结果，一是获得快感，二是减少痛苦。人的一生其实都在追求快感，所谓的荣誉、成就、幸福、快乐，都是快感的一种表现。同样的道理，人们不喜欢痛苦，会想尽办法避免。美国科技心理学家拉里·罗森指出一个人本身的行为方式（也就是人格）能够影响他对科技产品成瘾的易感性，而感觉寻求、逃避伤

害和奖励依赖就是三大可能影响成瘾的因素。①

　　人们对于手机上瘾，问题可能并不一定出在人缺乏意志力上，而是因为在 APP 的背后，有很多人正在努力工作，与行为上瘾相关的设计和产品，才会越来越多。硅谷曾有一家名为"多巴胺实验室"（Dopamine Labs）的公司，他们有两个产品，业务都与手机应用引起的行为上瘾有关。一个名为"Boundless Mind"，向 APP 售卖 API 服务，通过神经科学理论和人工智能技术，帮助 APP 产品优化它们的交互，广告语是"用多巴胺让你的 APP 令人上瘾"。另一个则是帮助人们戒掉手机上瘾的 APP，名为"Space"，同样是使用神经科学理论和人工智能技术，据称可以"让你在呼吸的间隙里拿回控制权"。② 科技产品在其程序设计开发中就潜藏着愉悦感满足、心理奖赏和痛苦逃避等，换句话说，遵循商业的逻辑，科技公司利用了人类的心理，我们的上瘾就这样被这个商业时代设计出来，令人欲罢不能。智能手机上瘾就这样无法避免吗？

二　青年人群"手机控"的防控思路

　　信息时代人的异化的典型表现就是信息依赖，网络成为人们获取信息、表达思想、交流感情的重要渠道。空虚、迷茫时用手机上网，本可以填充自己空洞的内心，但面对当前海量、复杂、虚拟、匿名、裂变的信息环境，人们的精神世界会更加迷茫、无所适从并出现信息上瘾。信息在给人们带来便利的同时，也会让人更加困惑、焦虑，面对海量信息的无节制、无限量冲击，很多人被其淹没，呈现出一种被动的信息选择，背上巨大的精神压力，在困惑、迷失之中不知不觉被信息控制，最终发展为信息焦虑，成为信息的奴隶，从而丧失主体性。"手机控"从本质上而言，就是一种"信息控"，这也是本课题组的一个重要观点，数字化生存环境下化身为"数字人类"的青年人对信息的依赖行为构成了"手机控"形成的根本原因。信息依赖逻辑包含了工具型信息依赖、情感型信

---

① 参见［美］拉里·罗森《i 成瘾：逃离 24 小时 ×7 天"i 不释手"的生活》，方晓义等译，机械工业出版社 2013 年版，第 59 页。

② 《玩抖音停不下来？你可能已经"行为上瘾"了》，http://tech.ifeng.com/a/20180419/44962201_0.shtml。

息依赖、价值型信息依赖等多种内涵,我们将手机网络信息划分为休闲娱乐、经济与日常生活、个人情感、文化知识、政治与信仰、美感与艺术等六大类信息,针对青年人的手机信息依赖等情况从发送和接收两端进行了有针对性的调查分析,探寻他们的信息偏好和所受影响等,解析当今青年人群"手机控"信息依赖的深层逻辑。

结合本书理论与实证研究,我们认为"手机控"是一种与网瘾有交叉感染并产生同样危害的常见社会现象,以青年人群为易感和高发人群;媒介依赖是"成瘾"现象的特殊类型,它随着新媒介形式的出现不断演变并累积,到媒介融合时代渐成泛化之势,"手机控"是其最新历史形态;无论"手机控"或者说基于手机媒介的"信息控"形成周期长短如何,沉迷的程度如何,其本质均是由多元化的信息依赖导致的结果;"手机控"在不平衡的"社会—手机—受众"三元互动关系和交互影响中产生,可分为个体发生和群体发生两个层次,前者一般都会经由线下的培养—涵化机制和线上的使用—满足机制发展为心理和生理的双重生成;后者具体可分为共时性和历时性两条形成路径,而且都会产生"逆影响",不仅反过来作用于社会和手机产业,也强化了"手机控";应对病态"手机控"要在理论与实证研究的基础上,结合网瘾防治的成功经验以及"手机控"作用及形成机制、"抗体"的作用机制等,来拟定具体解决方案。

基于本书第二章中调查对象的选取与说明,课题组将青年人群具体划分为大学生、企事业人员、中学生、农民工等四种类别,在不同的青年群体类别中又存在着不同的"手机控"表现形式和影响,我们应该正视作为第五媒体的手机的利与弊,力求趋利避害,合理把握手机使用行为的度,在日常生活中充分实现手机的正面价值和功能,让智能手机时代开辟的移动审美方式带我们随时随地欣赏"手掌上的风景"。[①]

本书从大学生、企事业人员、中学生、农民工等四种具体的青年群体类别入手,探寻青年人群应对"手机控"的具体措施和解决方案,力

---

① 张建:《手掌上的风景:智能手机时代移动审美方式研究》,中国社会科学出版社2016年版,第216页。

求精准施策，对症下药，期冀关注视角涉及宏观和微观，既有整体把握，又有个案分析，同时每一类别青年群体的具体应对策略既有共性，也有个性，既可以有针对性地解决本类别青年群体的"手机控"问题，也可以为其他群体提供参考，为"媒介化生存"背景下青年人群"手机控"所带来的症候危机提出应对之道。

防范和救治病态"手机控"，需要从不同的方面入手，采取综合的应对措施，帮助人们做自己行为的主人，做技术的主人。我们根据"手机控"形成和影响机制的理论研究以及实证研究的结果来确立青年人群具有针对性、可操作性的应对策略，以期在"社会—媒介—受众"三元互动的大背景下，找出破解当前青年人群"低头族""手机控"现象的方法。主要包括：干扰或阻断"手机控"的影响路径，比如矫正生产源头，设计开发反沉迷系统，整顿手机市场，完善相关法律和政策等；中断"手机控"的发生机制，比如大力推广手机媒介素养教育，在心理—生理发生阶段进行适当心理干预或药物治疗等；淡化或规避"手机控"的"逆影响"；此外，还要发挥"抗体"的作用机制，借鉴网瘾防治的成功经验，建立从家庭到社会再到国家的多环联动机制等。

第二节　大学生"手机控"应对策略

本书研究的大学生是指正在高等院校接受高等教育的专科生、本科生、研究生等，作为熟悉社会新技术、新思想的前沿群体，国家培养的高级专门人才，他们被称为"天之骄子"，代表年轻有活力一族，是推动社会进步的栋梁之材。大学生应该具有正确的人生观、价值观、审美观和一定的道德修养，掌握比较系统的科学文化知识，拥有强健的体魄和坚韧不拔的意志，以及具备良好的社会交往能力和社会实践能力。

网络是把双刃剑，随着手机成为一种特殊的迷你型电脑，成为网络的延伸[1]，大学生群体已经普遍使用手机。随着移动通信、移动互联网技术的高速发展，手机上网越发便捷，真正实现了从"人随网走"到"网

---

[1] 匡文波：《手机媒体概论》，中国人民大学出版社2006年版，第1页。

随人走"的革命性变化。WiFi、3G、4G，以及即将到来的5G等新技术的运用已经深刻影响和改变着当代大学生的个性心理和行为方式。大学生群体广泛使用智能手机虽理所当然且大有裨益，但任何事情都有两面性，手机上网也不例外。在大学生群体中，因手机上网浪费掉大量时间者有之，遭受信息诈骗者有之，疯狂购物者有之，结交不良异性朋友误入歧途者亦有之，还有很多大学生因手机的不规范、不恰当使用，出现了严重的依赖甚至成瘾现象。对于心智尚且不够成熟的大学生来说，这些情况一旦出现将不可避免地对他们的生活、学习、人际交往、身心健康等带来一定的影响，本书在比较全面深入的调查研究基础上，结合各种理论知识进行分析，希望能够找到具体的应对方案。

一 大学生"手机控"问题表现

（一）大学生"手机控"具体表现

"手机控"具体表现为手机媒体的"不当使用"，是指脱离正常规范的使用方式，超过正常使用限度并造成一定负面影响的手机媒体使用方法，尤其是指过度使用。它包含两个方面的内涵：一个是不当的手机媒体使用方式，比如走路、上课时使用等；另一个是不当的手机信息内容偏好，比如乐于接收花边新闻甚至色情信息，喜欢转发不良信息等。事实证明，这两个方面在大学生群体中都有显著的表现。

1. 过量上网影响了大学生的身心健康

从"手机"的字面意思看，其确切含义是"机"不离"手"，"手"不离"机"。从常理来看，"手"和"机"毕竟有所不同，手是人的"有机"组成部分，而手机这种"身外之物"却不是。但在如今的大学校园，这样的理解好像应该颠倒过来：手机，这种手的附属物和伴随物，在很多大学生身上越来越内在化、组织化和有机化了，就像手是人体的一部分，手机也正在成为手的一部分。人们丢失了手机，就像身体失去了一个重要的器官。[1]"手机控"的现象不仅表现在大学生的上网时长上，在心理、情绪乃至身体层面都有显著反映。

---

[1] 汪民安：《手机：身体与社会》，《文艺研究》2009年第7期。

(1) 手机上网时间

问卷调查显示,半数以上大学生平均每天手机上网超过 5 小时。有受访者表示:"白天不间断地使用手机上网约 10 小时,手机成为生活中必不可少的一部分,吃饭、走路时常常盯着手机。"(大学生 1,女,21 岁,江西)另一位受访者说:"每天上网时间超过 8 小时。起床的第一件事就是查看手机是否收到新信息,是否有遗漏的消息等。机不离身,无论是上课或吃饭都会看手机,害怕错过任何信息。"(大学生 6,女,20 岁,江西)

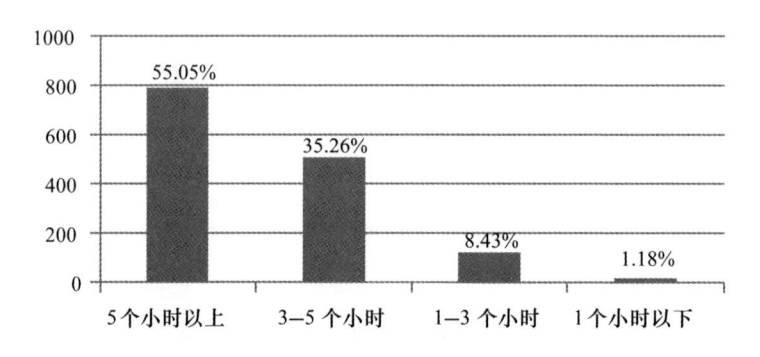

图 6—1 大学生平均每天手机上网时间

如图 6—1 所示,取中值计算,再加上各个年级的手机使用情况,可以得出不同年级的大学生每天平均使用手机的时间。

图 6—1 显示,当前大学生每天平均使用手机时间约为 6.3 个小时,这意味着除去正常的睡眠时间外,大学生每天用来上网的时间,约占可利用工作和学习时间(15 小时)的一半。虽然这并不是说他们每天六个多小时都用来玩手机,但相对于花在书本、图书馆的时间,这样的时长确实太长了。上图还显示,不同年级大学生每天使用手机时间略有不同,其中大一、大二的情况更为严重一些。

(2) 不能上网的心理反应

既然手机上网时间如此之长,那么如果突然出现不能手机上网的情况,大学生会有什么心理反应呢?调查结果见图 6—3。

图 6—3 显示,有一半的学生在无法上网时,会感到无聊、不知所

大学生每天主动使用手机时间

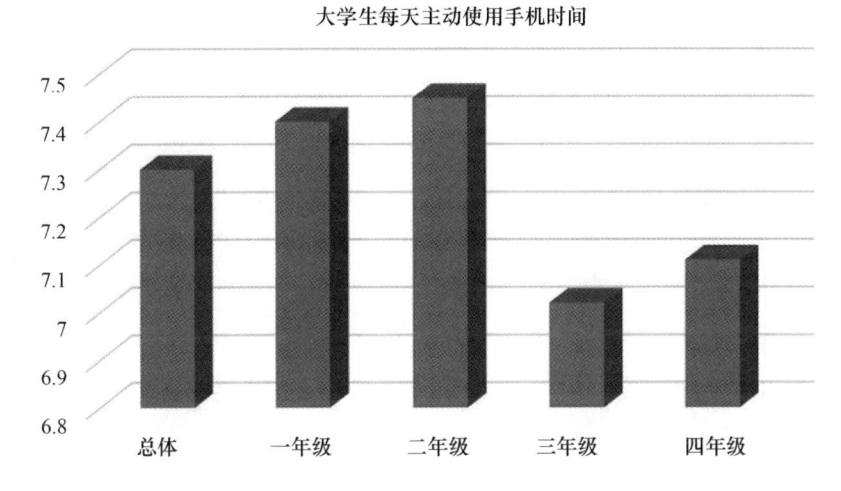

图 6—2 大学生每天主动使用手机时间

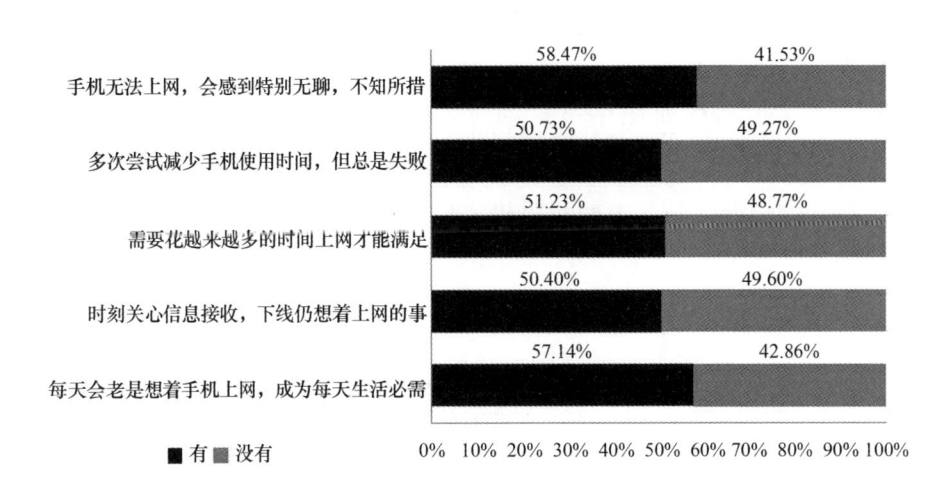

图 6—3 大学生不能手机上网的心理反应

措、缺乏满足感、无心做其他事情等。由图 6—4 可知，在手机没有网络时，44.40% 的大学生会感到烦躁或者心神不定，会感到孤独的大学生高达 55.64%。不难想象，带着这样的情绪学习、生活和交往，会造成什么样的影响。

（3）不能上网的身体反应

手机不能上网不仅影响到大学生的心理和情绪，很多大学生在身体

没有手机时的情绪感觉

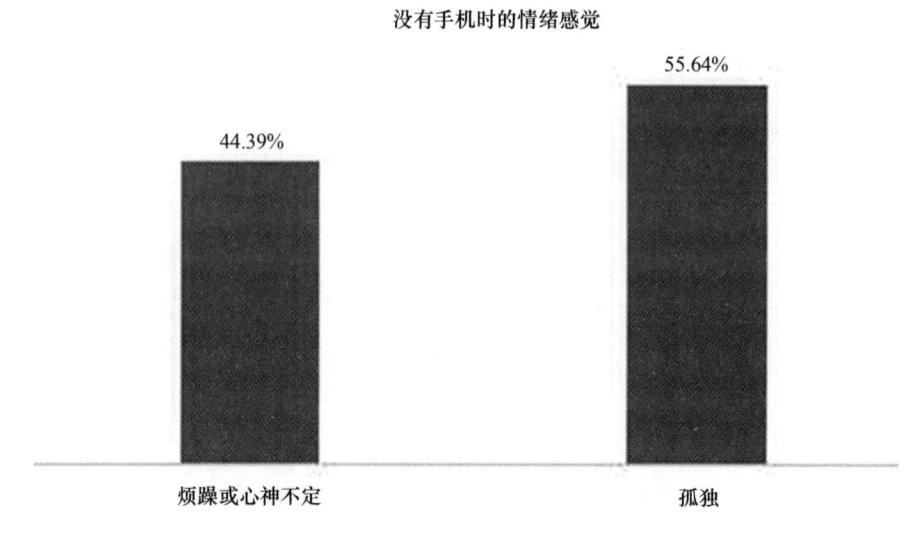

烦躁或心神不定 44.39%
孤独 55.64%

图6—4 大学生不能手机上网的情绪感知

上都有显著的反应，如图6—5所示。

图6—5显示，超过半数的大学生在没有手机上网时会有手心发麻、流汗的情况出现，上网玩手机之后才能安然入睡的大学生也占一半以上。

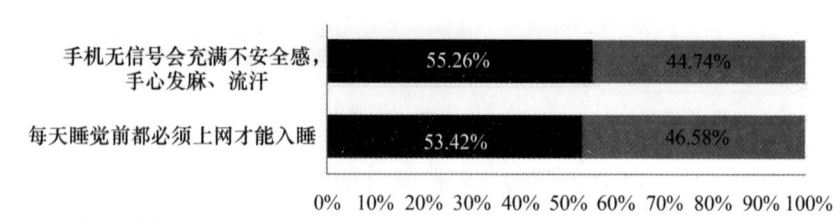

手机无信号会充满不安全感，手心发麻、流汗：有 55.26%，没有 44.74%
每天睡觉前都必须上网才能入睡：有 53.42%，没有 46.58%

■有 ■没有

图6—5 大学生不能手机上网的身体反应

通过上述情形不难看出，大学生沉迷手机上网的情况已经非常普遍，有相当多的大学生从心理、情绪到身体对手机已经产生依赖，而那些长时间地使用手机，废寝忘食，一旦不能上网便深感焦虑、紧张、孤独、不知所措甚至手心出汗的大学生,已经显示出了"手机控"的典型症状。

2. 上网目的和方式不当会对大学生的生活和学习产生影响

手是长在自己身上的,它有它的自由。但是,被"有机"化了的手机,却能做到太多"手不能及"的事情,好像比手还要自由。

(1) 手机上网的目的

大学生对于手机的依赖情况已经十分严重,那么他们究竟用手机在干什么?或者说究竟是什么让他们如此迷恋呢?见图6—6。

手机上网的主要目的(多选)

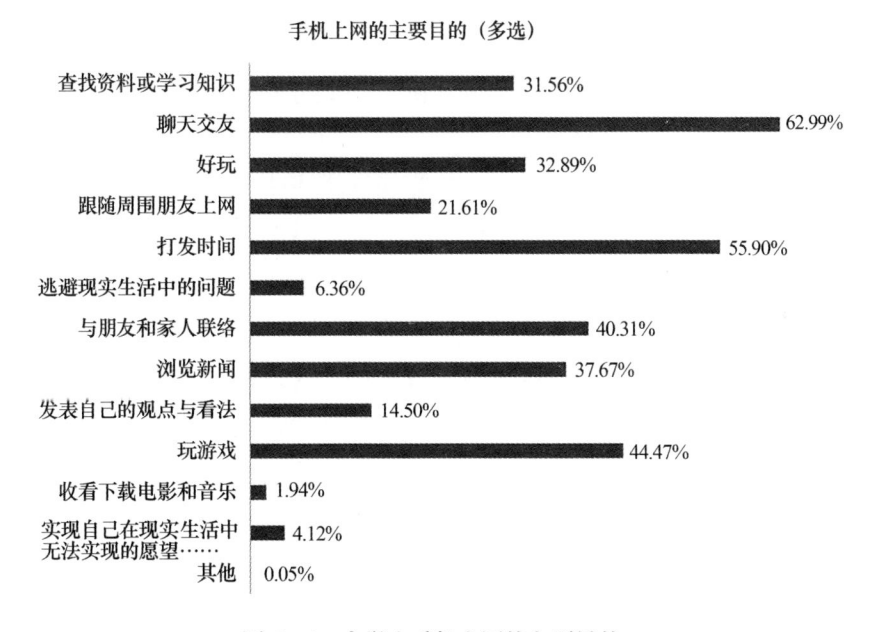

项目	百分比
查找资料或学习知识	31.56%
聊天交友	62.99%
好玩	32.89%
跟随周围朋友上网	21.61%
打发时间	55.90%
逃避现实生活中的问题	6.36%
与朋友和家人联络	40.31%
浏览新闻	37.67%
发表自己的观点与看法	14.50%
玩游戏	44.47%
收看下载电影和音乐	1.94%
实现自己在现实生活中无法实现的愿望……	4.12%
其他	0.05%

图6—6 大学生手机上网的主要目的

由上图可知,大学生手机上网的主要目的是聊天交友、打发时间和玩游戏,查找资料或者学习知识者并不多见,呈现出严重的娱乐化和世俗化趋势。

(2) 手机上网的方式

进一步来说,大学生对于手机中的这些内容是如何阅读的呢?或者说在何时何地阅读的呢?图6—7给出了答案。

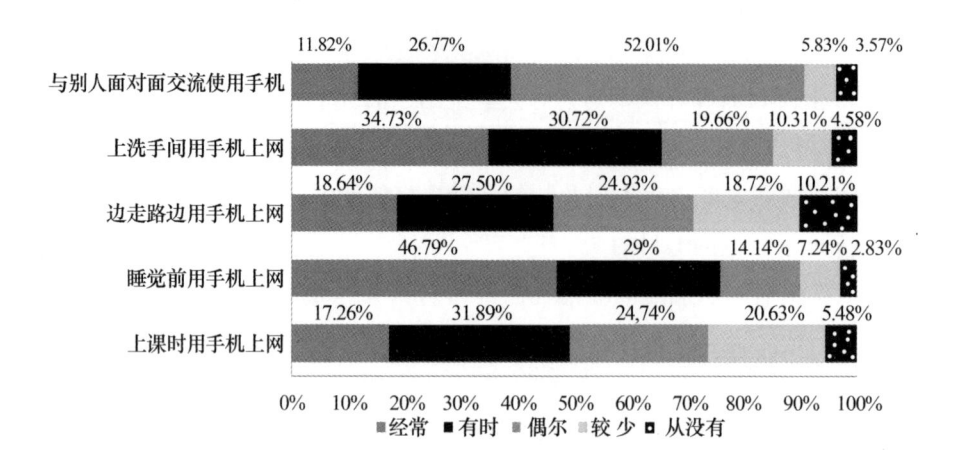

	经常	有时	偶尔	较少	从没有
与别人面对面交流使用手机	11.82%	26.77%	52.01%	5.83%	3.57%
上洗手间用手机上网	34.73%	30.72%	19.66%	10.31%	4.58%
边走路边用手机上网	18.64%	27.50%	24.93%	18.72%	10.21%
睡觉前用手机上网	46.79%	29%	14.14%	7.24%	2.83%
上课时用手机上网	17.26%	31.89%	24.74%	20.63%	5.48%

图6—7 大学生使用手机的方式

图6—7显示，上课时用手机上网，边走路边用手机上网，上洗手间用手机上网，睡觉前用手机上网，与人面对面交流依然用手机上网，这些情况在大学生人群中表现得非常普遍。如此看来，手机就像一只无形的手，大学生的身体被它牢牢地控制住了。

3. 上网获得的不良内容影响了大学生的个人素养

随着移动自媒体的普及，以手机使用为代表的"拇指文化"正在悄然兴起，但文化总是有好有坏，有正能量也有负能量，大学生对这个问题也有相应的看法。

（1）最受关注的信息内容

长时间而且不分场合地使用手机上网，对手机中海量的信息内容自然是"各取所好"，但大学生最关注哪些内容呢？课题组从信息接收和信息发送两个方面进行了对比（如图6—8、图6—9）。

我们在访谈中也发现，休闲娱乐、个人情感、经济与日常生活是大学生主要关注的信息。有受访者说："主要关注休闲娱乐类信息、个人情感类信息。"（大学生1，女，21岁，江西）

问卷调查从信息接收和信息发送两个方面进行了对比，结果显示，大学生手机日常信息的接收与发送权重排序基本是一致的，表现为休闲娱乐类信息是大学生群体的首选，美感艺术类信息、政治与信仰类信息

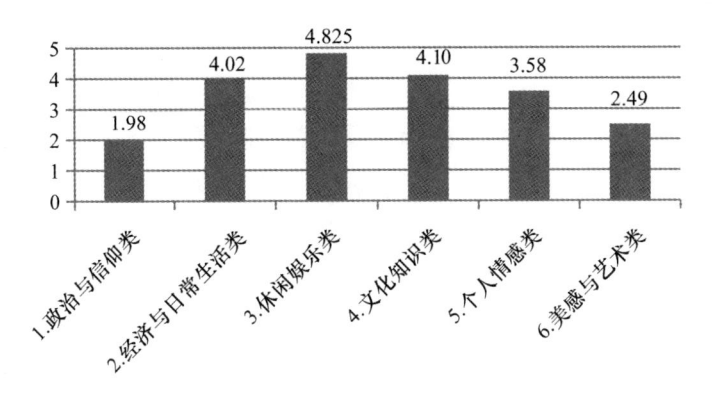

图6—8 大学生接收信息类型

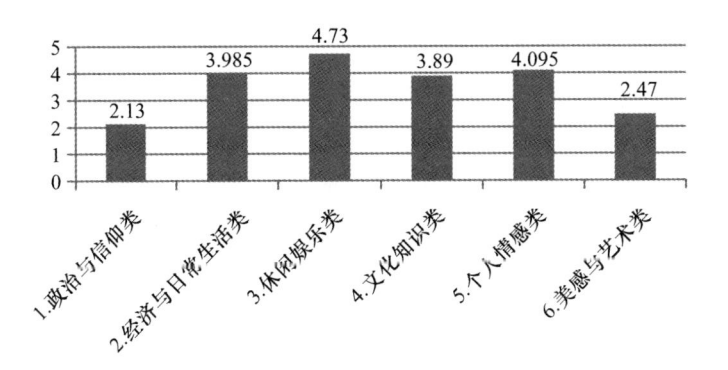

图6—9 大学生发送信息类型

在大学生群体中排序靠后。说明大学生手机信息传播内容更多集中在娱乐、消费和私人领域，缺乏深度，也缺乏社会关注意识，特别是美感与艺术、政治与信仰等与审美趣味、理想信念相关的信息不太被大学生重视，而恰恰是排序靠后的这几类信息对提升大学生的素养来讲，具有重要的意义，这种现象亟待提出相应的干预方案。

（2）对手机信息负能量的态度

大学生关注私人情感和休闲娱乐方面的信息，他们对于手机内容方面的负能量即不良信息又如何看待呢？见图6—10。

有受访者说："手机中的信息琳琅满目，良莠不齐，既为我们带来方

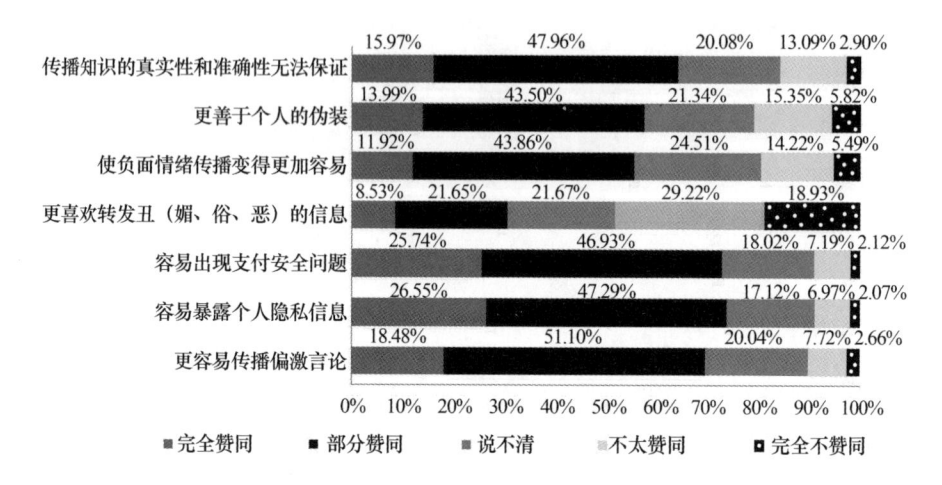

传播知识的真实性和准确性无法保证	15.97%	47.96%	20.08%	13.09%	2.90%
更善于个人的伪装	13.99%	43.50%	21.34%	15.35%	5.82%
使负面情绪传播变得更加容易	11.92%	43.86%	24.51%	14.22%	5.49%
更喜欢转发丑（媚、俗、恶）的信息	8.53%	21.65%	21.67%	29.22%	18.93%
容易出现支付安全问题	25.74%	46.93%	18.02%	7.19%	2.12%
容易暴露个人隐私信息	26.55%	47.29%	17.12%	6.97%	2.07%
更容易传播偏激言论	18.48%	51.10%	20.04%	7.72%	2.66%

■完全赞同　■部分赞同　■说不清　■不太赞同　■完全不赞同

图6—10　大学生对负能量信息的态度

便快捷的信息渠道，又令我们沉浸其中不能自拔。"（大学生2，男，22岁，云南）

问卷调查显示，大学生对手机负能量信息过度关注，对其消极影响不够重视。大学生对手机负能量信息的态度令人担忧，比如他们对国外媒体关于某些事情的评价兴趣较浓，喜欢窥探别人的隐私，喜欢转发不良信息，对于偏激言论的转发行为也比较认同等。这些都说明，伴随着手机文化成长起来的新一代大学生价值观不够健全，在个人素养和家国意识方面还需大幅提高。正是在这样的土壤里，有些负能量信息在传送到大学生群体时不但没有被恰当地屏蔽、过滤掉，反而获得了一定的生存和传播空间，甚至还颇受关注，强化了传播效果。

本研究调查显示：首先，大学生群体中有相当一部分人沉迷于手机媒体，有些已经不能自拔，甚至患上了不同程度的"手机控"，校园里"低头族"并不罕见；其次，大学生手机上网的目的趋于娱乐化和世俗化，手机上网的不当使用甚至滥用情况比较严重；最后，大学生的价值观和人生观不够健全，对于手机信息的负能量方面很少有质疑和抵制，反而为这些信息留下了生存空间。

(二) 大学生"手机控"原因的调查分析

德国文化理论家利德里希·基特勒在《记录系统》一书中指出:"媒体形式的变化是人类文化变迁和发展的根本原因和基本动力。电子信息技术的完善和互联网的出现,带来人类文化形态的'哥白尼式的转折'。"[①] 手机的交互性、即时性、广泛性、综合性、平民化、个性化等特性,使其深刻地改变着当代人的思维和行为方式。手机信息内容具有庸俗化、娱乐化、消费化、感官刺激化等特点;移动互联网传播则具有匿名性、开放性和超时空性等特点。二者交织在一起,就为大学生迷恋手机媒体及其带来的海量信息提供了充分的外在条件。下面基于本研究调查结果探究造成这些问题的原因究竟是什么,以便为解决问题找到突破口。

1. 手机信息辨识力不高,信息素养差,对信息监管态度模棱两可

以上从外在环境和手机传播本身说明了当代大学生"手机控"易于产生的问题,那么大学生主体是否也具有"手机控"发生的内在必然性呢?请看下面两组对比数据,如图6—11、图6—12。

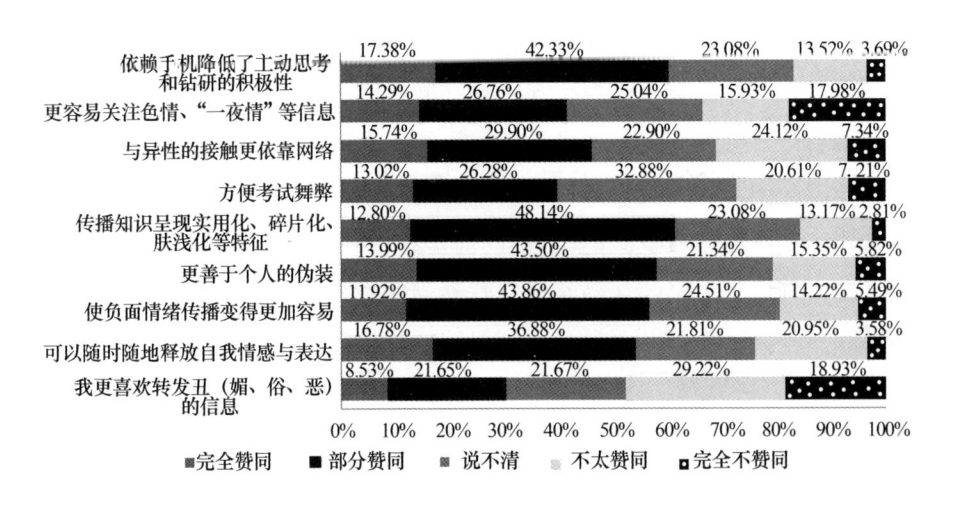

项目	完全赞同	部分赞同	说不清	不太赞同	完全不赞同
依赖手机降低了主动思考和钻研的积极性	17.38%	42.33%	23.08%	13.52%	3.69%
更容易关注色情、"一夜情"等信息	14.29%	26.76%	25.04%	15.93%	17.98%
与异性的接触更依靠网络	15.74%	29.90%	22.90%	24.12%	7.34%
方便考试舞弊	13.02%	26.28%	32.88%	20.61%	7.21%
传播知识呈现实用化、碎片化、肤浅化等特征	12.80%	48.14%	23.08%	13.17%	2.81%
更善于个人的伪装	13.99%	43.50%	21.34%	15.35%	5.82%
使负面情绪传播变得更加容易	11.92%	43.86%	24.51%	14.22%	5.49%
可以随时随地释放自我情感与表达	16.78%	36.88%	21.81%	20.95%	3.58%
我更喜欢转发丑(媚、俗、恶)的信息	8.53%	21.65%	21.67%	29.22%	18.93%

图6—11 大学生对部分负面手机信息的态度

---

① 参见章国锋《信息技术与德国"构成主义"学派的文化理论》,载《欧美文学论丛(第三辑)》,人民文学出版社2003年版,第206—208页。

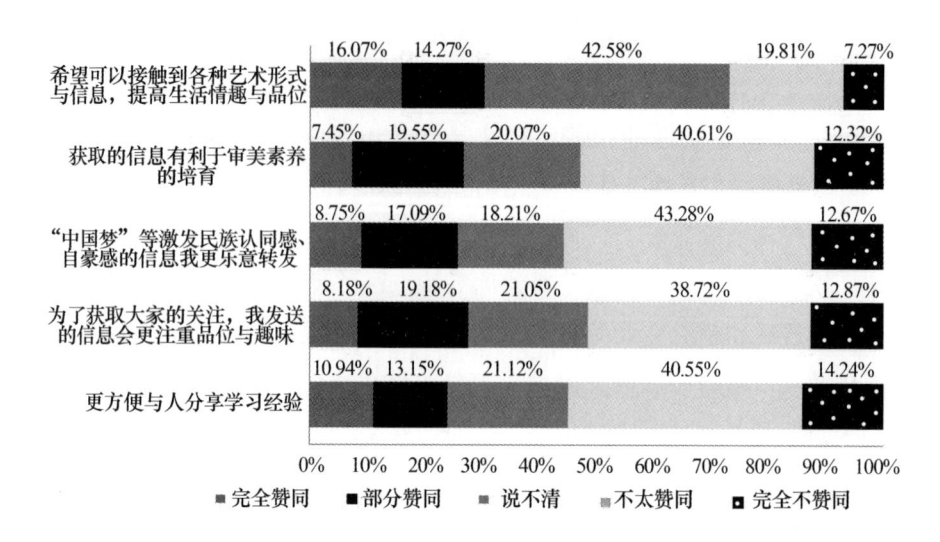

	完全赞同	部分赞同	说不清	不太赞同	完全不赞同
希望可以接触到各种艺术形式与信息，提高生活情趣与品位	16.07%	14.27%	42.58%	19.81%	7.27%
获取的信息有利于审美素养的培育	7.45%	19.55%	20.07%	40.61%	12.32%
"中国梦"等激发民族认同感、自豪感的信息我更乐意转发	8.75%	17.09%	18.21%	43.28%	12.67%
为了获取大家的关注，我发送的信息会更注重品位与趣味	8.18%	19.18%	21.05%	38.72%	12.87%
更方便与人分享学习经验	10.94%	13.15%	21.12%	40.55%	14.24%

图6—12　大学生对部分手机正面信息的态度

图6—11显示，大学生对于手机媒体的部分负面信息辨识力不强，也没有意识到手机信息对于学习、生活的积极作用。这是过于专注手机的娱乐功能而没有合理利用其他信息资源的典型表现。比如在降低主动思考的积极性、便于个人伪装、方便考试舞弊、随时释放个人情感等方面并没有给出太高的赞同度。他们对于部分正面信息的态度也印证了这一点，如图6—12。

图6—12显示，大学生在赞同和部分赞同手机信息更方便与人分享学习经验（约占24.09%），希望可以接触到各种艺术形式与信息，提高生活情趣与品位（约占30.34%），获取的信息有利于审美素养的培育（约占27.00%）等问题上认同度不高，这是过于专注手机的娱乐功能而没有合理利用其他信息资源的典型表现。

所有这些都表明，大学生对手机信息的辨识力不高，手机信息素养比较差。但这一点他们有没有自觉的意识呢？见图6—13。

由图6—13可知，大部分大学生认为当前手机信息量过大，也赞同手机信息监管的重要性及目前的监管缺乏。大部分大学生（约占76.55%）认为，当前手机信息量过大，而政府缺乏对手机信息的监管，对手机信

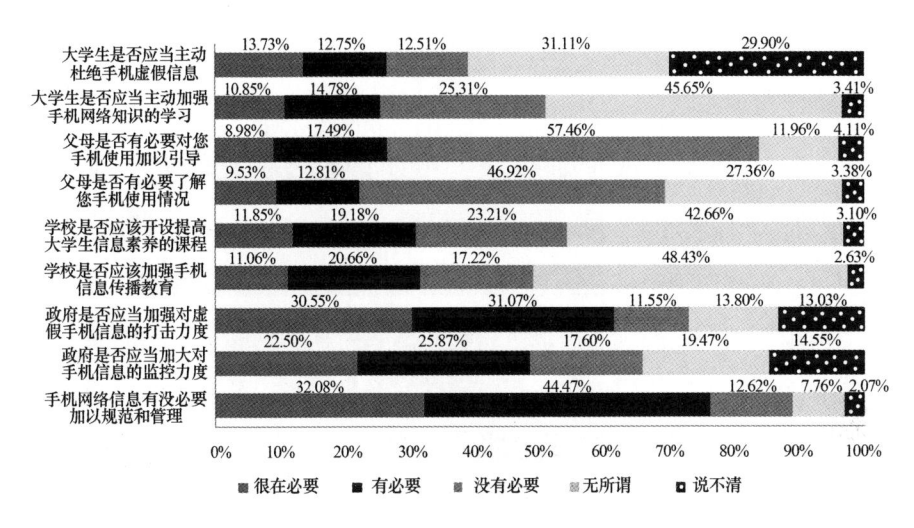

图 6—13 大学生对手机信息规范的态度

息加强监管是有必要的,这说明他们能够从整体上感知当前的信息环境状况。但在涉及自身对手机的使用、信息的接收、发送等传播途径时,大部分大学生还是处于一种迷茫甚至抵制的状态,比如,他们不希望父母过多地了解其手机使用情况(77.66%),也不希望父母过多地干涉其手机信息接收与发送(73.53%),还是希望自己手机使用处于自我调控的状态,在信息传播教育、信息主动鉴别等方面,其态度多表现为"无所谓""说不清"等。

大学生一方面认为手机媒体中存在大量的不良信息,需要加强信息监管,另一方面又认为自己是独立的行为主体,对于手机信息的管控持不支持甚至反对态度,不想自己的手机使用过多地受到外来的影响与干扰,如此的矛盾心理在大学生群体中普遍存在,这应该比较符合他们的真实情况。

总之,信息辨识力不高且信息素养差的问题在大学生群体中普遍存在,他们希望自由使用手机、不愿被外界过多干涉和打扰的态度也使其非常容易掉入不当使用手机媒体的陷阱。

2. 缺乏主流价值观的规范引导作用

值得进一步追问的是,大学生为什么出现上述的矛盾心理?或者说,他们有没有建立起有效抵抗这些不良信息的心理"防火墙"呢？也许图6—14能说明这个问题。

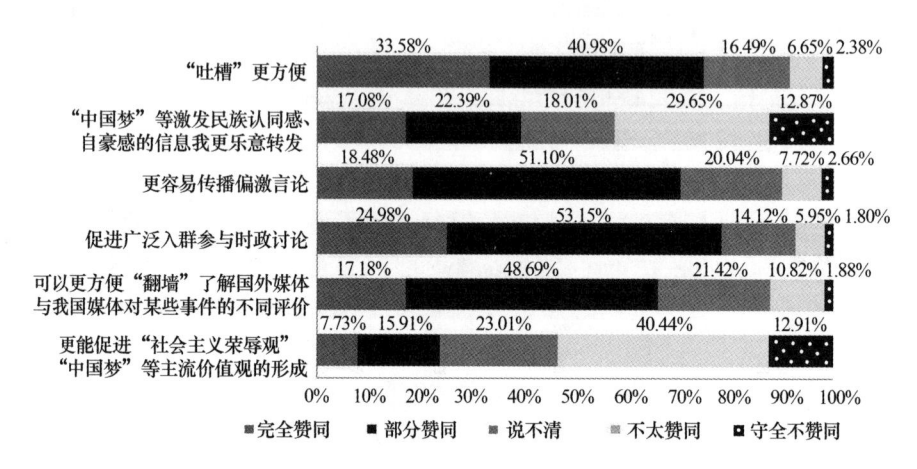

图中数据（各条目自上而下，依次为完全赞同、部分赞同、说不清、不太赞同、守全不赞同）：

- "吐槽"更方便：33.58%　40.98%　16.49%　6.65%　2.38%
- "中国梦"等激发民族认同感、自豪感的信息我更乐意转发：17.08%　22.39%　18.01%　29.65%　12.87%
- 更容易传播偏激言论：18.48%　51.10%　20.04%　7.72%　2.66%
- 促进广泛入群参与时政讨论：24.98%　53.15%　14.12%　5.95%　1.80%
- 可以更方便"翻墙"了解国外媒体与我国媒体对某些事件的不同评价：17.18%　48.69%　21.42%　10.82%　1.88%
- 更能促进"社会主义荣辱观""中国梦"等主流价值观的形成：7.73%　15.91%　23.01%　40.44%　12.91%

图6—14　大学生对部分主流价值观的认同度

图6—14显示，在接触到的手机信息中，仅有部分大学生认识到手机信息对主流价值观形成和发展的影响，多数则对方便了解国外负面信息、更容易传播偏激言论认同较高。具体表现为，仅有部分大学生（约占23.64%）赞同或部分赞同手机信息可以促进主流价值观的形成；赞同或部分赞同激发民族认同感、自豪感的信息更乐意转发的比例不高（约占39.47%）；而在方便了解国外负面信息（约占65.87%），更容易传播偏激言论（约占69.58%）上认同度较高。这些数据说明，在大学生手机媒体的日常使用中，主流价值观并没有起到很好的规范和引导作用，相反，它们处于大学生观念意识的边缘，因此不足以抵抗负面信息潜入他们的思想内部，导致大学生群体普遍出现信仰真空和价值观混乱的情况。这种情况的一个不可避免的后果就是：为不良信息留下了足够的生存空间，使它们在大学生群体中得到广泛传播，而这些信息大多是以迎合大学生受众的接受趣味而专门设计的，这又反过来进一步强化了大学生对不良信息的认同，如此恶性循环，对大学生的价值观和人生观发展产生了不良影响。

二 大学生"手机控"对策分析

前文已经论述了大学生群体中"手机控"带来的突出问题及其影响，并初步探讨了它的主客观原因以及容易发生的可能条件，这样我们就可以初步提出一些具有针对性的应对策略了。

（一）用核心价值体系规范引导大学生树立正确的人生观与价值观

根据本项调查，在接触到的手机信息中，仅有部分大学生（约占23.64%）赞同或部分赞同手机信息可以促进主流价值观的形成；赞同或部分赞同激发民族认同感、自豪感的信息更乐意转发的比例不高（约占39.47%）；而在方便了解国外负面信息（约占65.87%），更容易传播偏激言论（约占69.58%）上认同度较高。这些数据已经足够说明，在大学生手机网络的日常使用中，主流价值观并没有起到很好的规范和引导作用，相反，信仰真空和价值观混乱现象比较突出，在这样的情况下负面信息很容易乘虚而入。

根据上述"父母户籍对大学生信息偏好的影响"调查结果，城镇家庭子女对政治与信仰类信息较为不敏感；就读年级与政治信仰类信息呈负相关，就读年级越高，对政治的关注度越低；学校层次与政治信仰类信息呈负相关，学校层次越高，对政治的关注度越低；理工科大学生对政治与信仰类信息的关注度要明显高于文科大学生；母亲学历与政治信仰类信息呈正相关，表现为母亲学历越低，对政治的关注度越低。

这说明，来自经济发达地区的大学生，物质生活更为富裕，理想与信仰却更为单薄；年级越高，学校层次越高，对政治与信仰的关注度却越低。可见，高等院校的思想政治教育工作任重而道远。物质不断丰富，精神信仰却日益空虚，如何使思想政治教育更有针对性、更为行之有效，是高校教育工作者面临的一项艰巨的任务与挑战。而母亲学历层次的影响再一次说明了家庭教育对大学生具有举足轻重的影响。

在手机媒体深度介入大学生日常生活的大背景下，高校必须响应新形势的要求，开展移动互联网时代高校思想政治教育路径的创新研究与探索，进一步丰富与完善大学生思想政治教育的手段与方法，提高大学生的思想觉悟和认识水平，提高其主动意识和辨别是非的能力以及自控能力等，引导他们培养社会主义核心价值观与树立社会主义荣辱观，从深层次影响他们的思想意识和行为方式，形成正确、合理、健康的手机上网理念。

引导大学生践行社会主义核心价值观，不能只提供思想理论和行为规范，而是要把他们提升为自觉认同社会主义核心价值观的行为主体，方法上更需由单向灌输转向互动式的引导和对话，激励大学生积极思考和主动参与。高校应该用社会主义核心价值观念来指导校园文化建设，增加大学生参加集体活动、校园文化活动的机会，加强教师与学生之间、家长与学生之间、学生彼此之间情感的交流，增强大学生的集体意识与社会认同感，帮助其摆脱喜欢独处、不愿与人交流的负面心理因素，不断减少大学校园的"低头族"，重塑"天之骄子"阳光、正面、积极有为、充满正能量的形象。

(二) 高校和家庭应加强大学生信息素养、媒介素养和审美素养的培育

根据本项调查，大学生普遍认同手机中大量不良信息的存在，扰乱了信息秩序，并对其自身带来不良影响。但同时他们对于手机媒体的部分负面信息辨识力不强，也很少产生批判质疑，造成负面信息得不到遏制，传播迅速。大学生在赞同和部分赞同手机信息更方便与人分享学习经验（约占24.09%），希望可以接触到各种艺术形式与信息，提高生活情趣与品位（约占30.34%），获取的信息有利于审美素养的培育（约占27.00%）等问题上认同度不高，这是过于关注手机的娱乐功能而没有合理利用其他信息资源的典型表现。在大学生手机日常信息的接收与发送权重排序上表现出惊人的一致，休闲娱乐排在第一位，大学生又俨然成为智能手机时代"娱乐至死"的群体。

信息素养是当前评价人才综合素质的重要指标，更是一种综合能力。信息素养是信息化社会中个体成员所具有的各种信息品质，包括信息智慧（信息知识与技能）、信息道德、信息意识、信息觉悟、信息观念、信息潜能、信息心理等。大学生信息素养包括运用现代信息技术获取识别信息、加工处理信息、传递创造信息的基本技能，更重要的是在信息技术所创造的新环境中独立自主学习的态度和方法、批判精神，以及强烈

的社会责任感和参与意识。1992年美国媒体素养研究中心对媒介素养下了如下定义：人们面对不同媒体信息时所表现出的对信息的选择能力、质疑能力、理解能力、评估能力、创造和生产能力以及思辨的反应能力。

手机媒体信息的海量性使大学生无所适从，逐渐丧失自主性，如今智能手机堪比"掌上电脑"，用拇指打破了传统"你发我收"信息的状态，实现了信息跨时空的交换与连接，不仅有与现实空间亲朋好友联系而取得的信息，而且在虚拟空间里古今中外的信息无所不有。手机信息的海量性不仅表现在信息的来源上，还表现在信息的种类、信息的容量、信息传递的方式以及信息传递的快速上，极易导致大学生对手机顶礼膜拜，认为其无所不包，从而愈发离不开手机。

信息素养和媒介素养培育的实践性很强，必须从中国现实国情和社会发展的实际需要出发开展富有中国特色和符合社会现实发展的研究和教育活动。目前手机媒体已成为部分大学生生活的旋转轴心，深刻影响着他们的学习、生活和沟通方式，基于这种情形迫切需要对当代大学生进行包括信息的选择能力、理解能力、质疑能力、评估能力、创造和制作能力以及思考能力等在内的综合能力的培训和教育。

接收与发送信息两个方面的调查结果显示，大学生对美感艺术类信息关注度偏低。许多大学生没有形成正确的审美观，不知道如何欣赏美，更谈不上表现美、创造美，反而让低俗、庸俗化的内容大行其道，风华正茂的大学生却不能给人一种意气风发、诗意盎然的精神风貌。审美素养是指人所具备的审美经验、审美情趣、审美能力、审美理想等各种因素的总和。审美素养既体现为对美的接收和欣赏的能力，又转化为对美的鉴别能力和创造能力。当代大学生普遍表现出的对于审美信息的忽视以及他们深受功利主义、消费主义和娱乐主义等观念思潮的影响，恰恰反映出审美素养缺失的严重后果。

针对这种情况，一方面，各高校应积极开设信息素养与媒介素养相关的课程，广泛开展相关活动，以增强大学生理解媒介和判断、甄别信息的能力；同时亟须构建新时代高校美育体系，针对不同专业学生的实际和审美需求，开设不同层次、不同类型、不同形式的美育课程，创新高校美育教育教学方式，创建学校美育和社会美育、家庭美育相互联系、相互促进的新机制。另一方面,依据本书"父母户籍对大学生信息偏好的影响"调查,母亲学历高低与大学生信息选择态度呈正相关,家庭环境及父母的影响是潜移默化的,家长也应以合理的方式参与引导大学生正确辨识手机网络信息的教育活动,只有家庭、学校、社会形成合力,才能在第五媒体时代"社会—媒介—受众"的三元互动中,有效推动大学生良性、健康地使用手机媒体。

(三) 建立合理的大学生手机行为规范

大学生手机上网时长不断延长、睡觉前玩手机才能安然入睡、因手机上网锻炼身体时间减少、不玩手机时手心发麻流汗、无信号时烦躁不安、身心疲惫又不愿下网、课堂上频繁使用手机、通过手机网络结识异性朋友等,大学生把大量时间用在关注手机媒体形形色色的信息上,深陷其中,不能自拔。美轮美奂的页面,包罗万象的内容,翔实的文字材料,悦耳的音乐旋律,精良的影视图像,巧妙的链接机制及华美的界面形象,对身心尚未完全成熟的大学生来说具有极强的吸引力,使他们不使用手机上网便会出现严重的心理、生理上的负面反应。

正如法兰克福学派的领军人物之一赫伯特·马尔库塞所说的那样:"机器是一个可用来使他人成为奴隶的奴隶。这样一种专横的、奴役的趋向可以与寻求人的自由携手并进。"[①] 我们应该让技术去为现代人精神世界的和谐与崇高服务,让技术为人的全面发展服务。因此,在这个崭新的手机移动网络时代,我们应该从科学技术的社会影响以及与社会文化互动的视角,构建具有我国高校校园特色的大学生手机行为规范,制订和实施大学生手机使用过程中的礼仪、道德等行为规范,既为高校校园手机文化的繁荣和发展提供良好的基础,又能够规范大学生手机上网行为,引领当代大学生向积极向上、身心健康、奋发有为的人生轨道迈进。

手机媒体使用呈现一种个性化趋向,个体都有自己的喜爱和偏好,建立适宜于不同大学生群体的手机行为规范实属不易,但可以先提出有指导意义的原则和方向建议。

---

① [美] 赫伯特·马尔库塞:《单向度的人》,刘继译,上海译文出版社 2010 年版,第 127 页。

应该将手机行为规范具体化、形象化、生活化,细化为课堂手机行为规范、手机网络行为规范、手机交往行为规范等,以宣传片、主题演讲、辩论赛、涂鸦大赛等生动活泼的校园文化形式向大学生进行手机行为规范的培育,引发思考和反思,最后深入人心,将规范内化为道德修养,由从外到内的强制要求到从内到外的自觉遵循,演化为大学生使用手机的道德修养和行为方式。

(四)建立信息防火墙,努力为大学生量身打造手机信息文化产品

本研究调查显示,大学生对国外媒体关于某些事情的评价比较感兴趣,喜欢窥探别人的隐私,喜欢转发不良信息,对于偏激言论的转发行为也比较认同。大部分大学生(约占76.55%)认为,当前手机信息量过大,而政府缺乏对手机信息的监管,对手机信息加强监管是有必要的,但同时,在涉及自身对手机的使用、信息的接收与发送等传播途径上,他们不希望父母、老师过多地了解其手机使用情况(约占77.66%),也不希望父母过多地干涉其手机信息接收与发送(约占73.53%),对于手机信息的管理处于一种迷茫甚至抵制的状态,这种矛盾心理正是大学生群体的真实情况。

大学生普遍认为政府缺乏对手机网络信息的监管,这说明我们针对互联网的法律法规需要与时俱进,需要重视与抓好手机网络信息的建设工作,打造绿色手机网络空间,确保手机网络持续、健康地发展。应该建立手机网络信息防火墙,在信息内容提供、信息分发和终端接入环节部署监管力量,还应设立举报机制,让不良信息无藏身之地。

美国学者斯坦博克认为:"过去,技术的发展驱动移动的发展。随着渗透率的提高,使用变成了动力。将来,移动的内容将成为发展的动力。"[①] 优秀的手机信息文化产品是时代的需求,也是社会发展的内在要求,它们将在大学生群体中得到最好的呈现并产生广泛而良好的效应。努力为大学生量身打造优秀的手机文化产品,把技术的、物质的奇迹和人性的、精神的需要平衡起来,让媒介工具为正确的价值观和世界观的

---

① [美]丹·斯坦博克:《移动革命》,岳蕾、周兆鑫译,电子工业出版社2006年版,前言。

传播服务，可以有效抵制媒介文化的负面影响。

对于手机的过度依赖严重影响了大学生正常作息与学习生活，如今已经诞生一些针对大学生的手机 APP 应用软件，能够帮助他们合理、健康地使用手机。如学习期间帮你锁定手机免受其打扰的 APP 应用"我要当学霸"；用栽种虚拟大树这种趣味方式治愈"低头族"的 APP 应用"forest"；由瑞典研究者 Staffan Noeteberg 基于科学方法研发的旨在培养用户的时间管理意识，使其养成坚定的自我管理行为的 APP 应用"番茄时钟"等。这类软件从手机内部引导大学生积极正确地使用手机，有效防止大学生的手机沉溺与依赖，帮助他们逐步摆脱手机束缚，提高专注度，已有不少手机依赖症患者使用后症状减轻。

努力为大学生量身打造手机信息文化产品，拒绝"手机控""低头族"，重塑大学生"天之骄子"傲人形象，运营商、网络服务企业、软件开发企业也需和高校携起手来，为培育优秀的未来社会精英而努力。

总之，手机媒体作为一种新技术、新事物、新现象，其未必不具有一定的合理成分，但沉溺手机网络容易导致作为未来社会精英的"天之骄子"呈现出快餐化、庸俗化、功利化趋势，对整个社会的文化、习俗和道德规范都会带来严重的负面影响。因此，让作为行为主体的大学生对手机媒体不良使用产生清醒的认识，并且形成"社会—手机—大学生"的良性三元互动，是政府、社会、教育工作者、家庭义不容辞的责任。

第三节 企事业人员"手机控"应对策略

本课题所指的企事业人员是一个笼统的概念，为了研究普通城市上班族的"手机控"问题，我们的研究对象包含了公务员、事业单位人员、国有企业职工、公司白领等尽量广泛的上班族青年群体，他们更多从事脑力劳动，所涉及的领域涵盖金融、科技、医疗、文化、教育等，收入水平、受教育程度较高，主要应该归属于中产阶级。结合本课题实证调查情况，本研究中企事业人员青年人群为年龄为 20—35 岁，具有较高教育背景（多数接受过高等教育），收入水平较高，从事非体力劳动的城市青年群体。

城市青年作为青年中的一个独特的群体，他们是社会风尚的引领者、时代的弄潮儿，受信息社会、媒介化生存、消费社会、多元化社会等影响最为直接和深刻，消费超前、思想前卫，既有青春的憧憬又面对成年世界的现实，在反抗、冲突、偏离之中呈现出迷惘、矛盾的心理特征，他们具有日趋加重的个性化、个体化、世俗化、疏离感、不确定感及生活快节奏化等个体和群体特点。手机媒介具有的黏性、便携性、即时性、多元互动性、媒介融合性等特点，为城市青年提供了前所未有的开放式、无边界的物理空间和相对自由、平等、开放的精神空间，伴随移动通信技术的迅猛发展，城市青年普遍使用智能手机来提升工作效率、获取知识（专业和实用）、满足社会交往需求、寻求身份认同等，手机已经成为青年亚文化生长的沃土和迅猛发展的空间，成为城市青年文化生活、传播的重要场域。

如今，无论饭桌、电梯还是公交、地铁，城市青年"低头族"随处可见，过度依赖手机，沾染指尖上的"毒瘾"，手机像无底洞一般将其吸入，城市青年们无力抵抗，不知不觉之中沦为手机的附庸。

一 企事业人员"手机控"问题表现

通过本课题实证调查发现，企事业人员"手机控"具体表现如下。

（一）企事业人员"手机控"的行为表现

26.82%的企事业人员每天总想着用手机上网，成为生活必需；14.99%的企事业人员因为手机上网使自己对学习兴趣减弱；12.82%的企事业人员因为上网与家人、朋友、同学发生矛盾；27.42%的企事业人员每天睡觉前都必须上网才能入睡；28.21%的企事业人员因为上网使得睡眠时间减少；23.12%的企事业人员遭遇过网友的性骚扰、恐吓或欺骗；24.67%的企事业人员花在手机上网上的时间比预期要长；29.61%的企事业人员经常边走路边手机上网。

（二）企事业人员"手机控"的心理反应

17.16%的企事业人员当没有网络无法手机上网时，变得心神不定；12.23%的企事业人员需要花越来越多的时间上网才能得到满足；18.93%

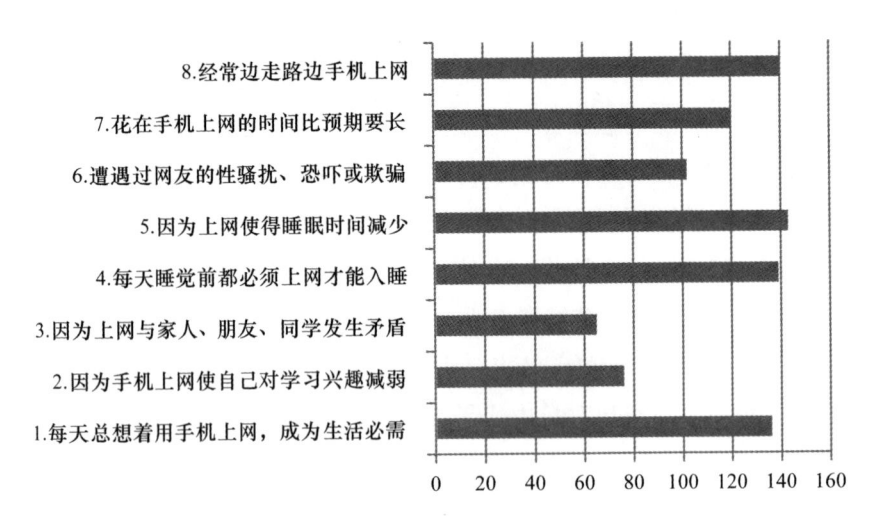

图中条目（从上到下）：
8.经常边走路边手机上网
7.花在手机上网的时间比预期要长
6.遭遇过网友的性骚扰、恐吓或欺骗
5.因为上网使得睡眠时间减少
4.每天睡觉前都必须上网才能入睡
3.因为上网与家人、朋友、同学发生矛盾
2.因为手机上网使自己对学习兴趣减弱
1.每天总想着用手机上网，成为生活必需

图6—15　企事业人员"手机控"的行为表现

图中条目（从上到下）：
4.变得越来越质疑别人的话语
3.不使用手机上网就会感到孤独
2.需要花越来越多的时间上网才能得到满足
1.当没有网络无法手机上网时，变得心神不定

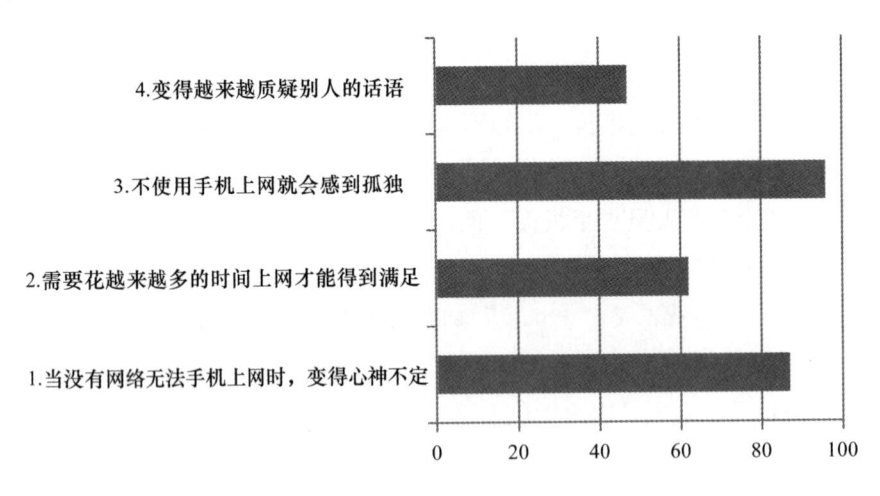

图6—16　企事业人员"手机控"的心理反应

的企事业人员不使用手机上网就会感到孤独；9.27%的企事业人员变得越来越质疑别人的话语。

（三）企事业人员"手机控"的生理反应

8.13%的企事业人员有手机过度使用的生理反应，表现为手机无信号会充满不安全感，手心发麻、流汗等。

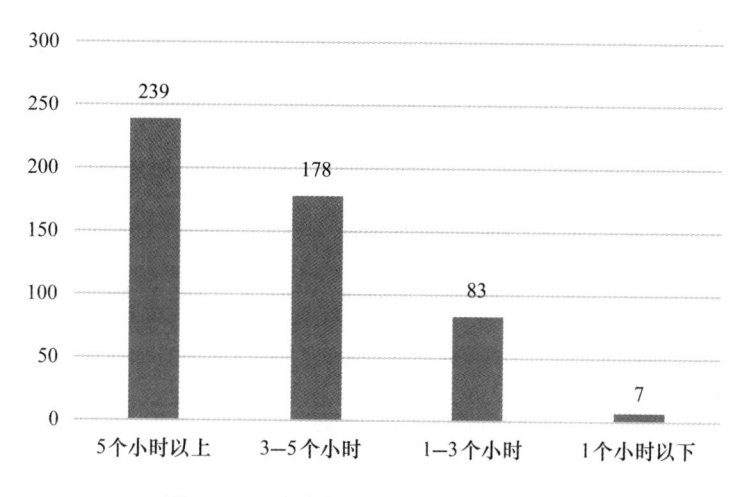

第六章　青年人群"手机控"的对策建议　　◀◀　255

图6—17　企事业人员平均每天上网时间

（四）接近半数的企事业人员平均每天上网超过5小时

在对该群体的访谈中，有受访者说："我对手机依赖很严重，它给我带来碎片化生活并阻碍了思维能力"（企事业人员4，女，32岁，江西）；"周末闲暇，大部分时间都在手机打游戏，主要原因可能是对现实的逃避，不想面对现实生活中的压力吧"（企事业人员8，女，22岁，河南）；"手机成为人际交往中的障碍，聚会时大家都在玩手机，严重影响人与人交流"（企事业人员3，男，27岁，湖北）。手机会让人陷入一种持续的"多任务"状态，不知不觉让人患上类似"注意力障碍"的心理问题，思路不断被打断，大大削减了思考的能力。一味依赖手机，会带来心理和社交问题，朋友社交"人机关系"逐渐代替"人际关系"，手机成为人与人之间一座无形的心墙。长时间玩手机，生物钟被打乱，影响新陈代谢、情绪、免疫力，导致反应迟钝、头昏脑涨，带来近视、干眼症、血压升高、颈椎间盘突出等多种心理、生理疾病。

越来越多的城市青年睡前醒后躺在被窝里刷手机，这已经成为他们生活的真实写照，手机不仅是信息的载体，同时也成为社会资源、人际交往的汇聚地，手机之中浅层的表征性信息居于绝对优势，迎合了青年人快节奏生活需要，在满足其视觉听觉快感与心理愉悦的同时也让其沉醉、迷惘，不知不觉迷失在信息的汪洋大海之中，削弱独立思考能力、批判能力而成为马尔库塞所说的"单向度的人"。

城市青年教育背景优越，职业阶层、工作经验良好，对新技术、新信息、新知识比较敏感与热情，伴随中国经济结构转型与现代化进程，他们是社会发展和国家建设的重要力量。积极、健康的网络生态环境及手机行为方式可以重构与改造他们的精神风貌，帮助树立良好的价值观念，培育与创造更加公平有序的生活工作环境，及时消解他们的迷茫和困惑，增强正能量。

二 企事业人员"手机控"对策分析

（一）发挥政府作用：矫正源头，整顿市场，完善法规

企事业人员"作为信息获取渠道的手机使用与内部差异"调查结果（见图6—18）显示，该群体通过手机上网、书本阅读和社会宣传的方式获取信息较为常见，其中通过手机上网的方式获取信息比例最重，这说明手机上网为企事业人员提供信息更为便捷高效。"手机使用目的的多元化特征"调查结果（见图6—19）显示，企事业人员手机上网目的呈现出多元化的特征，当中也有一定的差异，大部分人的目的与生活更为直接相关。也有一小部分人选择了逃避现实，提醒我们对该类人群的心理健康也应给予注意。

企事业人员信息接收和发送的调查结果显示，手机中经济与日常生活类信息裹挟的负面内容较多，形成的不良影响较大，企事业人员的信息识别能力与网络防范意识也较弱。在休闲娱乐类信息的接收上，具有"三俗化"的倾向。访谈发现，企事业人员不但手机使用时间较长，而且手机使用目的和信息接收类型丰富，对手机的功能性需求大，依赖较为严重。有受访者说："上班时，领导不在的情况下会频繁玩手机，导致工作效率下降。"（企事业人员4，女，32岁，江西）这种依赖也带来了诸多负面影响，如信息泛滥、信息过剩、不良信息滋生、虚假信息充斥及信息泄露、骚扰电话等影响正常的工作与生活秩序。美国学者约翰·奈斯比特是具有全球影响的未来学家，他在《大趋势：改变我们生活的十个新方向》一书中指出："失去控制和无组织的信息在信息社会里并不构

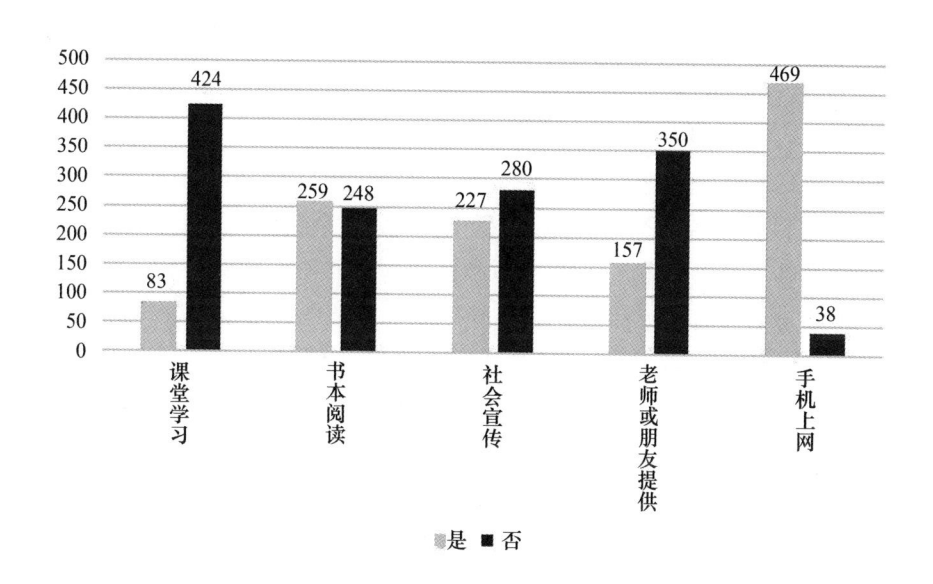

图 6—18 企事业人员信息获取方式对比

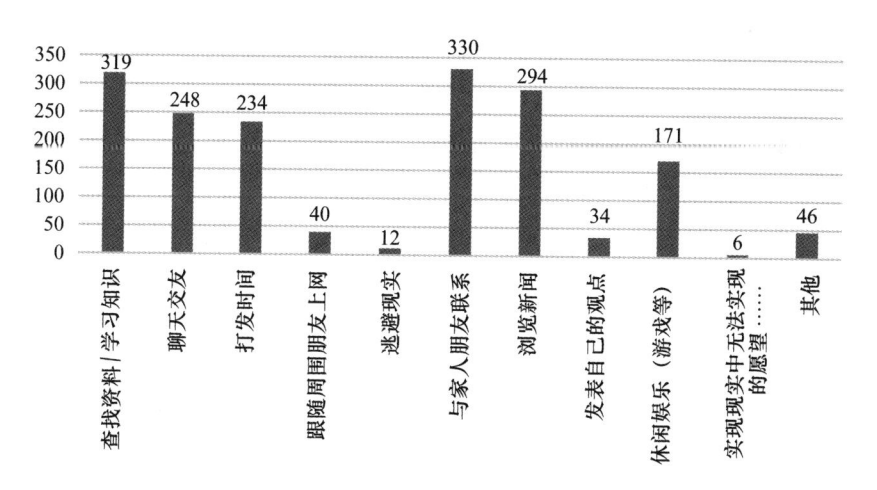

课堂学习：是 83，否 424
书本阅读：是 259，否 248
社会宣传：是 227，否 280
老师或朋友提供：是 157，否 350
手机上网：是 469，否 38

图 6—19 企事业人员手机上网目的分布

查找资料/学习知识 319
聊天交友 248
打发时间 234
跟随周围朋友上网 40
逃避现实 12
与家人朋友联系 330
浏览新闻 294
发表自己的观点 34
休闲娱乐（游戏等）171
实现现实中无法实现的愿望 6
其他 46

成资源，相反，它成为信息工作者的敌人。"[①] 的确如此，要在浩渺无边的信息海洋中得到自己想要的信息，不是一件容易的事。

---

① ［美］约翰·奈斯比特：《大趋势：改变我们生活的十个新方向》，孙道章译，新华出版社 1984 年版，第 23 页。

根据马斯洛需求层次理论，需求分成生理需求、安全需求、社交需求、求知需求以及自我实现的需求，手机作为第五媒体，整合了多种媒体功能，不少学者认为它满足了使用者的性、爱与隶属、安全、自尊、知的、美的、自我实现等多种需求。① 从图6—19可以看出，手机上的社交、娱乐、学习等内容对企事业人员手机沉迷造成的影响最大。

企事业人员经济上大多属于中产阶级，社会竞争激烈，精神压力较大，手机网络具有极强的信息聚合力，成为方便、快捷获取信息的渠道，建构出一个包罗万象、五彩斑斓的虚拟世界，沉浸其中可以逃避现实烦恼，释放压力，产生轻松、愉悦感，久而久之他们便沉迷其中，难以自拔。手机网络中浅层性、表征性符号信息居于主导，它迎合了企事业青年人群的快节奏生活，以"微"为模式的碎片化信息满足了该群体浅层浏览的心理需求，与此同时良莠不齐的海量信息灌输在大脑之中，思维意识一味处于被动接受的状态，辨别与分析能力下降，阻碍其独立意识和批判能力的发展。

手机网络信息超载、信息过剩、信息垃圾等信息污染带来信息的无序泛滥和在信息选择和信息判断时的种种困难，纷繁复杂的信息也会增加神经系统负担，过多的、不良的信息就像噪音一般，会危害人们的身心健康。过量的信息还会增加人们的不确定性和不安全感，每天收到的新闻、观点、预言、传言、调查等信息越来越多，大量的杂乱无序信息让大脑来不及消化理解，使人出现注意力不集中、记忆不准、大脑混乱、心理疲劳等现象，患上现代医学所说的"信息污染综合症"。

手机上瘾也可以说是被这个商业时代设计出来的。生产高科技产品的人仿佛遵守着毒品交易的头号原则：自己绝不能上瘾。乔布斯不允许自己的孩子使用ipad；好几个电子游戏设计师说，他们对"魔兽世界"这款上瘾性极强的游戏避之唯恐不及；一位专攻健身上瘾的心理学家说，运动手表很危险，"是全世界最愚蠢的东西"，她发誓自己决不会买……②

---

① 莫梅锋、王旖旎、王浩：《青少年手机沉迷问题与对策研究》，《现代传播》2014年第5期。
② 参见［美］亚当·奥尔特《欲罢不能：刷屏时代如何摆脱行为上瘾》，闾佳译，机械工业出版社2018年版，第1—2页。

世界最大的社交网络 Facebook，其平台运营经理 Sandy Parakilas 一针见血地指出：让人无法摆脱手机，可能是一个从一开始就设计好的圈套。表面上看是人在操纵手机，事实上人却被手机掌控。因为它们的设计初衷，并非是为了用户，而是尽可能多地吸引用户，占据用户的时间，可以说每一个令人着迷的软件和功能，背后都有无数设计师在对准人类的弱点，寻找人们自制力的裂缝，致力于让用户上瘾，在别有用心的诱惑面前，妄图用自制力来抵抗手机，就显得难上加难。

手机内容丰富多彩，移动互联网内容的生产者为使受众对其产品着迷，想方设法设计出强有力的召唤性文本及其结构，诱导用户全身心投入其中，产生沉迷。① 比如微信收到新信息后在其界面上出现的提示小红点，收到 1 条信息小红点就显示 1，收到 3 条信息小红点就显示 3，以此类推，这是一个我们十分熟悉并倍感便捷的功能设计，但却隐藏着上瘾的风险。研究证明，红色是最能触发人们警觉性的颜色，可以迅速唤醒大脑的注意力，只要提示红点一直存在，人们的目光就不可避免地被吸引，控制不住自己的手去点开手机，而且显示的数值越大就代表需要接收的信息越多，让人倍感焦虑，强迫自己要去点开。像这样的小把戏其实还只是成瘾设计中的冰山一角，更有甚者，设计师会使用心理学实验成果和社会学调查结论，用科学原理来更加高效地达成掌控用户思维和行动的目的，我们当前常用的诸多手机设计，背后就隐藏着不少科学原理。例如心理学中就有一个"无底碗实验"，如果在吃饭时，有人在暗中源源不断地向碗内补充食物，由于他没有收到完毕的信号，就会无节制地吃下去。受到无底碗实验的启发，硅谷顶级软件产品设计师 Aza Raskin 发明出了无限滚屏功能，这意味着手机页面可以无休止地向下滑动，人们可以不停地浏览新信息，这项设计表面上让人们获取信息更加便捷，省略了切换页面的烦琐步骤，但滑不到尽头的页面，吸引着用户不停地向下滑动手机查看内容，使用时长在不知不觉中上升。

被称为这个新媒介时代的可卡因的"点赞"功能，可穿戴设备带来

---

① 莫梅锋、王旖旎、王浩：《青少年手机沉迷问题与对策研究》，《现代传播》2014 年第 5 期。

的运动上瘾等容易引发用户"数字痴迷症"的功能,都吻合了美国著名学者亚当·奥尔特列举的行为上瘾的构成要素:包含诱人的目标,无法抵挡且无法预知的积极反馈,毫不费力的进步,逐渐升级的挑战,需要解决却暂未解决的紧张感和令人痴迷的社会互动。① 不断开发出的崭新手机功能与设计带来的愉悦感,唤醒了使用者体内与上瘾行为有着密切关联的多巴胺系统,当智能手机操控了人们的多巴胺分泌,手机成瘾就是迟早的事了。与此同时获取信息的时间越长,用户的相关信息材料也就越多,大数据算法会推送更多用户感兴趣的信息,于是用户的黏度也就越来越高,用户付出了宝贵的注意力,运营商、软件开发商收获了满满的利益,这一切正如法国社会学家波德里亚所言是"完美的罪行"。

无论是患上"信息污染综合征",还是不知不觉成为商业设计的牺牲品,人们染上"数字痴迷症",都需要政府发挥作用,矫正源头,整顿市场,完善法律法规,培育出健康、积极的手机文化生态环境,推进健康、文明、有序的"绿色手机文化"建设。具体说来,政府要通过立法规范市场,惩治各种手机网络信息犯罪行为,加强对运营商、软件开发商、内容提供商、信息服务商的监督管理力度,培育、规范手机文化市场,扶持和引导手机文化产业发展,制定、完善相关法律法规,防治和惩治企业侵害用户权益的行为。政府应该对手机信息文化的服务内容和用户行为采取规制措施,以形成一个更加绿色、诚信、有序的手机内容市场,同时也要强化公众信息素养培育,帮助他们增强辨别是非的能力,既不成为不良信息的受害者,也不成为不良信息的制造者。在手机文化产业发展的过程中,政府作为宏观调控社会经济的"看得见的手",其政策、制度供给,对于培育、促进手机文化产业的健康、持续发展,具有重要的作用。②

(二)疏优于堵,中断"手机控"发生机制

本课题"企事业人员'手机控'的不良反应"调查结论显示,企事

---

① [美]亚当·奥尔特:《欲罢不能:刷屏时代如何摆脱行为上瘾》,闾佳译,机械工业出版社2018年版,第7页。

② 参见夏光富、魏钢《手机文化》,新华出版社2015年版,第170—171页。

业人员中有 12.82%—27.61% 的人呈现"手机控"对日常行为的危害，9.27%—18.93% 的人呈现心理健康方面的危害，8.09% 的人有手机过度使用的生理反应症状。在访谈中，有受访者说："手机没网没电的时候，我都会感到烦躁，要是没带手机，整个人都不好了"（企事业人员 7，女，30 岁，湖北）；还有受访者说："微信已经成为我生活中使用频率最高的软件，即使没人给我发消息，我也会不停地更新朋友圈看别人的动态"（企事业人员 6，男，23 岁，重庆）；甚至有受访者说："唯有睡觉和死亡才能将我与手机分开"（企事业人员 2，女，25 岁，湖北）。

现在有这样一句话：想毁掉一个人，给他一部手机就行了。最近网上流传着一条短视频，7 位青年人挑战 20 分钟不玩手机，在不看手机的短短 20 分钟内，有的人目光呆滞，像丢了魂；有的人听着手机不断发出的提示音，坐立难安；有的人为了缓解焦虑，开始自言自语；直到 20 分钟结束，每个人迅速拿起手机，脸上才恢复了笑容。显然，这是"手机控"的前兆，也是现代人的通病。本调查显示，青年企事业人员中每天用手机上网时长超过 3 小时的达到 80% 以上，这么高的比例，这么长的时间，沉迷手机如此，现代城市青年上班族的生活可以称为"被手机支配的生活"。

在本书第三至第五章深入分析"手机控"形成、影响机制的基础上，了解手机依赖的内外在原因，从"沉浸"到"沉迷"，从个体到群体，"手机控"个体与其初级群体、次级群体之间的交互，以及不同群体之间的进一步互动与传导，形成"个体—所属群体—社会"三方之间的联动效应，最终使得"手机控"成为一种社会化的行为。我们认为"手机控"的治理，应当本着"疏优于堵"的原则，改变外部环境，提高主体的警醒度与自控力，使其合理把握手机使用的度，通过一系列措施中断"手机控"发生机制。

1. 营造良好的媒体舆论引导环境

媒体应该在干预"手机控"的进程中发挥自己的优势与作用，无论广播、电视、杂志、广告牌等传统媒介还是各类新型媒介，都应该适当增加宣传力度，借用视频、音频、图片和文字等，通过各种专版、专栏、专题报道和公益广告等形式将过度使用手机给人们心理、生理健康带来的危害进行广泛的宣传报道，直观、形象、生动、鲜活的传播内容与形式可以让大家认识到问题的严重性。同时提倡增加与亲人、朋友、同事以及其他社会关系成员之间的沟通和关爱，避免孤独和人际疏离感，可以说媒体是预防和控制手机依赖倾向的重要工具。重庆地铁车厢广告就有温馨、有趣的文案配上图片，既轻松活泼又有内涵。"这样还能取经吗？贫僧从东土大唐而来，去往西天充电玩手机。取经圣僧成手机迷弟，行万里路怎忘记初心？为了自身的梦想与目标，请合理正确使用手机。""这样还能结义吗？不求同年同月同日生，却想同月同日玩手机。桃园侠士变手机挚友，肝胆相照却成为过去？为了自己的朋友与友情，请合理正确使用手机。""这样还能打虎吗？吊睛白额猛虎袭，好汉却在玩手机。打虎英雄变手机痴汉，紧要时刻怎轻易低头？为了自身的安全与健康，请合理正确使用手机。"

2. 培育积极、健康的企业文化

企业文化是一个企业的灵魂，左右着员工的思想，影响着各级员工的决策，外显为员工的行为，良好的企业文化能够激发员工的责任感、使命感、归属感、荣誉感和成就感。企事业单位应当为员工营造良好的工作环境，组织员工参与文体活动，营造良好的文化氛围。通过开展团建活动、电影分享交流会、读书会、各部门适时聚餐、郊游等形式增强现实体验感，丰富线下娱乐休闲生活，增进人与人之间面对面的感情交流。在企事业单位公共区域投放各种报纸杂志、趣味摆设、温馨提示语等，提醒人们多留意与观察生活中的美景与细节，让工作与休闲平行发展，不让手机见缝插针地占据员工碎片化的时间。企事业单位还可以利用工作间隙，聘请心理咨询专家对相关人员进行心理辅导与疏导，帮助其缓解心理压力，提高工作效率，多层次、多角度、多方面找到工作与生活中的乐趣，促使企事业青年拒绝手机依赖。

企事业青年群体年龄相近、生活方式相近且具有共同的手机偏好、手机使用行为，形成一种青年亚文化现象，这种亚文化加速了手机对青年人的影响，同时也加剧了手机依赖的广度和深度。积极、健康企业文化氛围的培育，可以对手机青年亚文化现象加以规制和约束，有利于青年人正确使用手机。

3. 构建富于趣味性、互动性的社会环境

社会环境上，可以在青年人经常出现的场合中有意识地进行一些情境设置，以增强他们交互体验活动的乐趣，淡化手机依赖负面影响。环境因素影响大脑对认知、情感、社会交往等行为的调控。[1] 情境感知把认知研究的关注点从环境中的个人转向人和环境。[2] 利用情境感知的方式，在上下班的路途中，打破布尔迪厄所谓的"场域"，创造富有趣味性、互动性的场景，将青年人从虚拟的场域"拉回"现实，以此来减少"手机控"的发生。

地铁内的趣味设置能够增加交通工具与乘客的交互性，增加一些生活中的小趣味。在深圳某地铁里出现了酱油瓶等富有创意的造型，让网友戏称："我们都是来打酱油的。"这样有趣的广告能够吸引观众的注意力，让上下班人员在乘坐时可以不再低头玩手机。

(三) 增强抗体，提高自控力

抗体（antibody）是一个医学术语，指机体由于抗原的刺激而产生的具有保护作用的蛋白质，主要功能是与抗原（包括外来的和自身的）相结合，从而有效地清除侵入机体内的微生物、寄生虫等异物。访谈中有受访者说："克服'手机控'需要开启自我反思模式，关键是内在的意志。"（企事业人员4，女，32岁，江西）还有受访者说："要培养更多的兴趣爱好，例如画画、健身、写作等，自己的业余生活更丰富，对手机的依赖便会减少。"（企事业人员3，男，27岁，湖北）增强"手机控"抗体，就是探索如何让企事业青年群体具有一定程度的抵制能力，提高自控力，发挥主观能动性，自觉抵制手机依赖。

首先，合理解压，丰富日常生活，培养兴趣爱好。压力会在一定程度上增加手机依赖，学会适当减压、转移注意力则会在一定程度上减轻这一依赖行为。应该丰富自己的生活，培养广泛的兴趣爱好，学习、工作之余多参与有益身心的活动，例如爬山、郊游、读书等，这些活动不

---

[1] 段娟、王雪琴、张建一等：《丰富环境对社会行为的影响及其生物学研究进展》，《现代生物医学进展》2013年第1期。

[2] 洪华、谭湘琳、陶晋：《情境感知对服务设计的影响因素分析》，《包装工程》2012年第24期。

仅有益于身心健康，还能培养多种能力，提高综合素质。找到生活重心，从充实自己的生活开始，尽量避免把心思集中在手机上，把注意力从沉迷于手机内容转移到现实生活上来。要多在现实生活中积极与人交流，增进感情，与他人和谐相处，维持良好的人际关系，避免生活的乏味引起孤独、焦虑以及自我封闭，对控制手机依赖有积极作用。必要时，可以寻求专业心理咨询机构的帮助，或参加相关互助小组，以正视自我和他人，从而有效预防"手机控"的形成。

其次，提高自我规划和管理能力。提高自我管理意识和自控力，根据自己的目标合理规划时间，避免把过多的时间花费在使用手机上。重要的一点就是要有策略地减少手机干扰的时长与次数，并时刻提醒自己回到正在从事的事情上。第一步是将重心转移到自己的内心世界，我们需要不时地提醒自己，强化自我监督，与自己交流。第二步，反复强化自己的目标。目标明确、科学，实现目标的每一个步骤也都经过详细分解，使之容易操作。① 同时，应提高独立决断意识，减少不必要的从众行为。在手机依赖程度较为严重时，可通过制定合理使用手机的规划，有意识地限制使用手机的时间，以坚强的意志力严格要求自己，对使用手机的时长和频率进行自我约束，逐渐摆脱手机依赖倾向。周末时关掉手机，也不再打开电脑上网。你也可以将自己关在屋子里，与自己的心灵对话。② 只要一个人还在思考，他就仍然是自主的。

最后改变习惯和行为构建。③ 当你习惯性地低头，习惯性地在黑暗中看着一方发光的屏幕，下意识地查看手机有没有新的信息……这些习惯，都会让你机不离手，手不离机，对手机产生依赖。我们可以用好习惯代替坏习惯，克服手机行为上瘾，转移注意力同样能够发挥效果。不把手机带上餐桌，把看手机的精力，变成对食物的专注；买一个闹钟代替手机闹铃，避免把手机带上床；设定手机有一段固定时间自动关机；把手机屏幕调成黑白色减少彩色带来的刺激，从而避免精美的界面对自己产

---

① 邓明：《小心！软瘾》，中国财政经济出版社2014年版，第142—143页。
② 邓明：《小心！软瘾》，中国财政经济出版社2014年版，第23页。
③ [美] 亚当·奥尔特：《欲罢不能：刷屏时代如何摆脱行为上瘾》，闫佳译，机械工业出版社2018年版，第186页。

生吸引力等。与此同时加速新习惯的形成，培养新习惯的主要挑战就是坚持，几周，几个月，甚至一年，从源头控制，简化手机纷繁复杂的各种功能，尽量卸载不必要的 APP，不断地对自己施加心理暗示，每当面对诱惑的时候，内心之中就对自己进行鼓励。让诱惑尽量少靠近，放下手机，远离手机，显然是避免被手机支配最好的办法。将提醒的任务交给工具——手机小黑屋强制码字软件，这一软件能够提前设定时间和数字，在没有完成自己设定的任务之前是不能够退出软件的，以此来强制自己按时完成工作任务。除此之外，可以对手机进行设定，到了晚上一定时间以后就自动进入搜索不到网络的状态，由此强迫自己按时休息。

卢梭在《社会契约论》中说："人是生而自由的，但却无往不在枷锁之中，自以为是其他一切主人的人，反而比其他一切更是奴隶。"[1] 当前人与手机的关系，不禁让人感叹，我与手机，谁主谁从？今天具有多媒体性、移动性、交互性、即时性、虚拟性等特征的智能手机已经成为青年亚文化生长的沃土和迅猛发展的空间，手机成为城市青年上班族信息传播、交友、玩耍和自我表达的重要媒介工具，毋庸置疑，手机已经不可或缺，但我们终究要知道，手机不是一切，生活才是，我们应当成为手机的支配者，而不是沦为手机的附庸。

第四节　中学生"手机控"应对策略

中学生是指接受中等教育的学生，年龄一般为 12—18 岁，在中国大陆由初中生（12—14 岁）和高中生（15—18 岁）组成。中学生正处于心理和生理的发育成长阶段，青春期生理上急剧的变化给他们的心理活动带来巨大影响，心理活动往往处于矛盾状态，其心理水平呈现半成熟、半幼稚的特征。今天的中学生几乎都是伴随移动互联网成长的"00 后""数字原住民"，他们从小就享受着互联网带来的便利，也给部分家长和社会带来了"成长的烦恼"。

---

[1] ［法］让-雅克·卢梭：《社会契约论》，何兆武译，商务印书馆 1980 年版，第 9 页。

一　中学生"手机控"问题表现

"专注"变得越来越难,几乎是手机操控下现代人的"通病",无法长时间地集中精神,缺少对某个问题持久深入的思考,手机正在破坏中学生的专注力。中学生学习之余的时间并不多,有些同学一有时间就想拿起手机,宝贵的时间被浪费。孩子一旦爱玩手机,父母必然恐惧担心,着急上火,或直接干涉,砸手机,争吵责骂,手机成为家长、孩子发生矛盾的导火索。有受访者说:"有一次吃饭的时候我还在玩游戏,爸妈说了我几次,我没留心,他们就把我手机砸了。可能是激起了我的逆反心理,我就同他们发生了强烈的冲突。"(中学生2,男,15岁,重庆)

事实上网络、手机等现代技术对孩子们的影响已经成为世界性的问题,美国儿童数字成瘾领域的专家尼古拉斯·卡达拉斯在其著作《屏瘾:当屏幕绑架了孩子怎么办》[①] 中谈道:"不知从什么时候开始,我们随处可以看到这样的孩子,他们手举着那些'发光的屏幕',目不转睛地看着,或是在看视频,或是在刷朋友圈,或是在打游戏,或是随便看着什么。不论在餐厅、游乐场还是在家里……""发光的屏幕就是一种极其强大的麻醉剂","荧屏技术与精神疾病密切相关,如多动症、上瘾、焦虑、抑郁、与日俱增的挑衅行为等,甚至是精神病"。他还谈到新技术给孩子带来的坏处:注意力不集中和控制能力差、易冲动。简单地概括一下就是"孩子们会对电子游戏上瘾,而且玩起来就不吃饭、不睡觉,还很有可能发展成为多动症以及类似精神分裂症的症状……"美国科技心理学专家拉里·罗森在其著作《i成瘾:逃离24小时×7天"i不释手"的生活》[②] 中提道,在俄勒冈州波特兰市有一所叫林肯的高中,该校的学生参加了学校开展的一项名为"远离一切电子产品一周"的实验,有学生抱怨:"我感到非常焦虑,因为我不知道我是不是错过了什么很重要的事情,我不断地想:这个实验快结束吧!因为我需要查看我的邮件。到那

---

① [美]尼古拉斯·卡达拉斯:《屏瘾:当屏幕绑架了孩子怎么办》,常润芳译,江西教育出版社2018年版,第347页。

② [美]拉里·罗森:《i成瘾:逃离24小时×7天"i不释手"的生活》,方晓义等译,机械工业出版社2013年版,第43页。

时候，我会攒下多少脸书网的通知啊？"日本作家藤原智美在其著作《迷失：你是互联网的支配者还是附庸》① 中谈到某天下午正好看见高中生放学，穿着相同的制服，迈着优雅的步伐，"几乎所有的学生都是'低头族'，也就是边走路，边低头看着手机"，"K.I.T 虎之门大学院的教授以东京都内某中学的学生为对象进行了调查，结果显示，使用智能手机的孩子每天花费在手机上的时间约为三小时"。

中国互联网络信息中心（CNNIC）2019 年 2 月发布的《第 43 次中国互联网络发展状况统计报告》② 显示，截至 2018 年 12 月，我国手机网民规模达 8.17 亿，网民中使用手机上网的比例达到 98.6%。CNNIC 2016 年 8 月发布的《2015 年中国青少年上网行为研究报告》③ 称，截至 2015 年 12 月，中国青少年网民规模达到 2.87 亿，占中国青少年人口总体的 85.3%，中国未成年网民规模为 1.34 亿，未成年网民占青少年网民的 46.6%。通过上网设备的使用率对比分析发现，未成年网民使用手机上网的比例提高，智能手机相比笔记本电脑更加轻便且适用于碎片化的使用场景，因而受到未成年网民的青睐。未成年网民除网络游戏使用率达到 69.2% 以外，其他网络应用的使用率均低于青少年网民整体水平，通过对在学状态进行分析发现，中学生的网络游戏使用率最高，达到 70%，较网民总体水平高出 13.1 个百分点。

在本书青年人群"手机控"的问卷调查中，回收中学生的有效问卷仅占 2%，究其原因，可能存在中学生手机使用在某种程度上受到其所在学校、家庭的限制，本问卷内容较多，中学生不愿意用自己有限的课余时间进行认真回答，或中学生对于参与学术研究调查的积极性不高等。实证研究我们用访谈法进行补充，中学生样本数 5 份，其中重点中学 2 份、普通中学 1 份、中职 2 份。受访中学生平均年龄为 16 岁，访谈发现，

---

① ［日］藤原智美：《迷失：你是互联网的支配者还是附庸》，王唯斯译，鹭江出版社 2019 年版，第 8—9 页。
② 中国互联网信息中心：《第 43 次中国互联网络发展状况统计报告》，中国互联网信息中心，参见 http：//www.cnnic.net.cn/hlwfzyj/hlwxzbg/hlwtjbg/201902/P020190318523029756345.pdf。
③ 中国互联网信息中心：《2015 年中国青少年上网行为研究报告》，中国互联网信息中心，参见 http：//www.cnnic.cn/hlwfzyj/hlwxzbg/qsnbg/201608/t20160812_54425.htm。

由于受到学校及家长的严格管理，中学生群体手机上网的时间受到限制，但使用手机的瘾普遍较重。中学生主要通过手机接收休闲娱乐类信息，其使用手机的首要目的是社交、记录日常生活等。样本中的5位中学生全部热衷于QQ聊天，喜欢通过发表"说说"表达自己的心情。他们渴望个性化表达，并且希望及时了解他人最新的动态和评论。他们认为网络的间接性便于直接表露自己真实的感受，手机社交更利于拉近彼此之间的距离。

访谈发现，中学生沉迷手机游戏、QQ聊天等比较普遍，手机信息的丰富、便捷是造成中学生"手机控"的主要原因，手机信息丰富多彩的内容、新颖的形式极大满足了他们的好奇心。有受访者说："我在今日头条、腾讯新闻上面阅读一些新闻信息，在抖音上看有趣的短视频，看帅哥美女和了解生活小技巧。"（中学生4，女，16岁，湖北）还有受访者说："我用微博浏览自己喜欢的明星的娱乐新闻，通过QQ空间、微信朋友圈等渠道来查看朋友、同学发送的信息，以此了解他们的生活。"（中学生5，女，15岁，重庆）

目前手机游戏已经给中学生带来视力下降、亲子关系恶化、厌学、健康状况下降等问题，引起教育界和父母的普遍担心。除了过度依赖手机造成的问题外，我们也应该看到手机对中学生学习和生活的积极意义。中学生正处于身心发生剧烈变化的青春期，自我意识的高涨和对同伴接纳的渴望促使他们非常重视手机在塑造自我形象、获取新信息、建立和维持良好的人际关系网络中的作用；利用手机的娱乐功能进行欣赏音乐、拍照、阅读电子书等活动，也在一定程度上丰富了中学生的课余生活，缓解了他们的学习压力。[1] 有受访者说："我喜欢用手机拍照记录生活中遇到的有趣的人和事，包括美食、美景等。我也喜欢自拍，给自己修好看的照片发QQ空间。"（中学生1，女，16岁，四川）

中学生思维活跃，乐于接收新鲜事物。其显著特征是敏感好奇、求知欲强，因此对于手机中层出不穷的新游戏、社交等软件表现出积极的

---

[1] 徐晓叶楠、朱茂玲：《中学生手机依赖状况及手机功能偏好》，《中国青年政治学院学报》2011年第5期。

态度。遵循教育规律，尊重多样选择，警醒学生心灵，恰似一剂灵丹妙药。学校、家庭、社会要在激发学生内驱力、提高学生自控力、增加学生免疫力等方面持续做足"文章"，进一步为学生的个性化、差异化、精准化发展创造条件①，以便作为"互联网土著"的中学生具备或初步形成对手机使用的自我掌控。

二 中学生"手机控"对策分析

（一）学校：充分发挥正面价值，探索手机媒介自律养成机制

随着智能手机在未成年人群体中的普及，中学生对手机越来越依恋，不仅影响视力还消耗精力，扰乱课堂秩序，智能手机的校园管理已成为各类中学的普遍性难题，同时也已成为一个国际性课题。2018 年，法国国民议会表决通过了关于禁止幼儿园、小学和初中学生在校园内使用手机的法案；意大利和英国等国虽未正式立法，但也通过教育行政部门颁布了全国禁令，禁止中小学生携带手机进课堂；在韩国，绝大多数中小学都配备了手机存放柜，形成了"晨会上缴手机，放学时归还"的铁律。由是观之，严格管控中小学生使用手机已成各国共识。② 2019 年 7 月 15 日，国务院印发《关于实施健康中国行动的意见》③，严禁学生将个人手机、平板电脑等电子屏幕产品带入课堂，带入学校的要进行统一保管。使用电子屏幕产品开展教学时长原则上不超过教学总时长的 30%，原则上采用纸质作业。减少孩子近距离用眼和看电子屏幕时间，家长陪伴孩子时应尽量减少使用电子屏幕产品，有意识地控制孩子使用电子产品。

1. 引导学生健康自律使用手机，构建积极拇指文化

日本是"拇指文化"的发源地，在日本街头，随时可以看见这种景象：年轻人边走路边全神贯注看着手机，还不断用大拇指按键盘，但很少自言自语，日本称这类人为"拇指族"，是新新人类的一种。在今天，

---

① 童先峰：《对中学生手机进校园的"禁""放""管""醒"》，《江苏教育》2018 年第 7 期。
② 文捷：《"积极拇指文化"破解中学生"手机困局"》，《中关村》2019 年第 4 期。
③ 新华社：《国务院关于实施健康中国行动的意见》，参见 http://www.xinhuanet.com/2019-07/15/c_1124755126.htm。

拇指文化也已经成为中国青少年的一种典型亚文化现象。

美国国家卫生研究院（NIH）研究数据显示：沉迷手机的青少年脑部"纹路"出现了变化，大脑皮层有过早变薄的迹象①，严重影响其大脑发育，思维能力和反应能力会显著下降。北京市第十九中学对中学生手机使用破解之道加以探索，学校形成通过实施"校纪校规、年级管理、班级教育、心理辅导、校园文化"五步举措，建构"积极拇指文化，引导学生健康自律使用手机，培养学生自律意识、养成良好的行为习惯"。②经过两年的摸索，成效令人满意，在北京市海淀区"新品牌学校建设展示"活动中获得与会领导、专家的一致好评。本书认为，北京市第十九中学构建"积极拇指文化"的五个举措针对性强，较好地实现了养成中学生的手机自律行为的目的，值得借鉴学习。

具体的五步举措为：①育人目标——指导学校顶层设计在育人目标的引领下，构建课程体系。②校园文化——德育手册规范《手机管理规定》。2016年，学校学生发展处依校育人目标，建立了手机管理制度，编写了《学生在校使用手机管理办法》第一版，每个学生人手一册。③年级管理——整合各方教育资源：（1）为了配合学校的手机管理，年级给各班都配备了手机管理盒，在学生手机管理时间统一使用，手机开放时间由学生自己从盒子中取回手机。（2）在课外时间举行丰富多彩的年级学生活动。如跳集体舞"卡路里"、学科知识竞赛和嘉年华活动、体育运动活动等，转移学生对手机的注意力。（3）召开年级家长会，号召家长一起行动。通过家长会号召学生父母参与学生手机使用监督和管控的"他律"行动，并征集家长的"金点子"。学校和家长联动，防止学生手机使用过度、沉迷甚至上瘾。④班级落实——聚焦学生学业成绩。班主任是学校的灵魂，学校的各项工作只有在班主任带领下才能顺利进行：（1）与学生签订三方协议。制定班级手机使用公约，实施民主监督。学生、家长、班主任签订手机使用三方协

---

① 周林：《NIH医学科学基金资助及管理研究》，《世界科技研究与发展》2005年第1期。
② 文捷：《"积极拇指文化"破解中学生"手机困局"》，《中关村》2019年第4期。

议，前2周班主任协助管理手机，2周后让带手机的同学轮流负责管理手机。（2）班级严格管理——早读时班主任按上交手机人数收相关学生手机，如果该上交的学生没交，老师会追问原因并与家长取得联系；学生在校期间如果需要使用手机跟家长联系，找班主任领取，用完后立即归还；对于偷奸耍滑的情况，第一次家长亲自取回管理并承诺，第二次直接由老师放到年级组，年级统一保管至学生中考结束。通过班级的集体约束，让学生养成非必要不使用手机的习惯。（3）主题班会教育——各班召开手机使用主题班会，通过学生主题辩论、教师引导和班级手机盒的形式，让学生从认识上提高对手机利弊的深层次感知。部分班级还邀请家长参与了讨论，形成《班级手机使用自律公约》。（4）减持行动——通过对学生手机APP的调研，在班主任的提议和家长的监督下，学生将把最浪费时间的APP从手机上卸掉，精简朋友圈和公众号（把全是广告或对自己没有帮助的朋友圈屏蔽），从而远离丧志内容（追剧、追小说、刷新闻、玩游戏等）和漫无目的的消遣行为。自认为意志力不坚定的学生，通过给微信设置每次登陆需输入密码或写作业前让父母保管手机或锁定手机等制造障碍的方式来约束自己。⑤心理辅导——陶冶学生自律行为：（1）《生活计划表》有效规范手机使用时间。编写个性化的"生活计划表"，这种方式让学生将自己近期、远期的目标以思维导图的方式列出，同时制定不同份任务单，将目标"可视化""具象化"，而且学生主动邀请老师作为监督员，将手机使用时间有效控制在《十九中手机管理规定》许可时间。（2）心理咨询给出"手机戒瘾"办法。学校心理中心开放本校学生家庭心理治疗。其中，"学生家庭手机管理"成为咨询中的一个热点问题。心理中心的老师，充分发挥各自的咨询能力，将"优势关注、我句式、CBT认知行为疗法、焦点解决技术、萨提亚家庭系统治疗"等多种理论和技术有的放矢地使用，解决"手机问题学生"。（3）主动访谈典型。通过两次调查问卷，年级筛选出手机使用3大类典型学生（一类是手机计划控制行为显著增强，另一类是手机计划控制行为显著减弱，还有一类是变化不显著）。心理老师对这三类学生进行深入的心理访谈和信息挖掘，了解他们变与不变的个人哲学和影响因素。

2. 发挥手机正面价值，以美触德

育人之本，在于立德铸魂。德育对于国家、社会、个人，具有基础性的意义，在德智体美劳全面发展的培养规划中，德育处在第一位，与智育、体育、美育、劳育相互渗透，共同促进学生形成正确健康的世界观、人生观和价值观。

中学生正是学习知识、夯实基础的关键时期，中学生群体思考能力和判断能力不足，手机内容良莠不齐，其中一些不良信息会对其价值观产生负面影响。中学阶段是培养学生形成良好道德品质和行为习惯的黄金时期，但传统的中学生德育，往往是生硬的灌输和空洞的说教，不会产生很好的效果，因为在强制学习的教育过程中，气氛紧张而严肃，板着面孔的说教毫无美感可言。中学生面临中考、高考的压力，时间紧张，且他们正处于从幼稚到成熟，心理、情绪急剧变化的重要时期，如何充分利用中学生发现美、追求美的天性，控制其冲动浮躁的情绪，以美育德，以德育人，在轻松愉悦的环境中实现优质、高效的德育，成为一个既现实又迫切的问题。

随着移动通信技术的迅速发展和广泛应用，手机媒体已经成为了信息传播的工具，以其便携性和易操作性飞入寻常百姓家。"如今我们拿着手机，使声音、语音、图像和文字召之即来，我们站在媒介演化第三阶段，站在其回廊欣赏美景。"[1] 手机媒体的社会影响日益深远，引起了越来越多国内外专家学者的关注，试图"凭借智能手机这种可移动的'第五媒体'，增强其启真、扬善、怡情的美育功能，开辟出移动审美教育的新方式，随时随地滋养人们的心灵，提升人的精神境界，促进人的全面发展"[2]，与此同时，手机美育的出现也为手机德育开辟了崭新的空间和领域。

---

[1] 转引自文捷《"积极拇指文化"破解中学生"手机困局"》，《中关村》2019年第4期；[美]保罗·莱文森《手机：挡不住的呼唤》，何道宽译，中国人民大学出版社2004年版，第43页。

[2] 张建：《手掌上的风景：智能手机时代移动审美方式研究》，中国社会科学出版社2016年版，第186页。

德育是一种偏理性的教育，它注重以理代情，以理服人；而美育则是一种偏感性的教育，它给予人们情感的关怀，注重以情动人，具有润物细无声的特点。"以美触德"就是在用美感滋养心灵的同时进行道德素养的培育，"凭借手机强大的技术与审美功能，随时随地都可以让人们获得审美体验并在潜移默化之中受到美的熏陶和感染"[1]，在耳濡目染中陶冶人的情操，潜移默化之中由对美的追求转向对德、善的追求。在美的滋养中使德育对象不知不觉地将道德修养内化为自我的行为准则，达到传统德育所说的"内得心源"的境界。美育作为外部性和工具性的存在应用于德育，使德育以美的形式呈现，在理性和感性交融中，将人培育成为"完整的人"。也只有在这种富有美感、情理结合的过程中，才能够更好地"落实立德树人根本任务，引领学生树立正确的审美观念、陶冶高尚的道德情操、塑造美好心灵"[2]，培养一个道德高尚、热爱生活的社会主义接班人。

传统德育实践过于重视德育中"知"的因素，而往往忽略了"情""意""行"等因素，导致德育的结果是培养的人虽然知道德育准则，能够背诵德育教条，但缺乏德育情感、德育意志与德育行为。应充分开发手机媒体的美育功能，通过美育内容的实施达成德育目标，创新德育形式，丰富德育内容，从而实现"以美触德"的构想，见图6—20。

孔子说："知之者不如好之者，好之者不如乐之者。"[3] 学生只有"好之"才会"乐之"，寓教育于娱乐和美的赏析中，透过"美的教态"和"美的语言"营造美的环境，利用智能手机的先进技术把最优秀最经典的文艺作品作为"美的材料"，通过文字、图片、动画、游戏等文本、音视频形式，以手机为终端，使受众在"美的情感"的浸染中感受各种美的事物。这里"美的事物"是一个宽泛的概念，它包含了自然界、人世间、科学界、艺术界等一切领域的美感。培养学生拥有一双可以发现

---

[1] 张建、陈本友：《以手机为终端的"互联网+"移动美育研究》，《华东师范大学学报》（教育科学版）2017年第5期。
[2] 教体艺［2019］2号文件：《教育部关于切实加强新时代高等学校美育工作的意见》，2019年3月29日。
[3] 语出《论语·雍也》。

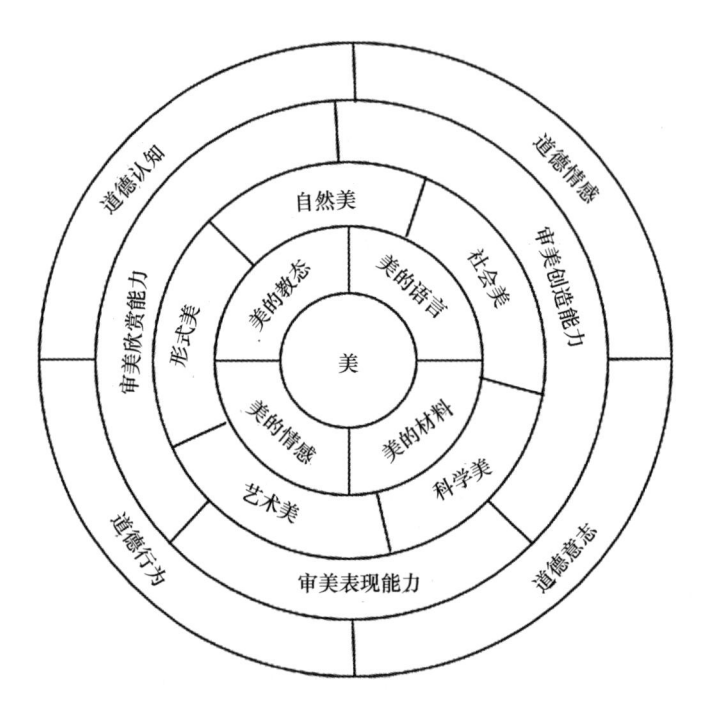

图6—20 "以美触德"

（上图由本课题组整理）

美的眼睛，透过这双眼睛，就可以看到一个丰富多彩的美丽世界，即培养学生拥有审美的欣赏力、创造力和表现力，与此同时，将道德规范和晦涩难懂的德育知识寄予美的道德形象上，使学生产生道德的认知和情感的认同，继而衍生出好的行为习惯和由心而发的道德意志。"以美触德"是一个春风化雨的渐进过程，潜移默化之中学生们从道德认知走向道德行动，在审美的自由中不知不觉地架构起健康人格。

（二）家庭：疏控结合，防止"手机控"

2018年4月20日教育部办公厅印发的《教育部办公厅关于做好预防中小学生沉迷网络教育引导工作的紧急通知》[①] 指出："推动家长履行监

---

① 教基厅函 [2018] 21号文件：《教育部办公厅关于做好预防中小学生沉迷网络教育引导工作的紧急通知》，2018年4月20日。

护职责。各地各校要通过开展家访、召开家长会、家长学校等多种方式，一个不漏地提醒每位家长承担起对孩子的监管职责，帮助家长提高自身网络素养，掌握沉迷网络早期识别和干预的知识。要提醒家长加强与孩子的沟通交流，特别要安排好孩子放学后和节假日生活，引导孩子绿色上网，及时发现、制止和矫正孩子网络游戏沉迷和不当消费行为。"同时下发有《致全国中小学生家长的一封信》，要求各地传达到每一所学校、每一位家长，说明目前中小学生沉迷网络问题已经十分严峻。

在本课题的访谈中，有中学生说："家长在学生青春期这段时间过多的管教会起到反作用，需要适当的沟通。同时，家长也应该以身作则，正确地使用手机。"（中学生1，女，16岁，重庆）还有中学生说："大人在孩子面前应该尽量减少玩手机的时间，和孩子在一起时，多陪孩子聊天、读书，通过以身作则潜移默化地影响孩子。"（中学生5，女，17岁，重庆）通过访谈发现，中学生群体沉迷手机与家庭氛围有关，家长对手机依赖过度，缺乏对孩子心理动态的关注和情感互动，导致青少年潜移默化被手机吸引，甚至因此产生心理疾病。另外，中学生群体正值青春期，易产生"越管越想玩"的逆反心理，父母老师对其严格要求时，中学生往往因为不能理解而产生逆反行为，导致手机依赖加剧。但访谈对象还是普遍认同手机为其生活、学习带来的帮助，正如受访者所说："无法想象没有手机的日子。"（中学生3，男，17岁，湖北）

现代家庭常常是这样的场景，爸爸、妈妈下班回到家，不是忙于家务，就是不停地刷着手机，孩子遭到父母的冷落，在最渴望爱、渴望被关注的年纪，家长却没有给予孩子足够的关注，而是把工作之余的大部分时间都用在手机上，让孩子觉得自己不如手机重要，这影响心理健康，并带来亲子关系的疏离。2018年9月8日，德国汉堡出现了一场堪称世界上最萌的游行——一群孩子的游行活动，这群孩子参加游行主要是为了抗议爸爸妈妈们只顾玩手机而不听他们说话。[1]

父母低头族作为一种风险环境，不仅给中学生树立了不良的"榜

---

[1] 参见刘纯熙《中学生手机依赖症的危害及防控》，《重庆行政（公共论坛）》2018年第5期。

样"，还带来了情感的"冷落"，这都会促进中学生的手机成瘾。社会化理论和实证研究都指出，不仅价值观、社会性和情绪等心理特质存在代际传递，行为模式也会代际传递。① 父母的手机依赖行为对孩子也产生潜移默化的影响。父母低头族的重要特征是父母与孩子在一起时，只顾低头玩手机而冷落孩子，这会给孩子树立使用手机而忽视周围人的"榜样"。中学生在家庭中很容易观察并模仿父母的行为，将注意力转向吸引了父母注意力的手机，由此导致自身的手机成瘾问题。②

现在的很多家长似乎都懂得陪伴才是给予孩子最好的礼物，但做起来却大打折扣，当然现代家长们处理工作、生活上的很多事情都离不开手机，要家长们回到家后完全脱离手机是很难做到的，但无论如何也要挤出时间来了解孩子的心理需要，引导孩子诉说内心世界和情绪，全心全意地和孩子一起做一些互动的亲子活动，让孩子真切地感受到大人的关爱与信任，而不是用冰冷的手机屏幕在自己与子女之间树起屏障。预防中学生沉迷网络，需要家长先放下手机。③

家庭要成为预防网络沉迷的第一道防线。具体措施包括：家长每天花点儿时间和孩子聊天，了解孩子的兴趣爱好；教孩子和他人交往的技巧，让孩子有3—5个好朋友；和孩子一起做家务，培养几项家人共同参加的运动；把电脑放在客厅或书房，理智地支持孩子上网；尽可能陪孩子一起上网；不要给孩子购买过于高级的手机，手机功能越简单越好；为孩子设定一个具体的目标，把大目标简化成小目标；找出孩子的优点，适时地表扬孩子的进步。

随着中学生进入青春期，他们会越来越叛逆，渴望独立自主，追求个性等，单纯的控制、遏制效果并不会理想，父母需要疏控结合，关心、陪伴、爱护和监控并行。请把手机放到一边，与孩子共同制定对于手机

---

① 丁倩、张永欣、周宗奎：《父母低头族与中学生手机成瘾的关系：父母监控的调节作用》，《中国特殊教育》2019年第1期。
② 丁倩、张永欣、周宗奎：《父母低头族与中学生手机成瘾的关系：父母监控的调节作用》，《中国特殊教育》2019年第1期。
③ 丁倩、张永欣、周宗奎：《父母低头族与中学生手机成瘾的关系：父母监控的调节作用》，《中国特殊教育》2019年第1期。

使用的时间和限制等规则，不是单方面来限制孩子，而是全家一起共同遵守。言传不如身教，最好的方式应该是身体力行，陪着孩子一起读书、散步、交流。

与此同时父母也需积极进行管理，通过知晓、关注、约束、指导孩子参与的活动等方式规范其行为，减少其网络偏差行为。将中学生的课余时间合理地分配于学习、休息和娱乐，减少手机使用，并将手机使用置于父母监控之下，良好的父母监控可以约束中学生的手机使用，减少手机成瘾。[1]

（三）社会：借鉴网瘾防治经验，建构防沉迷机制

社会层面，可以借鉴网瘾防治经验，建构防沉迷机制。运营商、软件开发商等可以开发相关应用程序实时检测并记录中学生的手机使用状况，进而提高其控制手机使用的自我管理能力，从而达到干预的目的。韩国研究者 Ko 等开发出的应用程序 NUGU（when No Use is Good Use）就是一个基于社会认知理论而建立的干预应用程序，安装在手机上可以自动记录、干预手机使用的情况。[2] 2019 年 5 月腾讯又推未成年人防沉迷机制，规定 16 周岁以下无法直接登录游戏，并在新上线的游戏《和平精英》中进行试点运行。根据健康系统的公安实名校验结果，年满 16 周岁的用户才可以获得系统授权，直接登录游戏。在试点游戏中，被识别为未满 16 周岁的孩子本人无法绕过健康系统直接登录，强化了家长的知情和准入权限。这是腾讯又一次推出未成年人保护机制，腾讯的未成年人保护机制分为，准入确认的"儿童锁模式"、事前设置的"腾讯成长守护平台"、事中管理的"腾讯健康系统"和事后服务的"腾讯少年灯塔主动服务功能"等。

家庭、学校、社会应该携起手来，职责分明，并且各方都要做到有

---

[1] 丁倩、张永欣、周宗奎：《父母低头族与中学生手机成瘾的关系：父母监控的调节作用》，《中国特殊教育》2019 年第 1 期。

[2] Ko M, Yang S, Lee J, Heizmann C, Jeong J, Lee U, Chung, K. M. NUGU: "A Group-Based Intervention App for Improving Self-Regulation of Limiting Smartphone Use". Paper presented at the Proceedings of the 18th ACM Conferenceon Computer Supported Cooperative Work & Social Computing. ACM, 2015.

章可循、依规办事，借鉴网瘾防治的成功经验，建立从家庭到学校再到社会的联动机制，共同解决中学生手机使用中的"顽疾"。

第五节　农民工"手机控"应对策略

农民工又称进城务工人员，是指户籍仍在农村，进入城市务工和在当地或异地从事非农产业劳动6个月及以上的劳动者。《2018年全国农民工检测报告》显示：截至2018年年底，"90后"和"00后"新生代农民工占群体总量的43.2%和6.4%。[①] 可以预见在不远的未来，他们将超越正在老去的"70后"和"80后"农民工，成为农民工参与国家新型城镇化进程的主力军。本课题研究的青年人群农民工即属于新生代农民工，可以将其界定为"1990年之后出生，少年时期在农村成长，成年后来到城镇打工和生活，年龄为16—29岁，从事非农工作的农村户籍人员"。

一　农民工"手机控"问题表现

（一）新生代农民工"手机控"具体表现

新生代农民工具有明显区别于老一辈的"新"特质，即二者离乡目的不同，老一辈为了赚钱养家，最后回乡"落叶归根"，新生代为了个人发展，期待在城市"落地生根"。新生代农民工对城市接受度高、期待值高、适应性高，在城市文化、城市环境、城市生活的耳濡目染下消解着乡土情结，重构着身份认同、思想观念和行为模式，兼具城市文化与农村文化的双重特质。同时，他们承受着理想与现实的落差、身份认同丧失和重构所带来的矛盾性、不确定性，导致个体耐挫性较低，更容易出现孤独、压抑、封闭等心理问题。可以说，他们是有理想抱负的一代，也是敏感脆弱的一代，正处于"半城市化"的尴尬阶段。

在媒介融合化、移动化的迅猛发展下，手机以工具化与个性化相结合的媒介优势，成为新生代农民工最重要的信息交互渠道，在其日常行

[①] 国家统计局：《2018年全国农民工监测调查报告》，参见 http://www.gov.cn/shuju/2019-04/30/content_5387773.htm。

为、生活方式、思想观念、身份认同中扮演着越来越重要的角色，成为衡量青年农民工城市生活质量、城市融入情况和城镇化进程的重要参考变量。青年农民工群体"手机控"所带来的信息焦虑、身份焦虑、发展焦虑不仅阻碍其个人发展，还对该群体积极融入城市生活产生消极影响，加剧群体边缘化现象，甚至影响到新型城镇化建设进程，帮助新生代农民工规避与防范"手机控"就显得尤为迫切。

通过访谈发现，农民工的日常生活离不开手机提供的信息，正如有受访者所说："出门拿个手机就可以了。"（农民工2，男，18岁，重庆）同时，智能手机提供多元化的娱乐方式，成为农民工使用手机的首要选择，并占据其大量的日常时间，有受访者说："我基本上使用手机时间都在打游戏。因为平时工作很辛苦，下班后就只想打手游来消遣时间、放松身心。"（农民工4，男，26岁，四川）而且，基于手机媒体创造的新型社交方式，不仅突破了时空的限制，缓解了农民工的思乡之情，还为其创造了一个重构自我身份和获取他人认同的虚拟场域，有受访者说："我喜欢在朋友圈发自拍和分享美食，每次别人给我点赞和评论，我都感觉很愉快。"（农民工5，女，23岁，四川）可见，手机作为个体获取信息、进行休闲娱乐和社会交往的载体，已经与农民工的日常生活和情感世界相融合，他们在强烈的工具性和情感性需求的驱动下，发展成对"手机控"的多重依赖。

（二）新生代农民工"手机控"的成因分析

1. "使用与满足"："手机控"的内在成因

在个人与媒介的依赖关系上，桑德拉·鲍尔-洛基奇和梅尔文·德弗勒认为三种动机促使个人依赖媒介：理解、定向和娱乐。个人需要通过媒介获取不同时空范围内的社会信息，实现对社会信息的理解和交换，同时通过媒介获取娱乐信息，实现情绪转换，并通过信息消除不确定性，以通过信息理解实现对现实社会的信息定位和目标定向。[1]新生代农民工基于多元诉求对信息进行接受、消化与重构的"使用"，以获取工具型、情感型与价值型信息的多元"满足"，这种"使用—满足"机制，是其形

---

[1] 张婷婷：《媒介依赖理论背景下的大学生手机使用研究》，《传媒》2018年第22期。

成"手机控"的核心原因。有受访者表示:"我会推出新奶茶发在朋友圈,老顾客可以直接通过微信购买,我们再直接送货上门,很方便。"(农民工4,男,26岁,四川)另一受访者表示:"手机可以直接和家人视频通话,缓解思念之情。"(农民工3,男,22岁,安徽)还有受访者说:"嘻哈是自己生活中为数不多的兴趣爱好,但由于没钱、穷,无法接受专业的指导,现在可以用手机学习更多与爱好相关的内容。"(农民工1,男,19岁,重庆)

媒介依赖理论认为,一个人越依赖通过使用媒介来满足需求,媒介在这个人生活中所扮演的角色就越重要,媒介对这个人的影响力就越大。新生代农民工的现实诉求是通过手机媒介获取生活、工作所需的讯息,感情诉求是通过手机媒介获得情感信息,达成理解与沟通,心理上得到慰藉。在这种现实性与精神性的双重满足下,青年农民工持续性增加手机的使用频率,延长使用时间,沉迷在手机信息的汪洋大海之中。正如有受访者所说:"吃饭、睡觉我都机不离手,它就是我的毒品,没有它,我就会迷失。"(农民工2,男,18岁,重庆)

2. 算法:"手机控"的商业成因

随着信息搜索、大数据分析、人工智能等新兴技术渗透进信息生产、信息发布、用户互动和实时反馈的各个环节,深刻改变着媒介环境、传播活动,重塑了用户的媒介行为和媒介体验。基于算法的精准推送是指新媒体根据对大数据的信息化处理,将人们想看的新闻、视频、段子、商品等置于优先位置。其基本原理就是根据用户之前的操作,给用户画像,贴上诸多标签,在之后的用户互动中不断地调整,使其特征越来越具体,标签越来越详细,画像越来越准确,推送就会越来越精准。有受访者说:"刷抖音的时候不知不觉几个小时就过去了"。(农民工4,男,26岁,四川)另有受访者说:"手机推送的都是我感兴趣的,我忍不住去点。"(农民工3,男,22岁,安徽)还有受访者说:"我刷手机时心里总会觉得再往下刷一个就会看到自己更喜欢的内容。"(农民工1,男,19岁,重庆)正如某信息流开发者、用户体验设计师所言:"在你的手机屏幕背后,有上千名工程师正试图最大限度地让你上瘾。"

伴随持续的手机使用行为,新生代农民工的信息数据不断被整合、分析和重构,手机对其进行的信息输出就会更加符合个体的需求,正是这种精准化的信息陪伴所带来的愉悦感,牢牢抓住了他们的注意力,并且基于算法的精准推送还将更多、更好的满足个性化需求的信息推出。由于新生代农民工文化素养、媒介素养普遍不高,投其所好式的信息推送必将带来他们信息接收结构单一,信息内容呈现低俗、庸俗化趋向,他们习惯性地被自己的兴趣所引导,出现"信息茧房"问题,导致他们的视野变窄、个人观点单一、判断能力不足、信息素养较低,难以建立公共观念、形成社会共识等,成为"手机控",陷入"信息沼泥"无法挣脱,无法以积极的姿态融入城市主流文化之中,甚至可能沉溺于网络之中,逃避现实生活中的种种矛盾,成为与世隔绝的孤立者。有受访者表示:"我用抖音搜索了美妆视频后,推送的内容就都一样了。"(农民工5,女,23岁,四川)

3. "重要他人":"手机控"的群体因素

"重要他人"也被称作参照群体,参照行为分为隶属群体参照行为与非隶属群体参照行为两类。参照群体具有两种功能:第一种是规范功能,它为个体建立和保持行为标准;第二种是比较功能,它提供了一个个体用来评价自己和他人的比较框架,这两种功能分别与隶属群体参照行为和非隶属群体参照行为相对应。[①] 通过访谈发现,新生代农民工凭借手机社交平台、手机游戏等渠道与他人进行社交活动、信息分享与情感交流,并调整自己的生活方式。有受访者说:"打游戏都是和朋友一起玩……玩手机这个事不是你带我就是我带你,互相影响。"(农民工1,男,19岁,重庆)可见,"参照群体"对新生代农民工的手机使用时长和频次发挥着持续的、重要的影响作用,成为"手机控"的催化因素。

当新生代农民工将地位、形象等各方面条件相似的隶属群体作为参照对象时,个体会与他人进行比较,获取自我评价,调整自我行为。当群体中其他人尤其是与个体交往密切的人率先使用某一手机软件或功能时,他们将具体使用方式、效用、感受在群体中进行扩散,好奇心较强

---

① 参见[美]罗伯特·K. 默顿《社会理论和社会结构》,唐少杰、齐心译,译林出版社2006年版,第392—396页。

或者性格内向的个体出于了解新事物、攀比或者其他的心态开始模仿。同理，当"参照对象"中出现了一位"手机控"患者，且积极、乐于与他人进行分享，会对其他易传易感者发起"病毒式传播"。随着群体中大部分人受到影响，随之而来的同侪压力会进一步导致更多人"手机控"症候的出现，这也难怪有受访者直言："朋友都在玩手机玩游戏，我不玩不合群啊。"（农民工2，男，18岁，重庆）

二 农民工"手机控"对策分析

信息社会中的媒介已被置于社会的核心，成了社会的神经和大脑[①]，手机媒介也给农民工带来了发展的机遇，面对"手机控"问题我们应该结合其成因中的核心要素，借助"意见领袖"的创新传播机制，实现群体共振，提升个体信息素养，激活主体能动性等。

（一）群体共振：发挥意见领袖的正态效应

"手机控"看似是个人行为，但实际上这种个人行为是在与他人和群体的互动中不断强化的，可见，群体性和社会性因素在"手机控"生成与扩散中发挥着重要的助推作用，因此极易受到"意见领袖"或"趣缘群体"的影响。农民工手机传播行为中的"意见领袖"属于大众传播与人际传播的结合体，挖掘、培育新生代农民工手机媒介传播中的"意见领袖"有重要的现实意义。

当前，新生代农民工网络参与程度不断加深，他们已经成为手机青年亚文化的重要组成部分，还诞生出一批广受关注并得到青年农民工群体欢迎的"意见领袖"，其发布的自媒体短视频等圈粉无数。但是我们也应看到，目前的这些所谓"网络大咖"水平参差不齐，传播的目的更多地指向经济回报，传播的内容并不一定健康、积极，相反还存在许多不良影响。

政府应该发挥牵头作用，结合街道社区、企业工会、运营商、新媒体传播商等多方力量，挖掘、培育农民工"意见领袖"，提高他们的文化素养和信息素养，引导他们传播正能量，弘扬真善美，构建农民工"意

---

① 邵培仁：《中国传媒报告卷首语》，《中国传媒报告》2011年第3期。

见领袖"的培育、发展机制，将以往这些人主要凭借商业利益获取回报转向政府奖励机制，鼓励其更多地投身到健康、积极的传播活动之中。

农民工普遍对信息资源存在需求表达障碍、获取障碍、价值延伸障碍，信息缺乏有效对接、服务效能不高、建设活力不足，导致他们无法将信息资源转化为现实资源，个人发展受到阻碍，倾向于沉迷在娱乐信息中获取易得的快乐。打造优质的"趣缘群体"，可以在微博、微信、论坛、贴吧等农民工经常接触的信息平台上建立多元化、人性化、高效化的自媒体平台，建构其网络空间"大会堂"，为其提供话语表达、信息对接、信息解说、信息资讯与现实服务的场域，让不同需求的农民工都能在其中找到精神共鸣，建构他们网络中的"趣缘群体"。

一方面，了解新生代农民工的现实困难和需求，与政府相关部门协调解决，可以弥补作为社会边缘人群的农民工与政府之间的沟通断层；另一方面，政府政策、法规、文件也可以第一时间传播，增强农民工群体对政府信息的接受度和敏感度，让他们学会将信息资源与现实生活挂钩，为自己增能赋权。当个体运用相关信息取得现实成效后，能再次发挥创新传播机制，实现进一步扩散，吸纳更多人进入主流话语场，从而实现良性互动。

（二）提升信息素养：激活主体能动性

访谈中发现，新生代农民工信息接收仍主要依靠熟人关系，个体缺乏主动利用现代信息的意识，信息运用技能、信息辨识能力、信息批判意识相对欠缺。信息素养的局限导致他们无法正确判断信息内容、快速获取有效信息、高效运用信息来提高自身能力，反而容易沉迷于娱乐信息消遣之中。

信息意识是信息在人脑中的集中反映，是人们主动利用现代信息技术获取、评价、组织、共享、利用、创造信息的意识[1]，具有良好信息意识的新生代农民工能够确认自身的信息需求，迅速发现并将有用信息与日常生活、学习、工作建立联系，可以充分发挥信息价值来为自己服务。提升新生代农民工信息素养，激活主体能动性就很重要。

---

[1] 周建芳、刘桂芳：《和谐社会构建与全面信息素养的提升》，《人民论坛》2012年第23期。

构建泛在的学习环境,让他们在耳濡目染中激活信息意识,提升个人信息素养。政府应发挥宏观调控的作用,积极引导优质信息的传播,对低俗化信息进行过滤,净化信息环境,形成多层级的信息管理系统和过滤系统,通过立法规范,抵制市场盛行的商业中心主义、娱乐中心主义等不良倾向。具体说来主要包括:组织相关专家编写信息素养趣味读本,发放到新生代农民工群体中,进行普及教育;各级企业开展针对自己农民工群体的专题讲座和培训,将信息意识纳入企业文化建构体系,渗透进日常的工作、生活环境,使农民工在潜移默化中得到提高;街道社区可以运用移动展板、趣味阅读活动、主题演讲等形式构建良好的氛围,调动与鼓励青年农民工参与学习;各级工会在大学生中组织志愿者,可以建立"一对一"帮扶形式,指导新生代农民工如何寻求信息、明辨信息、运用信息,同时也可以帮助农民工获得积极的情绪体验,以便于他们更加主动、积极地融入城市生活。

总之,手机媒介已经成为新生代农民工生活中不可或缺的一部分,手机是他们在陌生而又熟悉的城市里离不开的"伴侣",是个体获取信息、进行社会交往和休闲娱乐的主要手段,同时也是他们追求发展的载体,承载着个体深层的期许。解决新生代农民工"手机控",应该以辩证的观点看待手机媒体,坚持"宜疏忌堵"的解决原则,校正手机的负面影响,协同将负面影响转为正向资源,让恶性循环转为良性互动,让手机为新生代农民工的社会融入、个人发展服务,从而帮助优秀的新生代农民工成为新型城镇化进程的中坚力量。

结　　语

媒介上瘾现象古已有之，古有"书痴"，近有"容器人"，如今的"网瘾""手机控"也是伴随着新兴媒体出现并不断叠加的媒介依赖现象，这些现象随着媒介技术的发展而变迁，并越来越受到大众的关注，而且媒介融合时代"泛媒介依赖"逐渐强化，媒介上瘾现象越发复杂化、集群化，并伴随着"数字原生代"的成长和新新媒介工具的应用而愈演愈烈。具体表现为对媒介的过度化、问题性或病态性使用，并最终引发众多的社会问题。本研究中的"手机控"就是指手机媒体的"不当使用"，是指脱离正常规范的使用方式，超过正常使用限度并造成一定负面影响的手机媒体使用方法，尤其是指过度使用。"手机控"又称"手机综合症""手机依赖症"等，是指用户长时间地沉湎于手机媒体的各种功能、内容、设备等软硬件的把玩和体验之中，并伴随一定程度的不可控、不可抗、不可自拔等迷狂心理的一种常见社会现象，它以青年人群为易感和高发人群，患者又被戏称为"低头族"。玩手机废寝忘食，手机微信、QQ等强制性即时更新，手机掉线或无信号便烦躁不安，甚至产生铃声幻听……这些怪异的表现都是"手机控"的典型病征。"手机控"往往与网瘾呈交叉感染，而且由于手机媒体具有黏性、便携性等特点，对患者的学习、工作、生活、交往等带来困扰和危害。

新传播技术推动现代社会的急遽转型和文化形态嬗变，科技改变人类的交流、交往方式，甚至重塑人本身。"今天手机已经作为身体的一个新器官来看待，正是这一新器官，使得人体的潜能大大增强，人体发生'进化'，一个拥有手机的人，在某种意义上成为一个新的生物体。这个新生物体完全改变了自己的习性。当代社会已经形成一个手机拜物教，人们现在凭借着手机存活于世。同时，社会也将每个人想象成为一个手机人，社会的新的交往语法形式是依据手机而奠定的。手机的出现，一方面强化人的某些能力，另一方面又压制人的另外一些能力。"①

媒介依赖作为一种普遍的社会现象，自大众传播时代向自媒体、智媒体时代转向，媒介沉迷进入新媒介时代，"手机控"的出场有其必然性，而且媒介融合时代"泛媒介依赖"逐渐强化，这种现象有利有弊，需理性看待。其形成过程、影响机制及动因并不是单一的因子促成的，而是一个"社会—媒介—受众"三元互动下复杂的社会过程，其产生的社会影响也不仅仅是单方面的危害，在某种层面上合理使用手机也会有积极的意义，我们应该用辩证的思维进行引导、规范，具体问题具体分析，趋利避害，对症下药，才能收到效果。

美国著名学者亚当·奥尔特在《欲罢不能：刷屏时代如何摆脱行为上瘾》一书的尾声中说道："不上瘾，我们能做到。出路在哪里呢？我们不可能放弃技术，也不应该放弃。一些技术进步推动行为上瘾，但它们也充满了神奇色彩，让生活变得更丰富。只要在工程设计上保持谨慎，它们便不会令人上瘾。创造一种让人觉得不可或缺但又不上瘾的产品或体验，是做得到的。"② 美国著名哲学教授迈克尔·帕特里克·林奇在其专著《失控的真相：为什么你知道得很多，智慧却很少》的结尾写道："我们不应该畏惧信息技术，即不断扩张的'我们的互联网'，但要对信息技术的应用加以注意。我们正在成为更加强大的认知者，同时还必须努力成为更加负责任、理解力更强的认知者。"③美国成瘾研究和戒瘾方面的著名专家尼古拉斯·卡达拉斯教授在其专著《屏瘾：当屏幕绑架了孩子怎么办》的最后一章中说道："面对一个受到屏幕过度刺激而且被困在让人上瘾的电子洞穴里的孩子，需要的是一个真正的瓦尔登湖般的自

---

① 汪民安：《手机：身体与社会》，《文艺研究》2009 年第 7 期。

② ［美］亚当·奥尔特：《欲罢不能：刷屏时代如何摆脱行为上瘾》，闾佳译，机械工业出版社 2018 年版，第 226—227 页。

③ ［美］迈克尔·帕特里克·林奇：《失控的真相：为什么你知道得很多，智慧却很少》，赵亚男译，中信出版集团 2017 年版，第 171 页。

然体验,而不是电子游戏。请拔下电源,走进大自然,一路去感受沐浴在皮肤上的温暖阳光。"① 日本作家藤原智美的专著《迷失:你是互联网的支配者还是附庸》最后一个部分名称就叫"最后的话",她写道:"小小的手机,在逐渐改变人际关系和社会状况。同时,我们自身也在发生改变。一个人的深思熟虑,在手机社会已经带有了一些负面色彩。但其实,这却是智慧生物的证明,是人类不可或缺的奢侈。"② 我国社会心理学家邓明在其专著《小心!软瘾》的后记中倡导"21 天和软瘾症说再见":"不要怀疑,立刻开始行动吧!我坚信,只要你坚持 21 天以上,就一定会爱上这种坚持的感觉,并定将早日和软瘾说再见!"③

最后借用很多"低头族"看过的网络视频《抬起头吧》中的台词结束全文:"别让你的生活追随浮华的网络,给人们你的爱,不要给他们你的赞,不要再为了没有人关注而烦恼,抬起头吧!放下手机,走出门去面对真实的世界!放下令你分心的一切。用新的方式去生活吧!"

---

① [美]尼古拉斯·卡达拉斯:《屏瘾:当屏幕绑架了孩子怎么办》,常润芳译,江西教育出版社 2018 年版,第 347 页。
② [日]藤原智美:《迷失:你是互联网的支配者还是附庸》,王唯斯译,鹭江出版社 2019 年版,第 224 页。
③ 邓明:《小心!软瘾》,中国财政经济出版社 2014 年版,第 204 页。

附 录

青年人群手机使用状况调查表

您好！这是一项针对青年人群手机使用状况进行调查的研究课题。

这项问卷调查表是一项独立、匿名并具有高度保密性的调查，问卷内容不会涉及个人隐私。非常感谢您在百忙之中抽出时间填写这份问卷，以及对此项研究做出的重要共享！

一　个人基本情况

1. 您的年龄段：

○15—18	○19—22
○23—29	○30—35

2. 您目前家庭常住省份（　　）

3. 您目前家庭所在城市（　　）

○	A. 直辖市
○	B. 省会和重点城市
○	C. 一般地级市
○	D. 县级城镇
○	E. 农村

4. 您父母的户籍是（　）

○　A. 城镇
○　B. 农村

5. 您的户籍是（　）

○　A. 城镇
○　B. 农村

6. 您的性别为（　）

○　A. 男
○　B. 女

7. 您的职业为（　）

○　A. 机关、事业单位或公司职员（公务员、教师、医生、白领等）
○　B. 工人
○　C. 农民工
○　D. 自由职业
○　E. 大学生
○　F. 中学生

8. 您的学历层次是（　　）

○	A. 研究生及以上
○	B. 大学本科
○	C. 专科
○	D. 高中
○	E. 初中及以下

9. 您父亲的学历（　　）

○	A. 小学及以下
○	B. 初中
○	C. 高中/中专/技校
○	D. 大专
○	E. 本科
○	F. 研究生及以上

10. 您母亲的学历（　　）

○	A. 小学及以下
○	B. 初中
○	C. 高中/中专/技校
○	D. 大专
○	E. 本科
○	F. 研究生及以上

二　手机使用基本情况

1. 您主要通过什么方式获取信息（　　）【请选择1—3项】

○	A. 课堂学习
○	B. 书本阅读
○	C. 社会宣传
○	D. 老师或朋友提供
○	E. 手机上网

2. 当前您月平均的手机话费约为（ ）元

○	A. 50 以下
○	B. 51—100
○	C. 101—150
○	D. 151—200
○	E. 200 以上

3. 您使用手机上网属于哪种情况（ ）

○	A. 经常（每天 5 小时以上）
○	B. 一般（每天 3—5 小时）
○	C. 较少（每天 1—3 小时）
○	D. 极少（1 小时以内）
○	E. 从不

4. 您每天是否时常保持手机畅通、实时接收手机信息（ ）

○	A. 全天畅通
○	B. 经常畅通［16 小时（含）—24 小时（不含）］
○	C. 畅通［8 小时（含）—16 小时（不含）］
○	D. 比较畅通［3 小时（含）—8 小时（不含）］
○	E. 较少（3 小时以下）

5. 您使用手机上网的主要目的是什么：（　　）【请选择1—4项】

○	A. 查找资料/学习知识
○	B. 聊天交友
○	C. 打发时间
○	D. 跟随周围朋友上网
○	E. 逃避现实生活中的问题
○	F. 与朋友和家人联络
○	G. 浏览新闻
○	H. 发表自己的观点和看法
○	I. 休闲娱乐（玩游戏等）
○	J. 实现自己在现实生活中无法实现的愿望
○	K. 其他

6. 根据自己日常使用手机接收信息的情况，对以下几点内容进行排序（由高到低）：【请选择全部选项并排序】

○	A. 政治与信仰
○	B. 经济与日常生活
○	C. 休闲娱乐
○	D. 文化知识
○	E. 个人情感
○	F. 美感与艺术

7. 根据自己日常使用手机发送信息的情况，对以下几点内容进行排序（由高到低）：【请选择全部选项并排序】

○	A. 政治与信仰
○	B. 经济与日常生活
○	C. 休闲娱乐
○	D. 文化知识
○	E. 个人情感
○	F. 美感与艺术

三 手机使用情况

1. 请根据您的真实情况选择相应的选项

	有②	没有①
(1) 每天总是想着用手机上网，成为生活必需	○	○
(2) 当没有网络手机无法上网时，变得心神不定	○	○
(3) 手机上网让我忘记了生活学习中的烦恼	○	○
(4) 因为手机上网使自己对学习兴趣减弱	○	○

	有②	没有①
(5) 因为上网与家人、朋友、同学发生矛盾	○	○
(6) 每天睡觉前都必须上网才能入睡	○	○
(7) 因为上网使得睡眠时间不足	○	○
(8) 遭到过网友的性骚扰、恐吓或欺骗	○	○

	有②	没有①
(9) 需要花越来越多的时间上网才能得到满足	○	○
(10) 花在手机上网的时间比预期长	○	○
(11) 不使用手机上网就会感到孤独	○	○
(12) 通过手机网络寻找异性	○	○

	有②	没有①
(13) 变得越来越质疑别人的话语	○	○
(14) 手机无信号会充满不安全感	○	○
(15) 经常边走路边手机上网		○

四 手机信息接收情况

1. 请根据您手机信息接收真实情况的态度选择相应的选项

	完全赞同⑤	部分赞同④	说不清③	不太赞同②	完全不赞同①
(1) 希望加速了解国内外时政要闻	○	○	○	○	○
(2) 希望第一时间接收明星八卦等娱乐消息	○	○	○	○	○
(3) 更易结交趣味相投的新朋友	○	○	○	○	○
(4) 希望可以接触到各种艺术形式与信息，提高生活情趣与品位	○	○	○	○	○

	完全赞同⑤	部分赞同④	说不清③	不太赞同②	完全不赞同①
(5) 打破了时空限制、让社交变得更加容易便捷	○	○	○	○	○
(6) 会造成信用危机	○	○	○	○	○
(7) 希望更有利于我移动学习	○	○	○	○	○
(8) 更热衷别人与我人机交流，面对面没什么话说或不好说	○	○	○	○	○

完全赞同 ⑤	部分赞同 ④	说不清 ③	不太赞同 ②	完全不赞同 ①
(9) 获取的信息有利于审美素养的培育					
○	○	○	○	○
(10) 让衣食住行变得更加便捷实惠（如，手机导航、订酒店、订票更便宜）					
○	○	○	○	○
(11) 容易导致色情、暴力等不良信息泛滥					
○	○	○	○	○
(12) 希望时时洞悉党和政府的方针政策					
○	○	○	○	○

完全赞同 ⑤	部分赞同 ④	说不清 ③	不太赞同 ②	完全不赞同 ①
(13) 使上网购物更为方便快捷					
○	○	○	○	○
(14) 更促进"社会主义荣辱观""中国梦"等主流价值观的形成					
○	○	○	○	○
(15) 容易遭受信息诈骗					
○	○	○	○	○
(16) 使得获取的文化知识更新速度快，信息量大					
○	○	○	○	○

完全赞同 ⑤	部分赞同 ④	说不清 ③	不太赞同 ②	完全不赞同 ①
(17) 可以了解媒体对某些事件的不同评价					
○	○	○	○	○
(18) 容易干扰正常学习与生活					
○	○	○	○	○
(19) 审美信息泛滥、低俗化、肤浅化、平庸化					
○	○	○	○	○
(20) 降低了美感与艺术的门槛，呈现一种大众化的趋向					
○	○	○	○	○

完全赞同 ⑤	部分赞同 ④	说不清 ③	不太赞同 ②	完全不赞同 ①
(21) 与异性的接触更依靠网络				
○	○	○	○	○
(22) 更容易关注色情、"一夜情"等信息				
○	○	○	○	○
(23) 依赖手机降低了主动思考和钻研的积极性				
○	○	○	○	○
(24) 可以随时随地进入学习状态				
○	○	○	○	○

五 手机信息发送情况

1. 请根据您手机信息发送真实情况的态度选择相应的选项

完全赞同 ⑤	部分赞同 ④	说不清 ③	不太赞同 ②	完全不赞同 ①
(1) 发表个人时事评论更加方便便捷				
○	○	○	○	○
(2) 容易出现支付安全问题				
○	○	○	○	○
(3) 偏向于传播偏激言论				
○	○	○	○	○
(4) "中国梦"等激发民族认同感、自豪感的信息我更乐意转发				
○	○	○	○	○

完全赞同 ⑤	部分赞同 ④	说不清 ③	不太赞同 ②	完全不赞同 ①
(5) 我希望自己的观点获得更多人的认同				
○	○	○	○	○
(6) （手机音乐、视频、游戏）成为休闲娱乐的主要方式				
○	○	○	○	○
(7) （以图片、视频形式）记录分享身边人事更方便				
○	○	○	○	○
(8) 使负面情绪传播变得更加容易				
○	○	○	○	○

完全赞同 ⑤	部分赞同 ④	说不清 ③	不太赞同 ②	完全不赞同 ①
(9) 发表代购、微信信息更便捷				
○	○	○	○	○
(10) 更容易产生情感危机				
○	○	○	○	○
(11) 手机支付更便捷				
○	○	○	○	○
(12) 促进广泛人群参与时政讨论				
○	○	○	○	○

完全赞同 ⑤	部分赞同 ④	说不清 ③	不太赞同 ②	完全不赞同 ①
(13) 大大提高了将美的事物或者审美体验与他人分享的主动性（美食、旅游）				
○	○	○	○	○
(14) 为了获取大家的关注，我发送的信息会更注重品位与趣味				
○	○	○	○	○
(15) 更喜欢发泄自己的不满（"吐槽"）				
○	○	○	○	○
(16) 我更喜欢转发丑（媚、俗、恶）的信息				
○	○	○	○	○

完全赞同 ⑤	部分赞同 ④	说不清 ③	不太赞同 ②	完全不赞同 ①
(17) 可以随时随地地释放自我情感与表达				
○	○	○	○	○
(18) 更方便发布自己的娱乐状态				
○	○	○	○	○
(19) 方便考试作弊				
○	○	○	○	○
(20) 容易泄露个人隐私信息				
○	○	○	○	○

完全赞同 ⑤	部分赞同 ④	说不清 ③	不太赞同 ②	完全不赞同 ①
(21) 更方便与人分享学习经验				
○	○	○	○	○
(22) 传播知识的真实性和准确性无法保证				
○	○	○	○	○
(23) 传播知识呈现实用化、碎片化、肤浅化等特征				
○	○	○	○	○
(24) 更善于个人的伪装				
○	○	○	○	○

参考文献

著作

陈霖:《迷族:被神召唤的尘埃》,苏州大学出版社2013年版。

邓明:《小心!软瘾》,中国财政经济出版社2014年版。

方建移、张芹:《传媒心理学》,浙江大学出版社2004年版。

郭成、赵伶俐:《美育心理学》,警官教育出版社1998年版。

胡申生、李远行、章友德等:《传播社会学导论》,上海大学出版社2002年版。

黄少华、陈文江:《重塑自我的游戏——网络空间的人际交往》,兰州大学出版社2002年版。

匡文波:《网络传播学概论》,高等教育出版社2004年版。

匡文波:《手机媒体概论》,中国人民大学出版社2009年版。

李德顺、孙伟平:《道德价值论》,云南人民出版社2005年版。

李正良:《传播学原理》,中国传媒大学出版社2007年版。

刘大椿:《在真与善之间:科技时代的伦理问题与道德抉择》,中国社会科学出版社2000年版。

刘德寰、刘向青、崔凯:《正在发生的未来——手机人的群族与趋势》,机械工业出版社2012年版。

孙庚:《传播学概论》,中国人民大学出版社2010年版。

陶然:《网络成瘾探析与干预》,上海人民出版社2007年版。

田青毅、张小琴:《手机:个人移动多媒体》,清华大学出版社2009年版。

童晓渝、蔡佶、张磊：《第五媒体原理》，人民邮电出版社 2006 年版。

汪传雷：《个人信息管理的理论与实践》，合肥工业大学出版社 2012 年版。

汪淼：《传播研究的心理学传统》，广西师范大学出版社 2014 年版。

夏光富、魏钢：《手机文化》，新华出版社 2015 年版。

曾慧：《心理与精神护理》，高等教育出版社 2005 年版。

张爱卿：《动机论：迈向 21 世纪的动机心理学研究》，华中师范大学出版社 1999 年版。

张国良：《传播学原理》，复旦大学出版社 2009 年版。

张建：《手掌上的风景：智能手机时代移动审美方式研究》，中国社会科学出版社 2016 年版。

张建、李金正：《手机媒体艺术概论》，中国国际广播出版社 2018 年版。

张西方：《学习理论与方法》，河南大学出版社 2006 年版。

张咏华：《媒介分析：传播技术神话的解读》，复旦大学出版社 2002 年版。

郑超然、程曼丽、王泰然：《外国新闻传播史》，中国人民大学出版社 2009 年版。

郑杭生：《社会学概论》（第二版），中国人民大学出版社 2015 年版。

周鸿铎：《应用传播学史纲》，中国纺织出版社 2005 年版。

周庆山：《传播学概论——21 世纪新闻与传播学系列教材》，北京大学出版社 2004 年版。

[奥] 西格蒙德·弗洛伊德：《性欲三论》，赵蕾、宋景堂译，国际文化出版公司 2000 年版。

[澳] 尼格尼维斯基：《人工智能：智能系统指南》，陈薇译，机械工业出版社 2015 年版。

[丹] 克劳斯·布鲁恩·延森等：《媒介融合：网络传播、大众传播和人际传播的三重维度》，刘君译，复旦大学出版社 2012 年版。

[德] 马克思：《1844 年经济学哲学手稿》，人民出版社 1985 年版。

[德] 乌尔里希·贝克等：《个体化》，李荣山等译，北京大学出版社 2011 年版。

［法］雷吉斯·德布雷：《媒介学引论》，刘文玲译，中国传媒大学出版社2014年版。

［法］米歇尔·塞尔：《拇指一代》，谭华译，华东师范大学出版社2015年版。

［法］让·波德里亚：《消费社会》，刘成富、全志钢译，南京大学出版社2000年版。

［法］让－雅克·卢梭：《社会契约论》，何兆武译，商务印书馆1980年版。

［加］哈罗德·伊尼斯：《传播的偏向》，何道宽译，中国人民大学出版社2009年版。

［加］马歇尔·麦克卢汉：《理解媒介：论人的延伸》，何道宽译，商务印书馆2000年版。

［美］阿尔伯特·班杜拉：《社会学习理论》，陈欣银、李伯黍译，中国人民大学出版社2015年版。

［美］埃里希·弗罗姆：《逃避自由》，刘林海译，国际文化出版公司2007年版。

［美］保罗·莱文森：《软利器：信息革命的自然历史与未来》，何道宽译，复旦大学出版社2011年版。

［美］保罗·莱文森：《手机：挡不住的呼唤》，何道宽译，中国人民大学出版社2004年版。

［美］保罗·莱文森：《新新媒介》，何道宽译，复旦大学出版社2011年版。

［美］保罗·莱文森：《思想无羁：技术时代的认识论》，何道宽译，南京大学出版社2003年版。

［美］鲍尔－洛基奇：《大众传播学诸论》，杜力平译，新华出版社1990年版。

［美］查尔斯·霍顿·库利：《人类本性与社会秩序》，包凡一译，华夏出版社1989年版。

［美］丹·斯坦博克：《移动革命》，岳蕾、周兆鑫译，电子工业出版社2006年版。

［美］盖伊·塔奇曼：《做新闻》，麻争旗、刘笑盈、徐扬译，华夏出版社2008年版。

［美］赫伯特·马尔库塞：《单向度的人》，刘继译，上海译文出版社2010年版。

［美］拉里·罗森：《i成瘾：逃离24小时×7天"i不释手"的生活》，方晓义等译，机械工业出版社2013年版。

［美］理查德·布茨：《美国受众成长记》，王瀚东译，华夏出版社2007年版。

［美］罗伯特·K.默顿：《社会理论和社会结构》，唐少杰、齐心译，译林出版社2006年版。

［美］马克·波斯特：《第二媒介时代》，范静哗译，南京大学出版社2000年版。

［美］迈克尔·帕特里克·林奇：《失控的真相：为什么你知道得很多，智慧却很少》，赵亚男译，中信出版集团2017年版。

［美］梅尔文·德弗勒、［美］鲍尔-洛基奇：《大众传播学诸论》，杜力平译，新华出版社1990年版。

［美］尼尔·波兹曼：《娱乐至死》，章艳译，中信出版社2015年版。

［美］尼古拉斯·卡达拉斯：《屏瘾：当屏幕绑架了孩子怎么办》，常润芳译，江西教育出版社2018年版。

［美］赛伦·麦克莱：《传媒社会学》，曾静平译，中国传媒大学出版社2005年版。

［美］斯坦利·巴兰、［美］丹尼斯·戴维斯：《大众传播理论：基础、争鸣与未来》，曹书乐译，清华大学出版社2004年版。

［美］苏珊·朗格：《艺术问题》，滕守尧译，南京出版社2006年版。

［美］沃纳·赛佛林、［美］小詹姆斯·坦卡德：《传播理论起源、方法与应用》（第5版），郭镇之译，中国传媒大学出版社2006年版。

［美］亚当·奥尔特：《欲罢不能：刷屏时代如何摆脱行为上瘾》，闾佳译，机械工业出版社2018年版。

［美］伊莱休·卡茨、［美］保罗·F.拉扎斯菲尔德：《人际影响：个人在大众传播中的作用》，中国人民大学出版社2016年版。

［美］约翰·杜威：《民主主义与教育》，王承绪译，人民教育出版社1990年版。

［美］约翰·奈斯比特：《大趋势：改变我们生活的十个新方向》，孙道章译，新华出版社1984年版。

［美］詹宁斯·布赖恩特、［美］苏姗·汤普森等：《传媒效果概论》，中国传媒大学出版社2006年版。

［日］藤原智美：《迷失：你是互联网的支配者还是附庸》，王唯斯译，鹭江出版社2019年版。

［英］阿道斯·伦纳德·赫胥黎：《美妙的新世界》，孙法理译，译林出版社2013年版。

［英］尼克·波斯特洛姆：《超级智能》，张体伟、张玉青译，中信出版社2015年版。

［英］齐格蒙特·鲍曼：《个体化社会》，范祥涛译，上海三联书店2002年版。

Rebec GV. Addiction. *Encyclopedia of Cognitive Science.* John Wiley & Sons，Ltd，2006.

论文

宋建武、黄淼：《媒体智能化应用：现状、趋势及路径构建》，《新闻与写作》2018年第4期。

李天国：《对信息社会发展中几对矛盾的反思》，《马克思主义哲学论丛》2018年第2期。

李荣山：《现代性的变奏与个体化社会的兴起》，《学海》2012年第5期。

汪民安：《手机：身体与社会》，《文艺研究》2009年第7期。

甄婕、王维清：《多学科视角下大学生手机依赖研究综述》，《科技资讯》2018年第8期。

师建国：《手机依赖综合征》，《临床精神医学杂志》2009年第2期。

黄林娟、林丹华：《中学生手机心理需求与手机依赖的关系》，《中国青年政治学院学报》2011年第5期。

旷洁：《媒介依赖理论在手机媒体环境下的实证研究——基于大学生手机

依赖情况的量化分析》,《新闻知识》2013 年第 2 期。

宫佳奇、任玮:《兰州市高校大学生手机依赖状况分析》,《新闻世界》2009 年第 10 期。

杜立操、熊少青:《大学生手机依赖状况调查及干预对策研究》,《四川教育学院学报》2009 年第 7 期。

葛缨、何华敏、夏文芬:《大学生手机依赖与人格特质的关系研究》,《重庆高教研究》2013 年第 5 期。

王宏霞:《中小学生"手机控",该导还是该禁?》,《中小学心理健康教育》2018 年第 35 期。

苟延峰、谢东:《大学生"手机控"成因及危害再审视——基于安徽省 11 所高校的调查分析》,《安徽理工大学学报》(社会科学版)2018 年第 6 期。

刘衍素、向秀清、陈红:《卫校学生手机成瘾与学业自我效能感的相关性研究》,《卫生职业教育》2017 年第 14 期。

张敬赞、姜媛:《大学生情绪调节策略对人际困扰与手机成瘾作用的研究》,《现代预防医学》2017 年第 18 期。

刘红、王洪礼:《大学生手机成瘾与孤独感、手机使用动机的关系》,《心理科学》2011 年第 6 期。

李丽、梅松丽等:《辽宁省某医学院校学生智能手机成瘾现状调查》,《医学与社会》2015 年第 1 期。

师建国:《手机依赖综合征》,《临床精神医学志》2009 年第 2 期。

徐成芳等:《大学生手机依赖症的心理原因及防治对策》,《学理论》2011 年第 32 期。

闫志明等:《手机依赖对中职学生学业自我效能感影响研究》,《中国特殊教育》2018 年第 11 期。

蒋俏蕾、郝晓鸣等:《媒介依赖理论视角下的智能手机使用心理与行为——中国与新加坡大学生手机使用比较研究》,《新闻大学》2019 年第 3 期。

姜永志、白晓丽:《大学生人格特征与手机依赖的关系:社会支持系统的作用》,《心理发展与教育》2014 年第 5 期。

熊婕、周宗奎、陈武等:《大学生手机成瘾倾向量表的编制》,《中国心理卫生杂志》2012 年第 3 期。

陶舒曼、付继玲、王惠等:《青少年手机使用依赖自评问卷编制及其在大学生中的应用》,《中国学校卫生》2013 年第 1 期。

杜立操、熊少青:《大学生手机依赖状况调查及干预对策研究》,《四川教育学院学报》2009 年第 7 期。

王青、禹建蕾:《大学生"手机控"问题及教育对策研究》,《科教导刊》(上旬刊) 2018 年第 8 期。

闵珍:《大学生课堂"手机控"现状心理学分析及其干预研究》,《才智》2018 年第 8 期。

罗玉华、黄彦萍、游敏惠:《手机对大学生的影响及对策研究》,《重庆邮电大学学报》(社会科学版) 2011 年第 2 期。

刘玉梅:《论青少年吸毒成瘾的心理机制》,《内蒙古农业大学学报》(社会科学版) 2009 年第 6 期。

崔丽娟、胡海龙、吴明证等:《网络游戏成瘾者的内隐攻击性研究》,《心理科学》2006 年第 3 期。

汪向东、王希林、马弘等:《心理卫生评定量表手册》,《中国心理卫生杂志》1999 年增刊。

高玉峰、蒙华庆、傅一笑:《网络成瘾者 HANOI 塔和威斯康星卡片分类测验 (M-WCST) 的对照研究》,《重庆医科大学学报》2007 年第 10 期。

郭晓飞:《网络成瘾大学生自我控制行为特点剖析》,《绍兴文理学院学报》(人文社会科学版) 2006 年第 4 期。

赖华红:《从药物成瘾看网络成瘾生化动型之可能》,《上饶师范学院学报》2004 年第 5 期。

梅松丽、张明、刘莉:《成瘾行为的心理学分析》,《医学与社会》2006 年第 10 期。

冯国双、郭继志、周春莲等:《国内大学生网络成瘾研究进展》,《中国医学伦理学》2004 年第 3 期。

李望舒:《西安市大学生网络成瘾状况与人格特质的关系研究》,《中国学校卫生》2005 年第 3 期。

林绚晖、阎巩固：《大学生上网行为及网络成瘾探讨》，《中国心理卫生杂志》2001 年第 4 期。

谢新洲：《"媒介依赖"理论在互联网环境下的实证研究》，《石家庄经济学院学报》2004 年第 2 期。

刘世文：《作者隐退、非物质化、非线性和超文本》，《廊坊师范学院学报》（社会科学版）2014 年第 12 期。

蒋晓丽、贾瑞琪：《论人工智能时代技术与人的互构与互训》，《西南民族大学学报》（社会科学版）2018 年第 4 期。

陈功：《保罗·莱文森的人性化趋势媒介进化理论》，《湖南科技大学学报》（社会科学版）2016 年第 1 期。

杨容、阮昆良、郑涌：《行为主义理论在中学生网络依赖性使用行为中的应用探析》，《中国学校卫生》2005 年第 11 期。

罗自文：《中国电视真人秀的节目类型与研发路径——基于使用与满足理论的研究》，《中国广播电视学刊》2018 年第 5 期。

张婷婷：《媒介依赖理论背景下的大学生手机使用研究》，《传媒》2018 年第 22 期。

彭兰：《智媒化：未来媒体浪潮——新媒体发展趋势报告（2016）》，《国际新闻界》2016 年第 11 期。

盛国荣：《人—技关系的认知图景——西方对人与技术之间关系的认识及其流变》，《长沙理工大学学报》（社会科学版）2014 年第 1 期。

胡翼青：《为媒介技术决定论正名：兼论传播思想史的新视角》，《国际新闻界》2017 年第 1 期。

夏光富、袁满：《手机文化的特性与手机文化的产业化》，《新闻界》2007 年第 4 期。

唐士哲：《重构媒介？"中介"与"媒介化"概念爬梳》，《新闻学研究》2014 年秋季号。

张放：《论"computer-mediated communication"的中译定名问题——基于学术史与技术史的考察》，《新闻与传播研究》2016 年第 9 期。

靖鸣、马丹晨：《移动互联背景下手机媒体对新闻传播的影响》，《新闻爱好者》2013 年第 10 期。

孙玮：《微信：中国人的"在世存有"》，《学术月刊》2015 年第 12 期。

王玉立：《"手机控"现象的探析——以马尔库塞的科技异化理论为视角》，《法制与社会》2017 年第 13 期。

王能引：《大学课堂"手机控"现象的思考与对策》，《合肥学院学报》（社会科学版）2015 年第 6 期。

吕晔、陈思、孙悦等：《对大学生"手机控"现象的反思与建议——以山西农业大学为例》，《太原大学学报》2015 年第 3 期。

嘎日达、黄匡时：《西方社会融合概念探析及其启发》，《国外社会科学》2009 年第 2 期。

王阳、张攀：《个体化存在与圈群化生活：青年群体的网络社交与圈群现象研究》，《中国青年研究》2018 年第 2 期。

田毅鹏、吕方：《社会原子化：理论谱系及其问题表达》，《天津社会科学》2010 年第 5 期。

吕梦醒：《论当代青年自我认同的发展困境与应对策略——基于个体化理论的研究视角》，《甘肃社会科学》2015 年第 4 期。

冯莉：《个体化条件下当代青年"个体的结合"现象分析》，《中国青年研究》2017 年第 10 期。

段洪涛、赵欣：《高校网络圈群的特征及其舆情治理研究》，《思想理论教育》2015 年第 3 期。

蔡骐：《网络虚拟社区中的趣缘文化传播》，《新闻与传播研究》2014 年第 9 期。

贾小明：《大学生思想状况调查分析》，《当代青年研究》2005 年第 12 期。

陈春雷：《当代大学生精神生活的调查分析》，《中国统计》2012 年第 8 期。

闫方洁：《"世俗化"与"崇高之殇"：从自媒体景观看当代青年的双重精神图景》，《中国青年研究》2018 年第 3 期。

刘超宇：《从传播学视角探究手机依赖症》，《新闻研究导刊》2016 年第 15 期。

贾淑斌：《大学生人格特征与社交焦虑的相关研究》，《现代生物医学进展》2008年第1期。

李波、钟杰、钱铭怡：《大学生社交焦虑易感性的回归分析》，《中国心理卫生杂志》2003年第2期。

王怀春：《新媒介时代受众对媒介依赖的变化》，《当代传播》2009年第2期。

杨容、阮昆良、郑涌：《行为主义理论在中学生网络依赖性使用行为中的应用探析》，《中国学校卫生》2005年第11期。

王晓升：《略论后现代社会的几个主要特征》，《教学与研究》2014年第6期。

董艳、张大亮、徐伟青：《用户创新的条件和范式研究》，《浙江大学学报》（人文社会科学版）2009年第4期。

金荣、闻雪、姜永志：《大学生社会支持与手机依赖的关系：社会适应的中介作用》，《广州大学学报》（社会科学版）2015年第10期。

代艳丽、奉苏妹：《哈贝马斯交往行为理论对大学生"低头族"的启示》，《学术探索》2016年第1期。

万勇华：《哈贝马斯"生活世界"理论述评》，《兰州学刊》2006年第3期。

傅永军：《哈贝马斯交往行为合理化理论述评》，《山东大学学报》（哲学社会科学版）2003年第3期。

胡易容：《媒介环境学派的理论困境与符号学取向》，《编辑之友》2015年第2期。

尚晨光：《技术决定论：浅谈对媒介环境学的认识》，《今传媒》2016年第12期。

张允玲：《微信的媒介批评研究——基于用户异化的视角》，《东南传播》2015年第9期。

王倩：《信息时代的媒介依赖与媒介识读》，《青年记者》2005年第1期。

王怀春：《新媒介时代受众对媒介依赖的变化》，《当代传播》2009年第2期。

黄丽媛：《互联网+背景下"人的媒介化"探究》，《社会科学家》2016

年第 3 期。

吕秀梅、周启杰：《马尔库塞技术理性批判浅析》，《理论观察》2012 年第 1 期。

吴国盛：《芒福德的技术哲学》，《北京大学学报》（哲学社会科学版）2007 年第 6 期。

金荣、闻雪、姜永志：《大学生社会支持与手机依赖的关系：社会适应的中介作用》，《广州大学学报》（社会科学版）2015 年第 10 期。

周文霞、郭桂萍：《自我效能感：概念、理论和应用》，《中国人民大学学报》2006 年第 1 期。

张琳、张如静：《基于使用与满足理论的大学生手机媒介应用研究》，《聊城大学学报》（自然科学版）2016 年第 4 期。

顾海根、王珺珂：《大学生智能手机依赖及其与人格的关系》，《心理技术与应用》2014 年第 8 期。

徐夫真、张文新：《青少年疏离感的特点及其与家庭功能的关系》，《山东师范大学学报》（人文社会科学版）2008 年第 4 期。

姜永志、白晓丽、刘勇等：《大学生网络社会支持、人际信任对手机依赖的影响》，《集美大学学报》2016 年第 3 期。

王小运、伍安春：《大学生手机成瘾和感觉寻求人格特质的关系》，《校园心理》2014 年第 1 期。

梅松丽、柴晶鑫、李娇朦：《冲动性、自我调节与手机依赖的关系研究：手机使用的中介作用》，《心理与行为研究》2017 年第 1 期。

谢斌、程文红、杜亚松：《青少年网络使用行为问题的危险因素》，《神经疾病与精神卫生》2011 年第 2 期。

颜利飞、王积超：《"低头族"手机依赖的现状及原因分析》，《河北联合大学学报》（社会科学版）2017 年第 1 期。

孙慧英：《手机媒介文化的研究现状及路径探析》，《东南传播》2013 年第 2 期。

杨波、秦启文：《成瘾的生物心理社会模型》，《心理科学》2005 年第 1 期。

隋南、陈晶：《药物依赖性使用行为的脑机制及其研究进展》，《心理学报》2000 年第 2 期。

张燕贞：《大学生网络成瘾的心理社会影响因素研究综述》，《广东第二师范学院学报》2017 年第 2 期。

姜飞：《"低头族"现象的心理学成因及其对策研究》，《江苏教育研究》2015 年第 9 期。

成云、伍泽莲：《网络成瘾的心理根源及其干预》，《成都理工大学学报》（社会科学版）2006 年第 2 期。

王怀春：《新媒介时代受众对媒介依赖的变化》，《当代传播》2009 年第 2 期。

刘勤学等：《智能手机成瘾：概念、测量及影响因素》，《中国临床心理学杂志》2017 年第 1 期。

陈雪奇：《两级传播理论支点解析》，《厦门大学学报》（哲学社会科学版）2013 年第 5 期。

朴光星：《"压缩型城市化"下的民族共同体"离散危机"与"重构运动"——基于对朝鲜族城市化进程的考察》，《中央民族大学学报》（哲学社会科学版）2014 年第 3 期。

王若冰：《"异化"这个译名》，《学术界》2000 年第 3 期。

胡正荣：《智能化：未来媒体的发展方向》，《现代传播》2017 年第 6 期。

吕尚彬、刘奕夫：《传媒智能化与智能传媒》，《当代传播》2016 年第 4 期。

陈功：《保罗·莱文森的人性化趋势媒介进化理论》，《湖南科技大学学报》（社会科学版）2016 年第 1 期。

蒋晓丽、贾瑞琪：《游戏化：正在凸显的传播基因——以媒介演进的人性化趋势理论为视角》，《中国编辑》2017 年第 8 期。

刘晗：《保罗·莱维森媒介技术演进思想评析》，《贵州大学学报》（社会科学版）2016 年第 3 期。

林升栋、刘婷婷：《手机负面功能防范模型研究》，《徐州工程学院学报》（社会科学版）2017 年第 4 期。

莫梅锋、王旖旎、王浩：《青少年手机沉迷问题与对策研究》，《现代传播》2014 年第 5 期。

段娟、王雪琴、张建一等：《丰富环境对社会行为的影响及其生物学研究进展》，《现代生物医学进展》2013 年第 1 期。

洪华、谭湘琳、陶晋：《情境感知对服务设计的影响因素分析》，《包装工程》2012 年第 24 期。

于杨、李静霞：《论手机媒介素养的涵义和特点》，《现代传播》2015 年第 2 期。

徐晓叶楠、朱茂玲：《中学生手机依赖状况及手机功能偏好》，《中国青年政治学院学报》2011 年第 5 期。

童先峰：《对中学生手机进校园的"禁""放""管""醒"》，《江苏教育》2018 年第 7 期。

文捷：《"积极拇指文化"破解中学生"手机困局"》，《中关村》2019 年第 4 期。

周林：《NIH 医学科学基金资助及管理研究》，《世界科技研究与发展》2005 年第 1 期。

张建、陈本友：《以手机为终端的"互联网+"移动美育研究》，《华东师范大学学报》（教育科学版）2017 年第 5 期。

刘纯熙：《中学生手机依赖症的危害及防控》，《重庆行政（公共论坛）》2018 年第 5 期。

丁倩、张永欣、周宗奎：《父母低头族与中学生手机成瘾的关系：父母监控的调节作用》，《中国特殊教育》2019 年第 1 期。

张婷婷：《媒介依赖理论背景下的大学生手机使用研究》，《传媒》2018 年第 22 期。

邵培仁：《中国传媒报告卷首语》，《中国传媒报告》2011 年第 3 期。

周建芳、刘桂芳：《和谐社会构建与全面信息素养的提升》，《人民论坛》2012 年第 23 期。

彭逸林：《手机：一掌之间的大众传播媒介》，载《中国传播学会成立大会暨第九次全国传播学研讨会论文集》，中国社会科学院新闻与传播研究所、河北大学新闻传播学院，2006 年。

孙少晶：《媒介化社会：概念解析、理论发展与研究议题》，载马凌、蒋蕾编《媒介化社会与当代中国》，复旦大学出版社 2011 年版。

李玉琦：《关于当代城市青年的世俗化倾向问题》，载《"面向新世纪的青年与青年工作"征文研讨会论文集》，北京市青年研究会，2001年。

[澳]盖纳德·高金：《移动媒介语境中的受众生态问题》，任增强译，《江西社会科学》2011年第4期。

[加]查尔斯·泰勒：《现代认同：在自我中寻找人的本性》，陶庆译，《求是学刊》2005年第5期。

Andrejevic M. Watching television without pity: The productivity of online fans. *Television & New Media*, 2008 (1).

Billieux J, Van der Linden M, Rochat L, et al. The role of impulsivity in actual and problematic use of the mobile phone. *Apple Congnit Psychol*, 2008 (9).

Chou I, Narasimhan K. Neurobiology of addiction. *Current Opinionin Neurobiology*, 1996 (2).

Com W. What is WAP? . *Mobile Networking with WAP*, 2000 (4).

Douglas, Susan. *Listening In: Radio and the American Imagination*. London: University of Minnesota, 2004.

Horton D. & Wohl RR. Mass communication and para-social interaction. *Psychiatry-Interpersonal & Biological Processes*, 1956 (3).

Krotz F. Mediatization: Aconcept with which to grasp media and societal change. UK. Lundby (Eds.), *Mediatization: Concept, Changes, Consequences*, 2009.

Krotz F. The meta-process of 'mediatization' as a conceptual frame. *Global Media & Communication*, 2007 (3).

Kwon M, Lee JY, Won WY, et al. Development and validation of a Smartphone Addiction Scale (SAS). *PloS One*, 2013 (2).

Lin P. Channel allocation for GPRS with buffering mechanisms. *Wireless Networks*, 2003 (5).

Mcauliffe WE, Gordon RA. A test of Lindesmith's theory of addiction: the frequency of euphoria among long-term addicts. AJS; *American Journal of Sociology*, 1974 (4).

Mihaly Csikszentmihalyi. Play and intrinsic rewards. *Journal of Humanistic Psychology*, 1975 (3).

Venkatesan KGS. Comparison of CDMA and GSM mobile technology. *Middle East Journal of Scientific Research*, 2013（12）.

硕士学位论文

丁怡然：《传统媒体在新媒体平台的传播效果研究——以微博、微信为例》，南京理工大学，2015 年。

黄东亮：《手机传播现象初探》，复旦大学，2008 年。

金雷磊：《中国当代媒介生态理论研究述评》，华中师范大学，2009 年。

鞠丹丹：《大学生羞怯、疏离感与手机依赖的关系》，安徽师范大学，2016 年。

赖海红：《中专生父母婚姻冲突、自我和谐与手机成瘾的相关研究》，华中师范大学，2015 年。

李春生：《大学生手机依赖与孤独感及感觉寻求的关系研究》，苏州大学，2015 年。

李力：《大学生孤独感、人际信任与手机依赖的关系及教育启示》，安徽师范大学，2015 年。

刘丽：《中学生对应激事件的应对方式及影响因素研究》，郑州大学，2007 年。

刘鹏：《大学生手机依赖与社会支持及人格特质的关系研究》，华中师范大学，2014 年。

刘西芳：《抑郁症患者应对方式与家庭环境的研究》，南京医科大学，2008 年。

罗江洪：《中学生网络成瘾心理机制模型的研究》，华中科技大学，2007 年。

牟英：《应对方式对青少年生活压力与生活满意度的中介作用研究》，东北师范大学，2011 年。

曲艳：《大学生网络成瘾的心理机制与心理干预的研究》，辽宁师范大学，2009 年。

王芳莉：《青少年手机沉迷的形成与反转对策研究》，湖南大学，2013 年。

王珺珂：《大学生人格特质、应对方式与智能手机依赖的关系研究》，上海师范大学，2014 年。

杨容：《中学生网络成瘾行为矫治研究》，西南师范大学，2004 年。

杨晓帆：《保罗·莱文森媒介环境理论研究》，河南大学，2010 年。

张晓童：《中学生社会支持、疏离感与病理性互联网使用的关系研究》，天津师范大学，2015 年。

博士学位论文

崔丽娟：《青少年网络成瘾的界定、特性与预防研究》，华东师范大学，2005 年。

樊葵：《传媒崇拜：现代人与传媒的异态关系》，浙江大学，2006 年。

洪长晖：《混合现代性：媒介化社会的传播图景》，浙江大学，2013 年。

李亚玲：《我国智能手机媒体内容规制探究：变革、继承与实践》，华中科技大学，2015 年。

梅松丽：《大学生网络成瘾的心理机制研究》，吉林大学，2008 年。

王玉如：《当代中国人的精神生活质量研究》，东北师范大学，2012 年。

魏丽宏：《关于我国手机传媒产业发展的研究》，中国社会科学院研究生院，2012 年。

闫宏微：《大学生网络游戏成瘾问题研究》，南京理工大学，2013 年。

后　　记

　　本书是国家社会科学基金项目"青年人群'手机控'形成、影响机制与对策研究"（项目编号：14XXW006）的研究成果。本课题自2014年6月立项以来，始终坚持以马克思主义的立场、方法为指导，以服务于党和政府的科学决策为目标，采用理论研究与实证主义相结合的研究方法，对青年人群"手机控"形成、影响机制与对策等一系列问题进行了跨学科、多维度、全方位的探究。经过"思路梳理—框架搭建—理论研究—实证研究—撰写成稿—调整修正"等阶段，组织实施了近百次实地调研和访谈，召开了数十次课题研讨会议，综合运用多种研究方法，收集了大量一手资料，形成了系统化的研究成果，达成了预期的研究目的，取得了一定的研究成果，最终于2020年2月顺利结项，阶段性研究成果在《光明日报》（理论版）、《西南民族大学学报》（人文社科版）、《出版发行研究》等具有重要影响的CSSCI来源期刊公开发表，在光明网、中国社会科学网等学术网站转载刊登，形成的相关《调研报告》获重庆市副市长以及重庆市委宣传部、重庆市教委等各级领导的肯定并批示推广应用。此外，以本课题研究为依托的学生作品《迷"网"中的"天之骄子"——大学生手机网络不当使用现状调查》获第十四届"挑战杯"全国大学生课外学术科技作品竞赛全国一等奖，产生了良好的社会影响。

　　本书回答了"何为手机控""手机控的表征与内涵为何""手机控的当下研究转向及其意义为何""手机控的成因结构如何""手机控的生成机制有哪些""如何应对手机控"等一系列问题。可以说覆盖了概念界定、成因与机制分析、应对策略三重完整面向，不仅关照了"手机控"

这一现象本身的基本问题，更映射和反思了智能化时代"手机控"研究的应有转向和价值担当。主要包含：

首先，系统认知青年人群"手机控"现象。研究通过对"手机控"历史溯源、研究现状、内涵认知、新时期的研究意义及价值等问题的论述，从多维视角认识和重新界定"手机控"这一现象，探寻当前"手机控"研究的独特价值。

其次，系统探究青年人群"手机控"的形成机制和影响机制。以"社会—媒介—受众"三元互动论为基本视点，对造成青年人群"手机控"现象的动因做出结构化的分析。同时，立足个体生成与社会生成两大维度，深刻剖析青年人群"手机控"现象的影响机制。

再次，从经验层面勾勒和呈现青年人群"手机控"现象的现实图景。研究除了理论思辨层面的探索，还加入了经验层面的分析和考察。通过综合运用问卷调查、深度访谈、个案分析等方法对"手机控"个体和群体进行成因和影响调查，既配合相关理论部分的阐释，也为对策研究提供确切的数据支撑。

最后，从操作层面归纳和总结青年人群"手机控"现象的具体对策。基于之前理论和经验的分析和总结，为青年人群更好地应对"手机控"提出具体可操作的对策建议。

本课题研究的突出特色表现为：

一是调查对象的全面性。本研究的主要调查对象是青年人群。青年人群的构成来源多元且复杂，本课题将其分为大学生群体、企事业人员群体、农民工群体和中学生群体四大类，力求全方位、立体化地展示青年群体这一特殊人群。

二是理论资源的丰富性。本研究从传播学、社会学、哲学、美学、心理学、医学、文化研究等学科汲取理论资源，以宽广的理论视野对青年人群"手机控"现象进行多维度阐释。

三是分析框架的创新性。本研究采用美国传播社会学家鲍尔－洛基奇和德福勒提出的"社会—媒介—受众"三元互动论作为核心分析框架，从三者互动与互构的角度深入分析和考察青年人群"手机控"的形成和影响机制。

四是对策建议的针对性、创新性。本研究根据理论阐释和实证研究提出的具体应对方案具有一定的针对性、创新性。亦即，研究根据大学生、企事业人员、农民工和中学生这四类青年群体"手机控"的不同特点，量体裁衣地提出相应的对策方案。其中大学生信息素养、媒介素养和审美素养的协调发展，中学教育应该充分发挥手机正面价值，以美触德等对策建议的提出，具有一定的创新性。

本课题成果的价值主要为：

理论价值。第一，研究突破了将"手机控"置于单一学科边界之内进行考察分析的狭隘视野，而是将其纳入传播学、心理学、社会学、医学等多学科视域，丰富了学界对于"手机控"现象的理解；第二，初步构建了一个关于"手机控"分析的理论框架，从"社会—媒介—受众"三者互动及互构的角度，立足个体与群体、共时和历时两个维度，对"手机控"这一媒介依赖现象做了系统深入的研究，提出了诸多具有新意的学术观点。

应用价值。第一，就个体而言，其价值在于引导社会群体正确认识手机及"手机控"现象，并以此为参照，学会在媒介化社会中生存，同技术和谐相处，在纷繁复杂的外部环境中保持清醒的头脑，寻求内心的宁静。第二，就整个社会而言，对于"手机控"现象的研究则有助于把握"手机控"这一逐渐壮大的症候群的基本脉络，合理引导这一群体形成正确的手机使用与信息消费习惯，建构良好的社会风貌。同时，亦可以以此为契机反思个体与社会、技术与社会之间的关系，理解技术发展所带来的双重效应，从而科学认识技术、发展技术，实现"人—技术—社会"三者的协调发展，有助于智能化时代的人类生活更加和谐。

本项目由西南政法大学新闻传播学院张建教授主持完成。参与本书写作的人员具体分工为：第一章：贾瑞琪（四川大学文学与新闻学院）、张建；第二章：张建、杨帅（重庆邮电大学社科处）、朱亚希（西南交通大学人文学院）；第三章：朱亚希、贾瑞琪；第四章：朱亚希；第五章：贾瑞琪；第六章：张建；结语：张建。张建负责本书写作框架的设计，并完成全书的统稿工作。其已经毕业的研究生杜佩瑶、高尚、韩姝妍、饶文雨、钱程、孟晨曦、孟丝琦等参与了本项目的问卷调查、访谈、参考文献收集整理等工作。

  本课题的研究工作始终得到了国家社会科学基金办公室、重庆市社会科学规划办公室的指导。本书的出版得到了国家社会科学基金、西南政法大学新闻传播学院的资助，在此表示诚挚的谢意。

张建
2022 年 5 月于西南政法大学敬业楼 1021 室